현대지성 클래식 **20**

자유론

ON LIBERTY

존 스튜어트 밀 지음 | 박문재 옮김

현대
지성

옮긴이 **박문재**

서울대학교 법과대학 법학과와 장로회신학대학교 신대원 및 동 대학원을 졸업하였으며, 신학과 사회과학을 좀 더 깊이 연구하기 위해 독일 보쿰Bochum 대학교에서 공부하였다. 또한 고전어 연구 기관인 Biblica Academia에서 오랫동안 고대 그리스어(헬라어)와 라틴어를 익히고, 고대 그리스어와 라틴어로 쓰인 저서들을 공부하였다. 대학 시절에는 역사와 철학을 두루 공부하였으며, 전문 번역가로 30년 이상 신학과 인문학 도서를 번역해 왔다. 역서로는 『자유론』, 『프로테스탄트 윤리와 자본주의 정신』, 『실낙원』, 『톨스토이 고백록』 등이 있고, 라틴어 원전 번역한 책으로 『고백록』, 『철학의 위안』 등이 있다. 그리스어 원전에서 번역한 아우렐리우스의 『명상록』과 『소크라테스의 변명·크리톤·파이돈·향연』은 매끄러운 번역으로 독자들의 호평을 받고 있다.

일러두기
본문의 각주는 옮긴이의 주이다. 저자의 원주는 원주라고 표시하였다.

자유론

존 스튜어트 밀

차례

해제

존 스튜어트 밀과 『자유론』

박문재

"자유"라는 말은 근대 시민사회가 형성되기 시작한 18세기 이래로 우리에게서 떼려야 뗄 수 없는 단어가 되어버렸다. 밀이 『자유론』에서 지적하듯이, "자유"는 인간이 존재하기 시작한 때부터 언제나 문제가 되어왔다. 두 사람 이상이 모이면, 거기에서는 필연적으로 "자유"와 관련된 문제가 대두되지 않을 수 없게 되기 때문이다. 이렇게 우리가 자유라고 하면, 그것은 보통 사람들 사이에서의 자유, 즉 시민적이고 사회적인 자유를 의미한다. 두 사람 이상이 모이게 되면 사회가 형성되고, 그 사회에서 사람들 간의 관계가 어떠한 것이든, 개인의 자유와 그 한계에 관한 문제가 논의될 수밖에 없다.

물론, 자유라고 할 때, 그것은 인간의 본성론과 관련된 자유, 즉 인간 개개인은 그 자체로 과연 자유로운가 하는 의미에서의 자유를 가리킬 수도 있다. 이것은 철학이나 신학에서 "의지의 자유," 또는 "자유의지"라는 문제로 다루어진다. 하지만 존 스튜어트 밀은 이 책에서 시민적이고 사회적인 자유를 다루겠다고 공식적으로 천명한다. 그러면서 인류는 이제 다수 대중이 자유를 향유할 수 있는 시대인 "근대"가 도래했기 때문에, 이 시민적 자유를 본격적으로 공론화할 때가 온 것이라고 선언한다.

『자유론』이 출간된 때로부터 160년이 흘렀다. 과연 오늘날 우리 한국 사회는 존 스튜어트 밀이 제시했던 시민적 자유에 대해 진지하게 고민했던 적이 있거나, 고민하고 있는 것인가? 오늘날 한국 사회의 대중들이 생각하고 있는 자유보다 훨씬 더 자유로우면서도 진보적인 자유에 관한 이론을 제시했던 밀은 우리 사회에 어떤 메시지를 던져주고 있는 것인가?

1. 시대적 배경

존 스튜어트 밀이 태어나서 활동하던 때는 섭정을 시작한 1811년부터 실질적으로 20년간을 통치한 조지 4세(재위 1820-1830년), 윌리엄 4세(재위 1830-1837년), 빅토리아 여왕(재위 1837-1901년)이 영국을 통치하던 시절이었다. 이 시기를 규정했던 사건은 산업혁명과 계몽주의라고 명명된 현상이었다. 산업혁명은 18세기 중엽 영국에서 시작된 기술혁신, 그리고 거기에 수반하여 일어난 사회와 경제의 구조 변혁을 지칭한다. 계몽주의는 18세기에 프랑스와 독일을 중심으로 이성의 힘과 인류의 무한한 진보에 대한 신념으로 기존질서를 타파하고 사회를 개혁하는 것을 목적으로 한 시대 사조였다. 이로 인해 영국의 변화가 본격적으로 시작되어,

존 스튜어트 밀이 태어나서 활동한 기간의 배경을 이루게 된다.

먼저 조지 4세는 프랑스 혁명과 산업혁명의 과도기를 잘 넘겼다. 그의 업적은 심사령 폐지(1828년)와 가톨릭교도해방법안(1829년)을 승인함으로써, 비국교도들과 가톨릭교도들이 자신들의 오랜 숙원이었던 종교의 자유와 시민적 권리를 회복할 수 있게 해준 것이었다. 이 종교의 자유와 시민적 권리는 존 스튜어트 밀의 『자유론』에서 중요하게 다루어지는 주제가 된다.

이렇게 조지 4세는 심사령 폐지와 가톨릭교도해방령을 통해 종교적 난제들을 해결하였지만, 윌리엄 4세에게는 의회개혁이라는 중요한 숙제가 남겨졌다. 의회를 새롭게 구성해야 하는 과제는 산업혁명으로 인한 사회구조의 변화가 불러온 것이었다. 당시 영국 의회는 17세기 이후 아무런 변화도 없이 여전히 지주 계급이 약간의 대상인, 금융가들을 흡수하여 의회 내의 지배세력을 형성하고 있었다. 그러나 산업혁명이 급속히 진행되면서 산업자본가와 노동자 계층이 형성되어 정치참여를 요구하게 되었다. 1832년에 제1차 선거법 개정이 이루어지면서, 의회에서 지주 계급의 세력은 상당히 퇴조하고, 시민 계급 세력이 대두됨으로써, 의회 개혁은 어느 정도 완성된다.

이러한 정지작업을 토대로 해서 영국은 빅토리아 여왕의 치세 하에서 대영제국의 황금기를 맞이한다. 이 시대는 양대 정당에 의한 의회 정치가 정착되어서, "왕은 군림하지만 통치하지는 않는다"는 영국 왕실의 전통이 시작된 때이기도 했다. 빅토리아 여왕이 즉위한 19세기 중반은 제국주의 확장으로 인한 대외 전쟁으로 경제가 불안정했고, 노동자 계급을 중심으로 1811-1817년까지 영국의 중부와 북부의 직물공업지대에서 일어났던 기계 파괴운동인 "러다이트 운동"을 시작으로, 1838-1848년까지 노동자들이 참정권을 얻기 위해 벌인 "차티스트 운동"까지 일어나는 등 사회는 급변하고 있었다. 이러한 사회적 상황 속에 즉위한 빅토리아 여왕의 정치적 성향은 자유주의를 추구하는 것이어서, 자유당을 옹호하고 보수당을 싫어하였다. 이 시기에 지주 세력을 대표하는 보수당의 디즈레일리(1804-1881년)와 산업자본가를 대표하는 자유당의 글래드스턴(1809-1898년)이 교대로 수상직을 맡았다.

한편, 19세기의 유럽에서는 철학 부문에서는 독일의 칸트(1724-1804년)와 헤겔(1770-1831년)의 관념론, 그리고 포이어바흐(1804-1872년)와 마르크스(1818-1883년)의 유물론, 프랑스의 오귀스트 콩트(1798-1857년)의 실증주의, 영국의 제러미 벤담(1748-1832년)과 존 스튜어트 밀(1806-1873년)의 공리주의가 유행하였다.

이렇게 밀이 태어나서 활동했던 시대는 계몽주의 시대(17-18세기)가 마무리되면서, 프랑스혁명(1789-1794년)이라는 결과물을 낳은 시대의 직접적인 영향 아래에서 근대 국가와 근대의 시민사회가 본격적으로 형성되어가고 있던 때였다. 밀은 자신의 아버지인 제임스 밀과 교분이 있던 제러미 벤담(1748-1832년)이나 오귀스트 콩트(1798-1857년) 등과 같이 근대를 선도한 인물들을 어린 시절부터 접했다. 또한 아메리카 대륙에서 미국이라는 신생국가가 독립을 선언하고(1778년), 유럽의 그 어느 국가보다도 더 민주적인 하나의 거대한 민주주의 국가와 사회를 창설하여 경영해 나갔는데, 이것은 정의로운 민주사회 구현을 일생의 목표로 삼았던 밀에게는 프랑스 혁명과 더불어 뚜렷한 이정표가 되었다.

2. 존 스튜어트 밀의 생애

존 스튜어트 밀은 1806년 5월 20일에 영국의 미들섹스 주 펜턴빌 로드
니 가 13번지에서 스코틀랜드 출신의 철학자이자 역사학자이며 경제학
자였던 제임스 밀James Mill(1773-1836년)과 해리엇 버로우Harriet Burrow 사이
에서 장남으로 태어났다. 그의 아버지는 아주 어릴 때부터 그가 자기 또
래의 아이들과 어울리는 것을 철저하게 차단하고서, 제러미 벤담Jeremy
Bentham(1748-1832년)과 프랜시스 플레이스Francis Place(1771-1854년)의 조언과
도움을 받아 밀에게 극도로 엄격한 조기영재 교육을 시켰다.

그 결과, 밀은 3살 때부터 그리스어를 배워서 8살 때에는 이미 이솝
우화는 물론이고, 헤로도토스와 플라톤의 저작들을 원어로 읽었고, 영
어로 된 많은 역사서들을 읽었으며, 대수학과 물리학과 천문학을 배웠
다. 8살부터는 라틴어를 배워서 오비디우스, 투키디데스 등과 같은 라틴
어 고전들도 읽었는데, 10살 무렵에는 플라톤과 데모스테네스의 저작들
을 쉽게 읽을 수 있었다. 그리고 여가 시간에는 자연과학에 관한 책들과
『돈키호테』나 『로빈슨 크루소』 같은 대중소설들을 읽기도 했다. 12살부
터는 스콜라 철학의 논리학을 공부했고, 아리스토텔레스의 논리학 저작
들을 원어로 읽었다. 13살 때는 애덤 스미스Adam Smith(1723-1790년)와 데이
비드 리카도David Ricardo(1772-1823년) 등의 저작들을 통해 정치경제학을 공
부했다. 아버지의 친한 친구였던 리카도는 어린 밀을 자기 집으로 초대
해서 함께 산책하며 정치경제학에 관한 대화를 나누곤 했다.

14살 때에는 제러미 벤담의 동생인 새뮤얼 벤담Samuel Bentham
(1757-1831년)의 가족과 함께 프랑스에서 1년을 지내면서, 몽펠리에 대

학에서 화학, 동물학, 논리학, 고등수학에 관한 강의를 들었다. 프랑스를 오가며 파리에 있을 때에는 아버지의 친구였던 경제학자 장 밥티스트 세Jean-Baptiste Say(1767-1832년)의 집에 머무르면서, 사회주의 사회개혁가인 생 시몽Saint-Simon(1760-1825년)과 많은 정계 인사들을 만났다. 그리고 오귀스트 콩트Auguste Comte(1798-1857년)와는 서신을 통해 교류하였는데, 나중에는 그를 재정적으로 후원하기도 했다. 17살 때인 1823년에는 아버지가 재직하고 있던 영국 동인도회사에 입사했다. 그후로 그는 1858년까지 36년 동안 그 회사에 재직하면서, 연구와 저술 활동을 병행하게 된다.

20살 무렵부터 그는 신경쇠약으로 우울증에 빠져 몇 달을 보내면서 자살까지 생각했다. 이때에 그는 자신의 삶의 목표인 정의로운 사회가 구현되면 과연 자기가 행복해질 수 있을지를 자문했지만, 그럴 수 없다고 결론을 내렸고, 이로 인해 그동안 자신의 그러한 삶의 목표를 위해 자신의 힘을 쏟음으로써 얻었던 행복을 상실했기 때문이었다. 그런 와중에서 윌리엄 워즈워스William Wordsworth(1770-1850년)의 시와 장 프랑수아 마르몽텔Jean-François Marmontel(1723-1799년)의 작품을 읽고 다시 기쁨을 되찾아서, 정의로운 사회를 구현하기 위한 자신의 삶의 목표를 위해 계속해서 힘써나갈 수 있게 되었다.

특히 24살 때인 1830년에 해리엇 테일러Harriet Taylor Mill(1807-1858년)를 만나 교제하게 된 것이 그가 정신적인 안정을 되찾는 데 결정적인 역할을 했다. 테일러는 유부녀로서 남편인 존 테일러John Taylor와 함께 자유주의적인 유니테리언주의Unitarianism 활동을 하면서, 급진적인 정치사상을 토대로 여성의 참정권 운동을 벌인 여성이었다. 밀은 해리엇 테일러와 오랫동안 지적인 교류를 하며 친밀하게 지내다가, 남편이 죽자 그녀와 교제한 지 21년만인 1851년에 그녀와 결혼하였다. 탁월한 능력을 지닌 여성이었던 테일러는 밀과 처음으로 만난 이후에 계속해서 밀의 사상과 저작에 상당한 영향을 미쳤다. 『자유론』*On Liberty*(1859년)과 『여성의 종속』 *The Subjection of Women*(1869년) 같은 저작들은 테일러의 직접적인 영향으로 저술된 것으로 알려져 있다. 하지만 테일러는 결혼한 지 8년도 채 되지 않은 1858년에 밀과 함께 프랑스를 여행하다가 아비뇽에서 폐출혈로 사망했다. 밀은 그녀가 죽은 직후에 출간된 『자유론』의 최종적인 개정본에서 책의 서두에 자신에 대한 그녀의 영향력이 어떠했는지를 감동적으로 진술하고 있다.

동인도회사에 입사한 밀은 심사국에 배치되어 보조심사관으로서 20년 동안 영국 동인도회사와 인도 정부 간의 교섭업무를 맡았고, 1856년에는 심사국의 책임자로 임명되었다. 동인도회사가 문을 닫자, 밀도 공직에서 은퇴했다. 그후에 그는 1865년부터 1868년까지 세인트 앤드루스St. Andrews 대학의 학장으로 재임하였고, 같은 기간 동안 런던 웨스트민스터Westminster에서 자유당 소속의 하원의원으로 선출되어 활동했다. 1866년에는 영국 헌정사상 최초로 의회에서 여성 참정권을 주장했고, 비례대표제와 보통선거권의 도입 등과 같은 의회와 선거 제도의 개혁을 촉구했으며, 노동조합과 협동농장을 중심으로 한 사회개혁을 주장하기도 했다.

밀은 하원의원 재선에 실패한 뒤에는 거의 프랑스에 머물다가 1873년에 아비뇽Avignon에서 죽었고, 부인 해리엇 테일러와 나란히 묻혔다.

3. 존 스튜어트 밀의 저작과 사상

밀은 철학, 윤리학, 정치학, 경제학, 논리학 등과 같은 분야에서 많은 저작들을 남겼다. 그의 주요 저작들로는 『논리학 체계』*A System of Logic*(1843년), 『정치경제학 원리』*Principles of political Economy*(1848년), 『자유론』*On Liberty*(1859년), 『대의정부론』*Considerations on Representative Government*(1861년), 『공리주의』*Utilitarianism*(1863년), 『여성의 종속』*The Subjection of Women*(1869년), 『자서전』*Autobiography*(1873년)이 있다.

철학과 윤리학 분야에서는 제러미 벤담의 영향을 받아 공리주의 utilitarianism를 자신의 모든 사상의 기초로 삼았고, 이것은 『자유론』의 토대가 되었다. 경제학 분야에서는 애덤 스미스의 『국부론』을 비판하면서, 사유재산의 보장과 함께 자본주의의 모순을 시정하기 위한 정부의 제한적인 개입을 옹호하는 경제학 사상을 주장하였다. 그의 『정치경제학 원리』는 고전경제학의 완결판이라는 평가를 받는 저작으로서, 고전경제학을 계승하면서도 사회주의의 주장을 부분적으로 받아들여서 분배를 개선하고 사회의 점진적 개혁을 주장하는 이론을 담고 있다. 논리학에서는 실증주의적인 사회과학 방법론을 체계화하였다.

『자유론』 같은 저작들을 통해서 자유주의 정치철학의 발전에 크게 기여하였다. 특히 『자유론』에서는, 인간 정신은 토론과 경험을 통해서 잘못을 시정시킬 수 있는 능력을 지니고 있고, 다른 사람들에게 피해를 주지 않는 경우에는 개인의 행동은 다수와 다르다는 이유로 박해를 받아서는 안 된다는 전제 아래에서, "다수의 전횡"으로부터 개인의 자유를 보호하기 위한 "사상의 자유," "선택의 자유," "결사의 자유"를 강조했다. 그렇게 해서 개성이 발달하게 되면, 개개인의 삶만이 아니라 사회 전체가 활력이 넘치게 된다는 인식을 토대로, 사회나 국가가 개인에 대해 행사하는 권력이 도덕적으로 정당성을 지닐 수 있는 한계를 제시한다.

또한 현실 정치에도 참여해서, 사회적 입법을 통한 개혁을 주장했고, 특히 노동입법이나 단결권의 보호, 지대 공유 주장 등을 통해 민주주의적 정치 제도와 사유재산 보호라는 큰 틀 안에서 점진적인 분배의 평등을 강조하는 영국 사회주의 사상의 발달에 기여하였다. 또한 사회적 공공복리의 실현을 위해서 보통선거와 비밀선거를 기반으로 한 의회 제도와 선거 제도의 개혁을 주장하였고, 여성에게도 교육의 기회뿐만 아니라, 시민적 자유와 경제적 기회를 남자와 대등하게 주어야 한다고 주장하였다. 이러한 주장들은 『대의정부론』과 『여성의 종속』에 표현되어 있다.

(1) **공리주의**: 앞에서 말했듯이, 밀은 자신의 스승이었던 제러미 벤담의 공리주의를 나름대로 수정한 것을 자신의 사상의 기초로 삼았다. 벤담의 공리주의는 "최대의 행복 원칙"이라는 정식으로 표현된다. 이것은 사람은 언제나 최대의 행복을 산출할 수 있는 방식으로 행동해야 한다는 원칙이다. 벤담은 모든 형태의 행복을 대등한 것으로 취급했던 반면에, 밀은 쾌락의 질을 구분해서, 지적이고 도덕적인 형태의 쾌락이 육체적인 형태의 쾌락보다 더 우월하다고 주장했다. 밀은 행복과 만족을 구별해서, 행복이 만족보다 더 높은 가치를 지닌다고 하면서, 그것을 다음과 같은 말로 표현했다. "만족한 돼지가 되기보다 불만족한 인간이 되는 것이 낫고, 만족한 바보가 되기보다 불만족한 소크라테스가 되는 것이 낫다."

이렇게 밀은 행복의 질을 구별함으로써, 도덕적 규범과 의무를 질적으로 더 높고 고귀한 성격을 지니는 행복 추구와 연결시킬 수 있었다.

(2) **경제적 민주주의:** 밀의 초기의 경제 철학은 공리주의적인 근거 위에서 국가가 경제에 개입하는 것을 지지하기는 했지만, 기본적으로 자유 시장 원리를 옹호하는 것이었다. 하지만 나중에는 좀 더 사회주의적인 경향으로 기울어서, 그는 자신의 『정치경제학 원리』 개정판에는 사회주의적인 관점과 원리들을 옹호하는 장들을 추가하였다. 밀은 자본주의를 주장하지 않고, 그 대신에 자본주의적인 기업들을 노동자들의 협동조합으로 대체하는 것과 같은 방식의 경제적 민주주의를 주장했다. 이 책의 초판본이 1848년에 출간되었을 때는, 이전 시대에 애덤 스미스의 『국부론』이 그랬던 것처럼, 그 시기의 모든 경제학 서적들 가운데서 가장 널리 읽힌 책들 중 하나였다. 이 책은 대학 교재로도 사용되어서, 옥스퍼드 대학교에서는 1919년에 마샬Marshall의 『경제학 원리』Principles of Economics로 대체될 때까지 표준 교과서로 채택되었다.

(3) **정치적 민주주의:** 정치적 민주주의에 관한 밀의 주저인 『대의정부론』은 시민들의 광범위한 참여와 개화되고 유능한 통치자라는 두 가지 기본적인 원칙을 옹호한다. 이 두 가치는 분명히 서로 긴장관계에 있기 때문에, 어떤 사람들은 그를 엘리트 민주주의자로 규정했고, 어떤 사람들은 초기의 참여 민주주의자로 규정했다. 대중에 대한 불신으로 인해, 그는 그 책의 앞부분에서는 엘리트들에게는 두 표의 투표권을 주는 것을 옹호하는 듯한 말을 하지만, 나중에는 모든 시민이 한 표를 갖는 보통선거를 옹

호한다. 그는 대중은 정치적으로 무능하긴 하지만, 특히 지방 자치 차원에서 정치에 참여할 기회가 주어진다면, 그러한 무능력은 결국에는 극복될수 있을 것이라고 보았다. 또한 그는 맬서스Malthus적인 인구론을 지지했다. 그는 인구라는 말을 오직 노동자 계층의 수를 가리키는 것으로 인식했기 때문에, 임금을 받고 일하는 노동자의 수적 증가를 억제하는 데 관심을 가졌다. 노동자들이 기술 진보와 자본 축적의 열매를 향유하고, 노동 조건이 개선되기 위해서는 인구 억제 정책이 필수적이라고 믿었다.

(4) 여성의 해방: 밀은 여성 해방을 사회를 근본적으로 쇄신시켜줄 위대한 변화들 중 하나로 보았다. 이것과 관련된 그의 입장은 명확했다. 혼인한 당사자들 간의 평등은 인류의 일상 생활을 도덕을 계발해 나가는 학교로 만들 수 있는 유일한 수단이고, 인류는 오직 남성과 여성이 평등하고 대등한 관계로 살아가는 사회에서만 진정한 도덕적인 정서를 배울 수 있다. 남성과 여성이 대등하게 함께 살아가는 것이야말로 인간의 진정한 미덕이기 때문이다. 하지만 오늘날의 현실에서 가족은 독재를 배우는 학교이고, 독재의 악덕을 길러내는 곳이다. 밀은 평등만이 미덕들과 능력들을 계발하는 것을 가능하게 해주기 때문에, 여성도 남성과 동일한 자유를 누릴 수 있어야 한다고 말한다.

4. 『자유론』 읽기

밀의 『자서전』에 의하면, 그는 1854년에 처음에는 짧은 에세이로 『자유론』을 구상했다고 한다. 하지만 그 후로 그 글에 담긴 여러 가지 사상들을 전개해 나가는 과정에서, 밀과 그의 부인 해리엇 테일러는 이 글을 확대하고 다시 써서 꼼꼼하게 수정했다. 밀이 우울증과 신경쇠약을 겪으면서, 그리고 나중에 결국에는 결혼하게 된 해리엇 테일러를 만나면서, 도덕적인 삶과 여성의 권리에 대한 그의 다수의 신념들은 변화를 겪었다. 그래서 밀은 『자유론』은 "자기 이름으로 펴낸 그 어떤 글보다도 더 직접적으로, 그리고 말 그대로 우리의 공동 작품이었다"고 진술한다. 그런데 최종적인 원고가 거의 완성되어가던 1858년에 그의 아내 테일러가 프랑스 여행 중에 아비뇽에서 갑자기 폐출혈로 죽는다. 밀은 그 시점부터는 이 글을 수정할 수 없었고, 그녀가 죽은 후에 그가 처음으로 한 일들 중의 하나는 그 책을 출간하여 "그녀에게 헌정하여 그녀를 기리는" 것이었다고 회상한다. 또한 밀이 『자유론』를 쓰는 데는 독일의 사상가 빌헬름 폰 훔볼트가 쓴 『국가 활동의 한계』라는 책이 많은 영향을 미쳤다. 1859년에 출간된 『자유론』은 『공리주의』와 더불어 밀의 두 권의 주저 중 하나다.

　『자유론』을 읽을 때, 미리 알아두면 읽어나갈 때에 좋을 기본적인 개념과 사상을 간략하게 정리해 보면 다음과 같다.

　(1) 자유가 주어져야 하는 근거로서의 "효용": 　밀은 제러미 벤담의 영향을 받은 공리주의자답게 "효용"을 제1의 가치로 삼는 공리주의를 자신의 기본적인 사상원리로 전제한다. 인간이 자유를 향유할 수 있어야 하는 이유는 그것이 곧 최대의 효용을 얻는 것이기 때문이다. 인간은 자유가 주어졌을 때에 자신에게 천부적으로 주어진 모든 재능을 완전히 꽃피워

서 인간으로서의 성장과 발전을 최대한으로 이루어낼 수 있다. 인류라는 것도 결국에는 개개인의 집합이기 때문에, 개인이 최대의 성장을 이루어내는 환경을 조성해줄 때에만 가장 발전할 수 있다.

(2) **인간의 불완전성을 보완하는 것으로서의 자유:** 다음으로 밀은 개개인에게 자유가 주어져야 하는 이유를 인간의 불완전성에서 찾는다. 한 개인의 의견과 행동이 아무리 옳다고 할지라도, 거기에 진리의 모든 것이 다 담겨 있을 수는 없다. 아무리 옳은 것이라고 할지라도, 거기에는 틀린 것이 있고, 아무리 틀린 것이라고 할지라도, 거기에는 옳은 것이 있다. 그렇기 때문에, 모든 개개인에게 의견을 표현할 수 있는 "사상의 자유"와 자신의 의견을 거리낌 없이 표현하고 토론할 수 있는 "표현의 자유"가 반드시 필요하다. 이런 자유들을 허용하지 않는 것은 어떤 개인이나 집단이 "절대로 틀릴 수 없다"infallibility는 것을 전제하는 것이고, 그것은 독단이자 독선이며 독재다. 따라서 어떤 의견이 아무리 틀리고 사회의 상식에 어긋나는 것이라고 할지라도, 그 의견을 표현하고 토론하는 자유를 막는 것보다도 허용하는 것이 사회에 더 큰 이득이 된다.

(3) **사회적 행위가 아닌 모든 개인의 행위에 주어져야 하는 자유:** 따라서 밀은 다른 사람들에게 "직접적으로" 영향을 미치지 않는 모든 행위는 "개인의 자유"의 영역이라고 규정한다. 반면에, 다른 사람들에게 영향을 미치는 영역은 사회적 행위에 속하기 때문에, 사회나 정부는 그러한 개인의 행위에 개입할 수 있고 개입해야 한다. 하지만 밀은 다른 사람들에게 끼치는 영향을 판단할 때에 오직 "직접적인" 영향만을 따지고, "간접적

인" 영향을 따져서는 안 된다고 말한다. 예컨대, 어떤 사람의 행동이 다른 어떤 사람들에게 직접적인 피해를 주지는 않지만 기분을 상하게 하는 것인 경우에는, 전자의 자유가 후자의 간접적인 피해보다 우선한다고 본 것이다.

(4) 인간 자신과 인류 발전을 이끌 원동력으로서의 개개인의 "개성": 밀은 모든 개인에게 자유가 허용될 때에만 개개인이 고유하게 지니고 있는 "개성"이 온전히 발현되고, 이 무수한 개성들이 의견의 표현과 토론을 통해 함께 어우러질 때만이 개개인과 인류 사회는 발전하게 된다고 말한다. 사회나 국가는 일반적으로 옳다고 여기는 것들을 목표로 설정해서, 시민들과 국민이 일치단결해서 그 목표를 향해 힘차게 나아가는 것을 선호하는 경향이 있다. 하지만 그렇게 했을 때에는 그 목표가 아무리 좋고 참된 것이라고 할지라도, 그 속에는 여전히 독선의 요소가 자리잡고 있기 때문에, 그 부작용과 역작용으로 인해 결국에는 그런 개인과 사회와 나라의 발전은 가로막히게 되고 만다. "개성"은 겉보기에는 사람들을 분열시키는 것처럼 보이지만, 사실은 자유로운 토론 속에서 개성이 극대화될 때에만 개인과 사회는 그런 부작용을 제거하고 역동적으로 발전해 나갈 수 있다.

(5) 개인의 자유를 제한하는 원리로서의 "해악": 자유를 허용해야 하는 원리가 "효용"이라면, 개인의 행동이 사회에 영향을 미칠 때에 그 행동을 제한하는 원리는 "해악"이다. 다른 사람들에게 피해를 주는 것은 사회적 해악이 되는데, 이러한 해악을 방치하게 되면, 사회 전체의 효용이

훼손되고 발전은 저해된다. 따라서 사회나 정부는 적절한 개입을 통해 그러한 해악을 규제함으로써, 사람들과 사회의 발전을 저해하는 요인을 제거해야 한다.

(6) 자유를 배워나가는 훈련으로서의 "자치": 밀은 사람들에게 시민적이고 사회적인 자유가 주어졌을 때에도, 사람들은 각자의 역량에 따라 그 자유를 누릴 수 있는 정도가 달라진다고 말한다. 이것은 어린아이에게 자유를 주어도, 자유를 제대로 활용할 수 없는 것과 같다. 그래서 자유를 향유하기 위해서는 일정 정도의 지적 역량(intelligence)을 갖추어야 한다고 말한다. 인류 사회가 근대에 들어와서야 비로소 그런 지적 역량을 갖추게 된 것과 마찬가지로, 한 개인의 경우에도 그런 지적 역량을 갖추어야 한다. 이제 자유가 대중화된 근대 사회에서, 개개인으로 하여금 그 자유를 누릴 수 있게 하기 위해서는 훈련이 필요한데, 그 훈련은 모든 사람들이 시민적이고 사회적인 활동에 참여하는 데서 이루어진다. 권한이 비대해진 정부는 독재의 경향을 띠게 되고, 시민이나 국민은 종속되고 자유는 제한된다. 따라서 근대 시민 사회에서 모든 시민들이 지역사회나 국가적인 사업에서 정부의 관료들이 하는 것과 같은 자치 활동을 지속적으로 해나감으로써, 자신들의 일을 스스로 처리하는 역량을 키우는 것은 개인과 사회의 시민적 자유를 지켜나가고 발전시켜나가는 데 필수적이다.

(7) 자유를 누릴 수 있는 조건으로서의 "지적 역량": 밀은 미성년자가 자유를 제대로 누릴 수 없는 것과 마찬가지로, 미성년 상태의 미숙한 사회와

대중은 시민적 자유를 제대로 누리는 것이 불가능하다고 말한다. 여기에서 자유와 민주의 관계에 관한 문제가 생겨난다. 왜냐하면, 미숙한 대중이 자유를 향유하는 것이 어렵다는 것은 민주주의 체제를 향유하는 것도 어렵다는 말이 되기 때문이다. 하지만 이러한 논리는 독재와 독단을 합리화하는 근거가 될 수 없고, 도리어 앞에서 말한 "자치"와 사회 차원의 "자유로운 교육"을 통해 미숙한 사회와 대중이 성년 상태로 성장하고 발전할 수 있게 하는 것이 정부와 통치자의 소임이라는 것을 일깨워주는 것일 뿐이다. 밀은 기본적으로 인류 사회가 자유를 누릴 수 있는 조건인 "지적 역량"이 역사 속에서 계속해서 발전해 왔다고 보고, 근대 사회에 이르러 인류가 성년기로 접어들었다고 본다.

5. 맺는 말

존 스튜어트 밀은 인류 역사상에서 시민적 자유가 본격적으로 시작되던 "근대"라는 자신의 시대 속에서 보고 느끼고 깊이 성찰한 것들을 종합해서, 자신의 『자유론』에서 시민적 자유에 대한 이러한 기본 사상과 개념들을 자세하게 설명하고 논증한 후에 그 구체적인 예들을 제시해 나간다.

　앞에서 말했듯이, "자유"는 "인간의 자유"라는 본성적인 측면과 "시민으로서의 자유"라는 사회적인 측면을 둘 다 지니고 있다. 기독교와 그 토대에 선 철학들은 오랜 세월 동안 인간의 본성적 자유에 대해 말해왔고, 인간의 본성은 근본적으로 자유롭지 못하고, 스스로의 힘에 의해서 자유롭게 될 수도 없다고 말해왔다. 기독교가 지배하고 있던 근대 이전에는 자유에 관한 그런 논의가 일반적인 것이었다. 반면에, 마르크스는 인간의 본성은 물질적 토대에 의해 규정된다고 말하는 유물론적 변증법에 입각해서, 생산력의 극대화를 통해 그 상부구조인 시민적 자유가 얻어질 때, 인간은 본성적으로도 자유롭게 된다고 말함으로써, 일원론적인 자유 개념을 발전시켰다. 인류 사회의 경제력이 극대화되는 공산 사회에서는 인류 개개인은 본성적으로도 지극히 선하고 참된 존재들이 될 수 있다는 것이다.

하지만 존 스튜어트 밀은 그런 철학적 토대들을 논외로 하고서, 현실에서의 인간의 불완전성을 전제한 가운데 시민적 자유에 대한 논의를 전개해나간다. 이것은 밀의 성향이 실용적이고 실천적임을 보여준다. 그래서 그는 현실의 인간 사회 속에서 어떻게 하면 최대의 자유가 허용되게 함으로써 개개인과 사회의 성장과 발전이 최대의 효용을 얻게 할 수 있는지를 논한다. 밀의 사상을 따라 말해본다면, 기독교와 마르크스는 둘 다 옳은 부분이 있고 틀린 부분이 있기 때문에, 이 둘은 치열한 토론을 통해 진실을 발견해 나가는 것이 정답이다. 실제로 밀은 이 책에서 그런 내용을 암시하고 있다.

얼마 되지 않는 작은 분량의 이 『자유론』을 읽고서 우리 자신과 우리 사회에 배어 있는 독선과 독단과 독재를 조금이라도 깨닫는다면, 그것만으로 그 개인과 우리 사회의 성장과 발전을 저해하는 독소를 조금이라도 제거하는 것이 될 것이기 때문에, 이 책을 읽는 데 들인 시간과 노력에 대한 충분한 보상이 될 것임은 두말할 필요가 없을 것이다.

존 스튜어트 밀의 연보

1806년   존 스튜어트 밀이 런던에서 태어남.

1809-1820년   3세 때부터 집에서 아버지 제임스 밀에게서 교육을 받아, 그리스어와 라틴
어를 익히고 여러 원전들을 두루 섭렵함.

1820-1821년   프랑스로 가서, 아버지의 친한 친구였던 제러미 벤담의 동생인 새뮤얼 벤
담의 집에서 1년간 머물며 유명 인사들과 교류함.

1822-1823년   공리주의 협회를 창립하고, 격주로 벤담의 집에서 공리주의 윤리학과 정치
학을 토론함.

1823년   아버지가 재직 중이던 영국 동인도회사에 수습사원으로 입사함.

1825-1826년   벤담의 저서인 『사법적 증거의 존재근거』(1827년)의 출간을 도움.

1826-1827년   Westminster Review에 기고를 시작함.
공리주의 협회가 해산됨.

1830년   영국의 동인도회사 심사국을 위해 프랑스 문제에 대한 글들을 많이 쓰면
서, 토머스 칼라일과 친분을 맺게 됨.
이미 존 테일러와 결혼한 해리엇 테일러를 처음으로 만남.
생 시몽 학파의 저작들을 두루 읽고, 오귀스트 콩트를 접한 후에 서신으로
교류함.

1834-1840년   처음에는 London Review, 나중에는 Westminster Review와 통합된
London and Westminster Review의 편집자로 활동함.

1835년   토크빌Alexis de Tocqueville의 『미국의 민주주의』를 읽음.

1836년   아버지 제임스 밀이 죽음.

1843년   『논리학 체계』*A System of Logic*를 출간함.

1848년   『정치경제학 원리』*Principles of Political Economy*를 출간함.

1851년   남편과 사별한 해리엇 테일러와 결혼함.

1856년   영국의 동인도회사에서 두 번째로 높은 직위인 심사국 책임자로 승진함.

1858년   동인도회사가 해체되고, 밀은 은퇴함.

         해리엇 테일러가 폐출혈로 죽음.

1859년   『자유론』*On Liberty*을 출간함.

1861년   『대의정부론』*Considerations on Representative Government*과 『공리주의』
         *Utilitarianism*를 출간함.

1865년   자유당 소속 하원의원으로 선출됨.

1868년   하원의원 재선에 실패함.

1869년   『여성의 종속』*The Subjection of Women*을 출간함.

1873년   프랑스의 아비뇽에서 죽어 해리엇 테일러와 함께 묻힘.

         그의 사후에 의붓딸인 헬렌 테일러Helen Taylor가 그의 『자서전』
         *Autobiography*을 출간함.

On Liberty

———

자유 론

―・⚬ᘓ⚬・―

"내가 이 책의 면면에서 전개하고 있는 모든 논증은 인간을 최고로 다양

하게 발전시키는 것이 절대적이고 본질적으로 중요하다는 장대하면서도

선도적인 하나의 원칙으로 곧바로 수렴된다."

— 빌헬름 폰 훔볼트의『정부의 활동범위와 의무들』에서[1]

---

1 훔볼트(Wilhelm von Humboldt, 1767-1835년)는 독일의 철학자, 교육학자, 정치가로서 베를린
   대학교의 공동설립자였다. 그가 쓴『국가의 활동범위의 한계를 결정하기 위한 시도와 관련된 몇몇
   고찰들』*Ideen zu einem Versuch die Grenzen der Wirksamkeit des Staats zu bestimmen*은 1792년에 처음으
   로 출간되었고, 영국에서는 1854년이 되어서야『정부의 활동범위와 의무들』이라는 제목으로 번역
   되어 출간되었다. 훔볼트는 개인의 자유를 보호하기 위한 목적을 제외한 국가의 최소한의 개입을 주
   창했다.

헌정사

나의 글들 속에 담겨 있는 가장 훌륭한 모든 것들에 영감을 주고 부분적으로는 그것들의 저자이기도 한 그녀, 진리와 정의에 대한 높은 식견으로 내게 늘 아주 강력한 동기를 부여해 주었고, 그의 칭찬이 내게 최고의 보상이 되었던 나의 친구이자 아내였던 나의 사랑하는 그녀를 기억하고 비통해하며 이 책을 그녀에게 헌정한다.[2]

내가 지금까지 오랜 세월 동안 써왔던 모든 글들과 마찬가지로, 이 글도 나의 글인 동시에 그녀의 글이기도 하다. 하지만 이 글은 그녀의 손을 거쳐 수정되는 이루 헤아릴 수 없이 귀중한 이점을 별로 누리지를 못했다.

이 글에서 가장 중요한 부분들 중 몇 군데는 그녀의 손길에 의한 좀 더 주의 깊은 재검토를 위해 유보해두었었는데, 이제 그녀는 이 세상에 없기 때문에, 이 글은 그녀의 손길을 받을 수 없게 되었다.

아무도 따라갈 수 없었던 그녀의 뛰어난 지혜를 통해 동기부여와 도움을 받지 않은 채로 나 혼자만의 힘으로 글을 쓰는 것보다는, 이제는 그녀의 무덤 속에 매장되어 버린 저 위대한 사상들과 고매한 감성들을 그 절반만이라도 이 세상에 해석해서 전달할 수 있다면, 나는 이 세상에 훨씬 더 큰 유익을 전해주는 자가 될 수 있으련만.

---

2 여기에서 밀의 아내로 지칭되는 "그녀"는 오랜 세월 동안 밀의 정신적인 지주였다가 나중에 결국 결혼하게 되는 해리엇 테일러(Harriet Taylor, 1807-1858년)를 가리킨다.

제1장

❖

서론

본서에서 말하는 자유

내가 이 글에서 다루고자 하는 것은, 대단히 유감스럽게도 "철학적 필연론"[1]으로 잘못 명명된 것과 반대되는 것으로 여겨져 온 이른바 "의지의 자유"에 대한 것이 아니라, 시민적 자유 또는 사회적 자유, 즉 사회가 개인에 대해 합법적으로 행사할 수 있는 권력의 본질과 그 한계에 대한 것이다.[2] 이 주제는 공식적으로 논의된 적이 없었던 것은 말할 것도 없고,

---

1 "철학적 필연론"은 인간의 의지는 인과론적으로 자유롭지 않기 때문에, 인간이 자신의 의지로 한 행위들은 자율적이지 않고 필연에 의해 결정된다고 주장하는 견해다. 이 견해는 특히 조지프 프리스틀리(Joseph Priestley, 1733-1804년)의 『철학적 필연론 예시』*The Doctrine of Philosophical Necessity Illustrated*(1777년)와 윌리엄 고드윈(William Godwin, 1756-1836년)의 『정치적 정의 탐구』*An Enquiry Concerning Political Justice*(1793년)에서 제기되었다.

2 "의지의 자유"라는 주제는 인간의 의지에 자율성이 존재하는지, 아니면 필연에 의해 지배를 받는지를 논하는 인간 본성과 관련된 철학 분야의 논제다. 이 주제는 특히 기독교 신학에서 자력 구원이냐 타력 구원이냐 하는 문제를 놓고 인류 역사 속에서 치열한 논쟁이 되어왔다. 여기에서 밀이 "자유"를 철학적이고 신학적인 문제로 다루는 것이 아니라, 시민적이고 사회적인 자유를 다루겠다고 선언한 것은 중요하다. 왜냐하면, 밀은 이 책 전체를 통해서 자유를 철학적인 근거가 아닌 "효용" 또는 "공리"라는 근거 위에서 접근하고자 하기 때문이다.

문제 제기조차 제대로 된 적이 없었지만, 이 시대의 실천적인 논쟁들의 근저에 잠복해 있으면서 그 논쟁들에 심대한 영향을 미치고 있어서, 머지않아 미래의 아주 중요한 문제로 부상하게 될 것이다.

이 문제는 새롭게 생겨난 것이 결코 아니고, 어떤 의미에서는 까마득한 옛날부터 인류를 괴롭혀 왔던 문제였다. 하지만 최근에 문명이 진보하면서 인류 중에서 좀 더 개화된 부류들이 생겨나면서, 이 문제가 새로운 조건들 아래 놓이게 되자, 이전과는 달리 좀 더 근본적인 해결을 요구하게 된 것일 뿐이다.[3]

"자유"와 "권력"의 갈등은 인류 역사 중에서 우리가 알고 있는 아주 오래된 것들, 그 중에서도 특히 그리스와 로마와 영국의 역사들의 가장 두드러진 특징이다. 하지만 옛적에는 그러한 갈등은 신민들, 또는 신민들 중 몇몇 계급들과 정부 간에 존재했기 때문에, 자유라는 것은 정치적인 지배자들의 폭정으로부터 보호받는 것을 의미했다. 지배자들은 필연적으로 피지배자들에 대해 적대적인 위치에 있을 수밖에 없는 것으로 인식되었다(그리스의 몇몇 대중 정부들을 제외하면). 지배자들은 한 사람의 지배자일 수도 있었고, 한 지배 부족이나 계급일 수도 있었다. 그들의 권력은 세습 또는 정복으로부터 생겨났다. 그 권력은 어떤 경우에도 피지배자의 이익을 위해서 행사되는 일은 없었다. 그 권력의 압제적인 행사를 방지하기 위한 어떤 사전조치들이 취해질 수 있는 경우에도, 사람

---

3 밀은 모든 인간이 자유를 누려야 하지만, 실제로 자유를 누릴 만한 자격을 갖추고 있을 때에만 자유를 누릴 수 있다고 보기 때문에, 그가 여기에서 "좀 더 개화된 부류들"과 "새로운 조건들"에 대해 언급한 것은 중요하다. 밀은 인간이 일정 수준의 지적 역량을 지니고 있을 때에만 자유를 누릴 수 있고, 인류는 근대에 이르러서야 비로소 다수의 사람들, 즉 대중이 자유를 누릴 수 있을 정도의 지적 역량을 발전시켰다고 본다.

들은 그 절대적인 권력에 감히 도전하지 못하였다. 아마도 처음부터 도전할 엄두조차 내지 못하였을 것이다.

그들의 권력은 필수적인 것으로 여겨졌지만, 대단히 위험한 것으로도 인식되었다. 권력이라는 무기는 외적을 물리치는 데만이 아니라, 신민을 억압하는 데도 사용될 수 있었기 때문이었다. 한 공동체 안에서 힘이 약한 구성원들이 수많은 독수리들에 의해 잡아먹히지 않기 위해서는, 가장 힘이 센 독수리를 세워서 나머지 독수리들을 통제하게 할 필요가 있었다. 그러나 독수리들의 왕은 다른 수많은 독수리들과 마찬가지로 얼마든지 양들을 잡아먹는 데 열을 올릴 수 있었기 때문에, 양들은 그의 날카로운 부리와 발톱들을 늘 경계하는 태도를 견지해야만 했다. 그래서 공동체를 염려하는 애국자들의 목표는 지배자가 공동체에 대해 행사하는 권력에 제한을 두는 것이었다. 그들이 "자유"라고 말했을 때, 그것은 바로 그러한 제한을 의미하는 것이었다.

그러한 제한은 두 가지 방식으로 시도되었다. 첫 번째는 정치적 자유들 또는 권리들이라 불리는 영역들, 즉 권력이 간섭할 수 없는 영역들을 정해 놓고서, 지배자가 그 영역들을 침범했을 때에는 그것을 의무 위반으로 간주하여, 특정한 사항에 대한 저항 또는 전면적인 저항을 정당한 것으로 인정하는 것이었다. 두 번째는 대체로 시간적으로 좀 더 나중에 사용된 방편으로서, 지배 권력이 행하는 좀 더 중요한 행위들 중 일부에 대해서는 공동체의 동의, 또는 공동체의 이익을 대표하는 것으로 여겨지는 모종의 집단의 동의를 반드시 얻어야 한다는 것을 헌법에 규정함으로써 그 권력을 제한하는 것이었다.

이 두 가지 제한 방식 중에서 첫 번째에 대해서는 유럽의 대부분의 나라들에서 지배 권력은 어느 정도 수용하지 않을 수 없었다. 반면에, 두 번째 방식과 관련해서는 사정이 그렇지 않았다. 따라서 두 번째 방식을 관철하는 것, 또는 이미 일정 정도 시행되고 있는 경우에는 좀 더 완전하게 관철시키는 것이 어느 곳에서나 자유를 사랑하는 사람들의 주된 목표가 되었다. 인류가 당장 눈앞에 있는 적만을 상대해서, 그의 폭정을 방지하는 데 어느 정도 확실한 효과를 얻고 있다면, 그를 주인으로 섬기고 지배를 받는 것에 대해 불만이 없다는 태도를 보이는 동안에는, 그들의 열망은 달성될 수 없었다.

국가의 권력을 제한해야 할 이유

하지만 인류사의 발전과정에서, 지배자는 이해관계에 있어서 그들의 반대편에 서 있는 독립적인 권력이라는 것을 사람들이 당연하게 생각하지 않게 된 때가 도래했다. 이제 그들의 눈에는, 국가의 여러 다양한 고위 관리들은 그들의 종복들이거나 그들이 대표로 보낸 자들이기 때문에, 그들의 뜻에 따라 언제든지 바꿀 수 있는 존재들로 보였다. 오직 그렇게 해야만 정부 권력이 그들의 이익을 해치는 쪽으로 결코 남용되지 않게 하는 완벽한 안전장치가 마련될 수 있을 것 같았다. 점차 대중 정당이 존재하는 나라들에서는, 임기가 정해진 지배자들을 선거를 통해서 선출하자는 이러한 새로운 요구가 정당 활동의 중요한 목적이 되었고, 지배자들의 권력을 제한하고자 했던 이전의 시도들을 상당한 정도로 대체하였다.

　주기적인 선거를 통해 피지배자들이 지배 권력을 만들어내고자 하는 투쟁이 진행되면서, 그동안 권력을 제한하는 것 자체에 지나친 중요성을 부여해왔었다고 생각하는 사람들이 생겨나기 시작했다. 권력의 제한은 국민의 이익을 희생시키고 자신들의 이익을 추구해오곤 했던 지배자들을 견제하는 수단이었고, 또한 그렇게 보일 수 있었다. 그런데 이제는 지배자들은 국민과 하나가 되어야 하고, 국민의 이해관계와 의지가 그들의 이해관계와 의지가 되어야 한다는 요구가 생겨났다. 그렇게만 된다면, 국민은 자기 자신의 의지를 견제하거나 제한할 필요가 없을 것이었다. 국민이 자기 자신에 대해 폭정을 일삼을 우려도 없을 것이었다. 지배자들은 국민에 대해 실질적으로 책임을 지게 해야 하고, 국민은 언제든지 지배자들을 쫓아낼 수 있게 해야 한다. 국민이 권력의 사용에 관한 모든 것을 정해놓을 수 있다면, 지배자들에게 권력을 맡겨놓아도 안심할 수 있을 것이었다. 그들의 권력은 국민 자신의 권력인데, 단지 사용하기 편리하도록 집약시켜서 그들에게 맡겨놓은 것일 뿐이었다.

아마도 정서라고 말하는 것이 더 적절할지도 모르는 이러한 사고방식은 유럽의 자유주의의 마지막 세대 가운데서 일반적이었고, 유럽 중에서도 대륙에 속하는 지역들에서는 여전히 지배적인 것으로 보인다. 대륙의 정치 사상가들 중에서는, 그들이 존재해서는 안 된다고 생각하는 그런 정부들의 경우를 제외한다면, 정부가 할 수 있는 일을 제한해야한다고 생각하는 사람들은 눈에 띌 정도로 예외적인 부류에 속한다. 만일 이전에 권력을 제한해야 한다는 사상에 힘을 실어주었던 상황이 그후에도 계속해서 변하지 않고 지속되었더라면, 그런 사상은 지금도 여전히 우리나라에서 지배적인 정서가 되어 있을 것이 분명하다.

그러나 정치나 철학 이론들도 사람의 경우와 마찬가지로 실패했을 때는 드러나지 않을 수 있었던 결함들과 약점들이 성공했을 때에는 분명하게 드러난다. 대중 정부가 단지 꿈으로 생각되거나 옛날옛적의 까마득한 과거에 존재했던 것으로 책에서만 읽을 수 있는 그런 일이었을 때에는, 국민이 그들 자신을 지배하는 그들의 권력을 제한할 필요가 없다는 생각은 자명한 것으로 보였을 것이다. 그러한 생각은 프랑스 혁명 같은 일시적인 일탈들에 의해서도 별로 동요되지 않았다 ─ 그런 일탈 중에서 최악의 것은 대중적인 제도들의 지속적인 활동이 아니라 소수의 사람들이 갑작스럽게 발작적으로 일어나서 왕이나 귀족에 의한 전제정치를 와해시키고 권력을 장악하는 일이었다.

하지만 시간이 지나자, 하나의 민주 공화국이 지구의 큰 부분을 차지하고서, 국가들의 공동체에서 가장 강력한 구성원들 중 하나로 자리를 잡았다.[4] 선거를 통해 선출되고 국민에게 책임을 지는 정부는 국민이라는 기존의 위대한 존재의 관찰과 비판 아래 놓이게 되었다. 이제는 "자치"라든가 "국민 자신을 지배하는 국민의 권력"이라는 문구들은 사안의 실상을 제대로 표현해내지 못하는 것으로 인식되었다.

권력을 행사하는 "국민"이 그 권력 행사의 대상인 국민과 언제나 동일한 것도 아니었고, "자치"라는 것도 각자가 자기 자신을 지배하는 것이 아니라, 각자가 자기를 제외한 나머지 모두에 의해 지배를 받았다. 또한 국민의 의지라는 것도 현실적으로는 국민 중에서 가장 수가 많거나 가장 능동적인 집단, 즉 다수파, 또는 다수파로 인정받는 데 성공한 사람들의 의지를 의미한다. 따라서 국민은 그들 중의 일부를 압제하려

---

4 미국이 아메리카 대륙의 넓은 지역을 차지하고서 "민주 공화국"을 표방하며 하나의 국가로 등장하게 된 것을 가리킨다. 영국은 1607년에 미 대륙에 식민지를 조성했고, 미국이 독립선언을 한 것은 1776년이었다. 밀은 1806년에 태어났다.

고 할 수도 있기 때문에, 그 밖의 다른 권력 남용에 대해서와 마찬가지로 그러한 권력 남용에 대해서도 예방조치가 필요하다.

따라서 집권자가 공동체, 즉 공동체 내에서 가장 힘 있는 집단에 대해 책임을 지는 것이 정착되어 있다고 할지라도, 개개인에 대한 정부의 권력을 제한하는 것은 그 중요성을 조금도 잃지 않는다. 이러한 사고는 사상가들의 지성에도, 그리고 유럽 사회에서 민주주의가 자신들의 현실적이거나 가설적인 이해관계에 불리하게 작용하는 저 중요한 계급들의 취향에도 똑같이 매력적으로 받아들여져서 어려움 없이 자리를 잡아왔다. 그리고 이제는 정치 사상 속에서 "다수파의 폭정"[5]은 사회가 늘 경계하지 않으면 안 되는 악들 중의 하나로 여겨지는 것이 일반화되었다.

다수파의 폭정은 그 밖의 다른 폭정들과 마찬가지로 처음에 공권력의 행사를 통해 행해졌고, 지금도 여전히 사람들은 그것을 두려워한다. 그러나 이 문제를 깊이 숙고한 사람들은 사회 자체가 폭군이 되었을 때, 즉 사회가 자신의 구성원인 개개인들에게 집단적으로 폭정을 행할 때, 그 폭정의 수단은 정치인들의 손을 빌려 행하는 것들에 국한되지 않는다. 사회는 자기 자신의 명령들을 집행할 수 있고, 실제로 집행한다. 그런데 사회가 올바르지 않고 잘못된 명령들, 또는 자신이 개입해서는 안되는 일들과 관련된 명령들을 내리는 경우에는, 그렇게 해서 이루어지는 사회의 폭정은 온갖 종류의 정치적 압제보다 더 끔찍하고 무시무시

---

5 "다수파의 폭정"(the tyranny of the majority)은 프랑스의 정치학자이자 역사가인 토크빌(Alexis-Charles-Henri Maurice Clérel de Tocqueville, 1805-1859년)이 자신의 저서인 『미국의 민주주의』에서 한 말이다. 그는 영국에서 자유주의자들과 교류하였고, 밀에게 큰 영향을 주었다.

한 것이 되고 만다. 그 폭정은 통상적으로 정치적 압제에서와는 달리 극단적인 형벌들을 사용하지는 않지만, 개개인의 삶의 모든 영역에 아주 깊이 파고들어서 개인의 영혼 자체를 예속시킴으로써, 거기에서 벗어날 수 있는 길을 거의 남겨놓지 않기 때문이다.

개인적 자유의 필연성

따라서 공권력의 폭성을 막는 것으로는 충분하지 않다. 지배적인 여론이나 정서의 폭정도 막아야 한다. 또한 사회가 공적인 처벌 이외의 다른 수단들을 사용해서 다른 생각을 가진 사람들에게 자신의 이념들과 실천들을 그들의 행위규범으로 받아들이도록 강요함으로써, 자신의 방식과 부합하지 않는 개성$_{individuality}$[6]이 발전하는 것은 물론이고 가능하면 형성되는 것조차 차단하고, 모든 사람으로 하여금 그들의 인격을 사회가 정한 방식으로 만들어나가도록 강제하는 것도 막아야 한다. 집단의 의사가 개개인의 독립성에 합법적으로 간섭하는 데에는 일정한 한계가 있다. 그 한계를 규정해서 넘어서지 못하게 하는 것도 정치적으로 독재를 막는 것만큼이나 인간다운 삶을 살기 위한 적절한 여건을 조성하는 데 필수불가결하다.

---

6 이 책에서 밀이 사용한 "individuality"라는 단어는 어떤 사람을 다른 사람들로부터 구별시키는 그 사람의 고유한 특성을 가리키기 때문에, "개별성," "개체성," "개성" 등으로 번역될 수 있다. 그런데 "개별성"은 "사물이나 사람 또는 어떤 상황이나 현상이 각각 따로 지니고 있는 특성"으로서 "집단성"과 반대되는 말이고, "개체성"은 어떤 것이 하나의 개체로서의 독립성을 지니고 있다는 것을 강조하는 말이다. "개성"은 "다른 사람이나 개체와 구별되는 고유의 속성"을 뜻한다. 따라서 "개별성"과 "개성" 중에서 어느 하나로 번역해도 둘 다 적절하겠지만, 이 책에서는 일관되게 "개성"으로 번역하고자 한다.

개개인의 독립성과 사회적 통제

그러나 이 명제에 대해 원론적인 차원에서 이견을 보일 사람은 없을 것으로 보인다. 하지만 어느 지점을 그 한계선으로 삼을 것인가 – 개개인의 독립성과 사회적 통제를 적절하게 조화시킬 수 있는 방법이 무엇인가 – 하는 실제적인 문제로 들어가면, 여전히 거의 모든 것이 미해결인 채로 남아 있다. 자신의 존재를 어느 누구에게 가치 있는 것으로 만들고자 한다면, 다른 사람들의 행위에 일정 정도 제한을 가하지 않으면 안 된다. 따라서 어떤 행위규범들은 먼저 법률을 통해 강제되어야 하고, 법률로 정하기에 적절하지 않은 많은 것들은 여론을 통해 강제되어야 한다. 무엇이 그런 규범들이 되어야 하는가는 인간의 삶에서 아주 중요한 문제다. 하지만 아주 명백한 것들 몇 가지를 제외한다면, 이 문제를 해결하는 일은 지금까지 거의 진척이 없었다. 시대마다, 그리고 나라마다 이 문제와 관련해서 내린 결정은 동일하지 않았고, 한 시대 또는 나라의 결정은 다른 시대 또는 나라에게는 의아한 것이었다.

그런데도 특정한 시대나 나라의 사람들은, 마치 이 문제에 대해 인류는 늘 동일한 생각을 해왔다는 듯이, 자신들의 결정에 무슨 문제가 있을 것이라고는 전혀 의심하지 않는다. 그들이 정해서 그들 가운데서 통용시킨 규범들은 그들에게는 굳이 증명할 필요도 없이 그 자체로 옳다는 것이 너무나 자명한 것으로 보인다. 거의 모든 사람이 빠져드는 이러한 착각은 관습이 지닌 주술적인 힘을 보여주는 예들 중의 하나다. 관습이라는 것은 속담에서 말하고 있는 것처럼 단지 제2의 본성일 뿐만 아니라, 사람들에 의해서 지속적으로 제1의 본성으로 잘못 받아들여진다. 관습의 이러한 힘은 인류가 서로에게 부과한 행위규범으로서의 관습에 대해 아무도 의혹을 품지 못하게 한다. 또한 관습이라는 것은 한 사람이 다른 사람들에게, 또는 각 사람이 자기 자신에게 이성적으로 설명할 필요가 없는 것이라는 일반적인 인식이 그러한 관습의 힘을 한층 더 완벽하게 강화시킨다. 사람들은 이런 성격의 문제들은 이성이 아니라 정서라는 측면에서 다루는 것이 더 좋기 때문에, 이성은 불필요하다고 믿는 데 익숙해져 있고, 철학자로 대접받고자 하는 일부 사람들은 대중의 그런 신념을 부추기고 더욱 조장해왔다.

인간의 행동의 규율과 관련한 사람들의 견해를 결정하는 실제적인 원리는 모든 사람이 당연히 자기처럼 행동할 것이라고 하는 각 사람의 생각, 그리고 자기가 좋아하는 사람들이 자신이 그렇게 행동하는 것을 좋아할 것이라는 감정이다. 자기가 좋아하느냐 아니냐 하는 것, 즉 자신의 선호가 어떤 행동을 할 때에 자신의 판단 기준이라는 것을 스스로 인정하는 사람은 사실 아무도 없다. 하지만 어떤 행동에 대한 의사가 이성적인 근거들에 의해 밑받침되지 않는 경우에는, 그것은 단지 한 사람의 선호일 뿐이다. 그리고 이성적인 근거라고 제시한다고 하면서, 단지 다른 사람들이 느끼는 비슷한 선호를 그 근거로 제시한다면, 마찬가지로 그것은 이성적인 근거를 제시하는 것이 아니라, 한 사람의 선호 대신에 많은 사람의 선호를 그 근거로 제시하는 것일 뿐이다. 그럼에도 불구하고 평범한 사람의 경우에는 일반적으로 이렇게 다른 많은 사람들의 선호에 의해서 밑받침된 자기 자신의 선호가, 그의 종교적 신조에 명시적으로 나와 있지 않은 도덕과 취향과 예절에 관한 자신의 모든 판단들에 대해 그가 가지고 있는 완벽하게 만족스러울 뿐만 아니라 유일한 근거가 되고, 심지어 자신의 종교적 신조를 해석하는 가장 중요한 지침이 된다.

따라서 무엇이 칭찬받을 일이고 무엇이 비난받을 일인지에 관한 사람들의 판단은 다른 사람들의 행동과 관련해서 그들이 원하는 것에 영향을 주는 온갖 다양한 원인들에 의해 결정된다. 그리고 한 사람이 어떤 문제에 대해서 자기가 무엇을 원하는지를 판단할 때에 그 판단을 내리는 데 작용하는 원인들이 많은 것과 마찬가지로, 이 일에 대한 사람들의 판단을 결정하는 원인들도 그 수가 많다. 그러한 원인들로는 사람들의 이성도 있고, 그들의 선입견이나 미신도 있으며, 그들의 사회적인 호감들이나 반감들도 작용하고, 그들의 시기나 질투, 오만함이나 경멸도 요인이 된다. 그러나 대체로 그들이 그들 자신을 위해 원하거나 두려워하는 것들 – 정당한 것이든 정당하지 않은 것이든 그들 자신에게 이익이 되는 것 – 이 가장 큰 원인으로 작용한다.

어느 나라에 새롭게 부상한 계급이 존재하는 경우에는, 그 나라의 도덕률의 상당 부분은 그 계급의 이해관계와 우월의식에서 나온다. 스파르타인들과 그들의 노예들, 농장주들과 흑인 노예들, 군주들과 신민들, 귀족들과 평민들, 남자들과 여자들 사이의 도덕률은 대체로 이러한 계급 이익과 우월의식에 의해 만들어진 것이었다. 이렇게 생겨난 정서들은 새롭게 부상한 계급의 구성원들의 도덕 감정과 그들 간의 관계에 작용한다. 반면, 이전에 부상했던 계급이 세력을 잃거나, 대중의 지지를 받지 못하게 되는 경우에는, 기존에 지배적이었던 도덕적 정서들이 지니고 있던 우월적 지위에 대한 반감과 문제제기가 자주 생겨난다.

법률이나 여론에 의해 강제된 것을 행하고 금지된 것을 행하지 않는 행위규범을 결정하는 또 하나의 큰 원리가 되어왔던 것은, 세속의 권력자들이나 신들이 좋아하거나 싫어하는 것으로 추정되는 것들을 그대로 따라하고자 하는 인류의 노예근성이었다. 이 노예근성은 본질적으로 이기적인 것이지만 위선은 아니다. 이 노예근성은 완벽하게 진정한 혐오의 정서를 낳아서, 사람들이 주술사들과 이단자들을 화형시키는 일이 벌어졌다. 한 사회의 도덕적인 정서를 결정하는 데 영향을 미치는 아주 많은 기본적인 요인들 중에서, 그 사회의 전반적인 분명한 이해관계가 큰 역할을 해온 것은 어쩌면 당연한 일이었다. 하지만 그러한 이해관계 자체보다는 거기에서 생겨난 공감들과 반감들이 더 큰 역할을 해왔다. 또한 한 사회의 이해관계와 별 관계가 없거나 전혀 관계가 없었던 공감들과 반감들도 그 사회의 도덕률을 결정하는 데 마찬가지로 큰 힘으로 작용해왔다.

규범의 주된 요인

이렇게 한 사회, 또는 그 사회에서 어떤 힘 있는 세력이 선호하는 것들과 기피하는 것들은 법률에 의한 벌칙이나 여론을 통해 모든 사람이 지키도록 강제되는 규범을 실제적으로 결정해온 주된 요인이다. 그리고 일반적으로 한 사회의 사상과 정서에서 앞서나갔던 사람들은, 몇몇 세부적인 부분들에서 그런 것들과 갈등이 있을지라도, 원칙적으로는 그 상태를 그대로 내버려 두었다. 그들은 그 사회가 선호하는 것들이나 기피하는 것들이 개개인들을 규율하는 법률이 되어야 하는지의 여부를 묻기보다는, 그 사회가 어떤 것들을 선호하거나 기피해야 하는지를 묻는데 더 집중했기 때문이다. 그들은 이단자들 전체의 자유를 옹호하는 보편적인 운동을 벌여 나가는 것보다는, 몇몇 특정한 분야들에서 자신들이 제시한 이단적인 견해들에 대한 사람들의 정서를 바꾸어놓고자 하는 것을 더 선호했다.

여기저기에 존재하는 개별적인 예외를 제외한 모든 사람이 원칙적으로 더 높은 근거로 받아들여서 일관되게 유지해온 유일한 것은 종교적 신념에 의거한 사회적 정서였다. 이것은 많은 점에서, 특히 도덕 의식이라 불리는 것이 그릇된 것이 될 수 있음을 보여주는 아주 두드러진 사례라는 점에서 시사해주는 바가 크다. 왜냐하면, 진지한 광신자에게 있어서는 "신학적 증오"odium theologicum[7]는 도덕 감정을 구성하는 의심할 여지 없이 가장 확고한 요소가 되기 때문이다.

스스로를 보편 교회[8]라 부른 것의 멍에를 가장 먼저 부수고 나온 사람들은 일반적으로 저 보편 교회와 마찬가지로 종교적 견해의 차이를 거의 용납하고자 하지 않았다. 그러나 어느 쪽도 완벽하게 승리하지 못한 가운데 이 치열했던 싸움이 끝나고, 각각의 교회 또는 분파가 원래대로 돌아가서 기존에 이미 갖고 있던 권리를 유지하는 쪽으로 마무리되었을 때, 다수파가 될 가망성이 없다는 것을 안 소수파는 다수파로 개종할 수는 없었기 때문에, 그들에게 종교적 견해의 차이를 용인해 달라고 탄원할 수밖에 없었다.

---

7 "신학적 증오"로 번역되는 라틴어 '오디움 테올로기쿰'(odium theologicum)은 원래는 신학에 관한 논쟁을 벌일 때에 자주 촉발되었던 강렬한 분노와 증오심을 가리키는 데 사용되었지만, 이후에는 자신의 신념을 옹호하기 위해 드러내는 악의에 찬 증오와 분노를 가리키는 데 사용되어왔다.

8 "보편 교회"는 로마 가톨릭 교회를 가리킨다. "가톨릭"이라는 용어는 "보편적인"을 의미하는 형용사다. "보편 교회"로 자처한 로마 가톨릭은 그들과 다른 교리를 용납하지 않았는데, 거기에 대항해서 그러한 로마 가톨릭의 멍에를 깨뜨리고 출현한 "프로테스탄트"(기독교의 개신교)도 다른 교리를 용납하지 않기는 마찬가지라는 것이다. 교리상으로 가톨릭을 대변한 영국 국교회와 거기에 대항한 개신교의 싸움은 영국의 근대를 규정하다시피한 중요한 문제였고, 밀 자신도 후자에 속한 비국교도였기 때문에 자격이 되지 않아서, 당시에 옥스퍼드나 케임브리지 대학교에 진학할 수 없었다.

그 결과, 거의 유일하게 이 싸움을 계기로 해서, 사회는 개인의 권리를 침해할 수 없다는 원칙이 광범위한 토대 위에서 천명되었고, 사회가 자신의 견해와 다른 생각을 지닌 사람들에게 권위를 행사해서 다수파의 견해를 받아들이게 할 권한이 있다는 주장은 공개적으로 반박되었다. 사람들이 종교의 자유를 쟁취하는 데 기여한 위대한 저술가들은 대체로 양심의 자유는 절대로 포기될 수 없는 자유라고 단언하였고, 한 개인이 자신의 종교적 신념을 다른 사람들에게 해명하고 책임져야 한다는 것을 단호하게 거부하였다.

하지만 자신이 진정으로 소중하게 여기는 것에 대해서는 양보하거나 관용하려고 하지 않는 것은 인간의 본성이기 때문에, 그러한 종교의 자유가 실제로 실현된 곳은 거의 없었다. 다만 종교적으로 무관심한 지역들에서만 사람들이 종교적이고 신학적인 논쟁으로 인해서 사회의 평온함이 깨지는 것을 싫어했기 때문에, 그나마 종교의 자유가 어느 정도 실질적으로 확보되었을 뿐이었다. 종교적 관용이 가장 많이 허용된 나라들에서조차도, 거의 모든 종교적인 사람들은 관용에는 일정한 한계가 있다는 것을 암묵적으로 전제하는 것이라고 생각했다. 어떤 사람들은 교회 정치와 관련된 문제들에 있어서는 다른 견해를 지니는 것이 허용되지만, 교리에 대해서는 관용이 있을 수 없다고 생각했다.

어떤 사람들은 다른 종파 사람들은 모두 관용할 수 있지만, 교황주의자들이라 불린 가톨릭교도와, 삼위일체를 부정하는 일신론자들인 유니테리언파[9]는 용납할 수 없다고 생각했다. 어떤 사람들은 계시 종교를

---

9 "유니테리언파"는 기독교의 정통 교리들인 삼위일체론, 예수 그리스도의 신성, 원죄론을 부정한 교파

믿는 사람들에게만 관용이 허용된다고 생각했다. 어떤 사람들은 관용의 폭을 좀 더 넓히기는 하지만, 하느님 및 천국과 지옥의 존재를 믿지 않는 자들 앞에서 그러한 관용을 거두어들였다. 종교적 다수파의 정서가 한층 참되고 강력한 곳에서는, 거기에 복종해야 한다는 주장의 강도는 거의 약화되지 않았다.

영국은 그 정치사로 인해 생겨난 특유의 상황으로 인해, 유럽의 다른 대부분의 나라들보다도 여론의 멍에는 좀 더 무거운 편이지만, 법률의 멍에는 좀 더 가볍다. 입법부나 행정부가 자신들의 권력으로 개인의 사적인 행위를 직접적으로 간섭하는 것에 대해 상당한 경계심이 존재하는데, 이것은 개인의 독립성을 지켜내고자 하는 어떤 정당한 관점으로부터 생겨난 것이라기보다는, 정부를 대중과 반대되는 이익을 대변하는 세력으로 보는 관행이 여전히 남아 있기 때문이다. 아직은 국민 중 대다수는 정부의 권력이 곧 자신들의 권력이라거나, 정부의 생각이 곧 자신들의 생각이라고 느끼지 못한다. 만일 그들이 그렇게 한다면, 이미 여론으로 인한 침해에 노출되어 있는 개인의 자유는 정부로부터의 침해에도 노출될 것이 거의 틀림없다. 그러나 정부가 지금까지 법률로 규제되지 않아 왔던 일들에서 새롭게 법률로 개인들을 통제하고자 하는 시도를 한 것에 대한 반감은 여전히 상당히 크다.

이러한 반감은 정부에서 법률로 규제하고자 하는 것이 법으로 통제하는 것이 합법적인 영역인가 아닌가와는 별 상관이 없다. 그러한 감정은 전체적으로 아주 건강하고 유익한 것이긴 하지만, 구체적인 사안들

다. 성자와 성령은 하느님이 아니기 때문에, 성부 하느님만이 유일한 하느님이라고 주장한다.

에 적용되었을 때에는 타당한 근거가 될 수도 있고 잘못된 근거가 될 수도 있다. 사실 개인에 대한 정부의 간섭이 적절한 것인지, 아니면 부적절한 것인지를 객관적으로 판별해 내는 데 사용할 공인된 원칙은 존재하지 않는다. 사람들은 자신의 개인적인 선호에 따라 결정한다. 어떤 사람들은 정부의 개입으로 좋은 결과가 생겨나거나 사회악이 고쳐질 것으로 보이는 경우에는 정부의 간섭을 촉구하고 나선다. 어떤 사람들은 인간의 삶에서 정부의 통제를 받는 영역이 하나 더 늘어나는 것보다는 차라리 사회악을 어느 정도 감수하는 쪽을 선호한다.

사람들이 특정한 사안에서 어느 쪽에 서느냐 하는 것을 결정하는 요인들은, 그들의 정서의 전반적인 방향, 그들이 특정한 일에서 정부가 개입해야 한다고 느끼는 이해관계의 정도, 정부가 그들이 선호하는 방식으로 개입할 것인지의 여부에 대한 그들의 믿음 같은 것들인 반면에, 어떤 일들이 정부가 개입하는 것이 적절한 일들인지에 대해서 그들이 일관되게 견지하는 견해가 그 요인으로 작용하는 경우는 극히 드물다. 이렇게 기준이나 원칙의 부재로 인해, 이쪽을 택하든 저쪽을 택하든 틀릴 때가 많고, 정부의 개입을 촉구한 것이 적절했거나 부적절했던 빈도가 거의 동일하다.

이 글의 목적

이 글의 목적은, 사회가 법률적 벌칙이라는 형태의 물리적인 힘을 수단으로 해서든, 여론에 의한 도덕적 강압을 수단으로 해서든, 개인을 강제하고 통제하는 것을 절대적으로 규율하는 데 사용할 수 있는 아주 간단한 원칙을 천명하는 것이다. 그 원칙은, 인간이 자신의 어느 구성원의 행위의 자유에 개인적으로든 집단적으로든 개입하는 것을 정당화해주는 유일한 것은 자기 보호를 목적으로 하는 경우뿐이라는 것이다. 문명화된 공동체가 자신의 구성원에 대해서 그의 의지에 반해 권력을 행사하는 것이 정당한 경우는 오직 다른 사람들에 대한 위해를 막고자 하는 경우뿐이라는 말이다. 당사자인 그 구성원 자신의 물리적이거나 도덕적인 이익은 그러한 개입의 정당한 근거가 될 수 없다. 공동체가 개입해서 그렇게 하는 것이 그 구성원에게 더 좋다거나, 그를 더 행복하게 만든다거나, 다른 사람들이 현명하거나 심지어 올바른 조치로 본다는 이유로, 그에게 어떤 일을 행하거나 하지 말도록 강제하는 것은 정당화될 수 없다. 그런 이유들은 그에게 항의하거나, 그와 논쟁하거나, 그를 설득하거나, 그에게 간청하기 위한 타당한 근거는 될 수 있지만, 그를 강제하거나, 말을 듣지 않는 경우에 그에게 해악을 가하는 근거는 될 수 없다. 그의 행위를 미리 차단하지 않으면 다른 사람에게 해악을 끼칠 것으로 판단되는 경우에만, 그것은 정당화된다. 사회는 한 사람의 행위 중에서 오직 다른 사람들의 이해관계에 영향을 미치는 부분에 대해서만 책임을 물을 수 있다. 오로지 자기 자신의 이해관계에 속하는 부분에서 개인의 독립성은 당연한 권리로서 절대적이다. 자기 자신에 대해서, 즉 자신의 몸과 마음에 대해서는 그 주권이 개인에게 있다.

이런 원리가 오직 정신적인 여러 기능들이 이미 성숙되어 있는 사람들에게만 적용될 수 있다는 것은 여기에서 굳이 말할 필요가 없을 것이다. 우리는 어린아이들이나, 법에서 정한 성인이 되기 위한 나이에 아직 도달하지 않은 청소년들을 상대로 말하고 있는 것이 아니다. 아직 다른 사람들의 돌봄이 요구되는 상태에 있는 사람들은 외부의 위해로부터 보호받아야 함은 물론이고 그들 자신의 행동으로부터도 보호를 받아야 한다.

동일한 이유에서 후진적인 사회 속에서 살아가는 사람들은 공동체적으로 미성년 상태에 있는 것으로 볼 수 있기 때문에 마찬가지로 이 원리의 적용대상이 될 수 없을 것이다. 자발적인 진보의 길에서 초기의 어려움들은 너무나 커서, 그 어려움들을 극복할 수 있는 수단을 찾아내는 것은 불가능에 가깝다. 그런 상황에서 어떻게든 진보를 이루어내고자 하는 투철한 의지를 지닌 지배자가 다른 방법으로는 그 목적을 달성할 수 없고 오직 편법을 사용할 때에만 가능한 경우에는, 그가 사용하는 편법은 정당화된다. 야만인들을 개화시키고 진보시키기 위한 목적으로 사용되는 독재는 정당한 통치수단이 된다. 실제로 그러한 목적을 달성함으로써 그 수단이 정당화되기 때문이다. 하나의 원리로서의 자유는 인류가 자유롭고 평등한 토론에 의해 진보할 수 있게 된 시기 이전의 상태에는 적용되지 않는다. 그 시기가 도달할 때까지는, 사람들은 아크바르 황제[10]나 샤를마뉴 대제[11] 같은 지배자들에게 묵묵히 복종하는 것 외에

---

10 "가장 위대한 분"이라는 의미를 지닌 "아크바르" 황제(1542-1605년)는 인도의 무굴 제국의 제3대 황제였다. 아크바르는 소수의 지배자인 무슬림과 다수의 피지배자인 힌두 간의 갈등을 해소하고 화합을 도모하기 위해 일련의 민족유화정책을 실시하였다. 아크바르의 여러 정책들은 무슬림과 힌두교도들 간의 화해를 이루었을 뿐만 아니라, 외래 이슬람 문명과 토착 힌두 문명 간의 융합도 촉진시켰다. 이러한 아크바르의 민족화해와 문명융합 정책은 인도 이슬람 왕조 사상 최대의 제국인 "대무굴제국" 시대를 열었다

11 샤를마뉴 대제(742-814년)는 카롤링거 왕조의 제2대 프랑크 국왕이었다. 그는 대부분의 게르만 민족을 하나의 국가와 하나의 종교, 즉 프랑크 왕국과 기독교를 중심으로 통합하였고, 교황 레오 3세에 의해 800년에 서로마 황제에 올랐다. 이로써 다시 부활된 황제권과 교황권의 제휴로 유럽의 비잔틴 제국으로부터의 해방이 실현되었다. 또한 수도 아헨에 궁정 학교를 설립하고, 유명 학자들을 초빙하여 교육 사업을 장려함으로써, 카롤링거 르네상스 문화의 융성을 가져왔다. 이 점에서 유럽을 형성하는 3대 문화 요소인 그리스-로마 전통, 기독교, 게르만 민족 정신이 그가 통치하던 시기에 완전한 통합을 이루었다.

는 다른 길이 없다 - 운 좋게도 그런 지배자를 만난다면.

하지만 사람들이 자각이나 설득을 통해 자신의 진보를 이룰 수 있는 단계에 도달하자마자(우리가 여기에서 관심을 갖는 나라들은 모두 오래 전에 그런 단계에 도달했다), 직접적인 형태의 강제든, 고통과 제재를 수단으로 복종하게 만드는 간접적인 형태의 강제든, 모든 강제는 더 이상 그들 자신의 이익을 위한 수단으로서는 허용될 수 없고, 오직 다른 사람들의 안전이라는 목적을 위해서만 정당화될 수 있다.

자유의 효용

여기에서 한 가지 지적하고자 하는 것은, 효용效用, utility과는 상관없는 추상적인 권리라는 개념이 나의 논증에 어떤 도움이 될 수도 있겠지만, 나는 거기에 대해서는 전혀 언급하지 않았다는 것이다. 그 이유는 나는 효용이 모든 윤리적인 문제들의 궁극적인 근거라고 여기기 때문이다. 물론 이 효용은 진보하는 존재로서의 인간의 영속적인 이해관계에 토대를 둔 가장 넓은 의미에서의 효용이어야 한다. 내가 한 개인의 행위들 중에서 오직 다른 사람들의 이해관계에 영향을 미치는 행위들과 관련해서만, 한 개인의 자발성을 외부에서 통제하는 것이 정당화된다고 주장하는 것은 바로 모든 윤리 문제의 궁극적인 근거가 효용, 즉 인간의 이해관계라는 나의 이해 때문이다.

어떤 사람이 다른 사람들에게 위해를 가하는 행동을 했다면, 일단은 법에 따라 그를 처벌하거나, 법적인 처벌이 적절하지 않다는 것이 확인된 경우에는 여론의 지탄을 받는 것이 마땅하다. 또한 다른 사람들을 위해 적극적으로 행해야 할 일들도 많이 있는데, 그런 일들을 강제하는 것은 정당한 일이 될 수 있다. 예컨대, 법정에서 증언하는 것, 자신을 보호해주는 사회의 이익에 꼭 필요한 공동의 방어, 또는 그밖의 다른 협동 사역에서 자신의 정당한 몫을 감당하는 것, 그리고 죽을 위험에 처한 사람들의 생명을 구해주거나, 스스로를 방어할 힘이 없는 사람들이 학대받지 않도록 개입해서 보호해주는 것 같이 개별적인 선행들을 하는 것 등이 그런 일들이다. 사회의 일원으로서 해야 하는 의무임이 분명한 이런 일들을 행하지 않는 사람에게 사회가 책임을 묻는 것은 마땅할 것이다.

사람은 어떤 행동을 함으로써만이 아니라 하지 않음으로써도 다른 사람들에게 해악을 끼칠 수 있기 때문에, 둘 중의 어느 경우이든 자신이 끼친 해악에 대해서 책임을 지는 것이 옳다. 하지만 강제적인 수단을 사용함에 있어서는 후자의 경우에는 전자보다 훨씬 더 큰 신중함이 요구된다는 것은 사실이다. 다른 사람들에게 해악을 끼친 경우에는 책임을 져야 하는 것은 당연하다. 하지만 해악을 미연에 방지하지 못한 것에 대해서는 반드시가 아니라 예외적으로만 책임을 물어야 한다. 그럼에도 불구하고, 그렇게 방지를 못한 책임이 너무나 중대해서 예외적으로 책임을 물어야 한다는 것이 충분히 명백한 경우가 많이 있다.

개인은 외적인 관계들에 속한 모든 일에서 그 일들과 이해관계가 있는 사람들에게, 그리고 필요한 경우에는 그 사람의 보호자인 사회에 대해 법적인 책임을 져야 한다. 하지만 그런 경우에 사안의 특성상 두 가지 이유에서 개인에게 책임을 묻지 않는 것이 더 좋을 때가 있다. 그 중 한 가지는 사회가 개입해서 자신의 힘으로 그 사람을 통제하는 것보다는 그 사람 자신이 스스로 알아서 행동하도록 맡겨놓았을 경우에 그 사람이 전체적으로 더 낫게 행동할 수 있는 경우다.

다른 한 가지는 사회가 그 사람에 대해 통제권을 행사하고자 시도하게 되면, 그렇게 해서 방지하고자 하는 해악보다 더 큰 해악이 발생할 가능성이 있는 경우다. 어떤 일에 대해서 사회가 개인에게 책임을 물을 수 있는데도 불구하고, 이런 이유들로 인해서 책임을 묻지 않는 경우에는, 그 일에 대한 사회의 심판과 강제가 배제됨으로써 공석이 된 심판대에 개인의 양심이 대신 앉아서, 자기 자신에 대해 한층 더 엄격하게 심판해서, 사회의 강제라는 외적인 보호막이 제거된 다른 사람들의 이익을 보호해주어야 한다.

그러나 한 개인에게 있어서 개인과는 구별되는 사회가 전혀 이해관계를 갖지 않거나 단지 간접적인 이해관계만을 갖는 행동영역이 있다. 한 사람의 삶과 행위 중에서 단지 자기 자신에게만 영향을 주거나, 다른 사람들에게 영향을 주는 경우에도 오직 그들의 자유롭고 자발적이며 진정한 동의와 참여 아래 이루어지는 모든 것들이 거기에 속한다. "단지 자기 자신에게만 영향을 주는" 일들이라는 것은 일차적이고 직접적이라는 관점에서 볼 때에 그 자신에게만 영향을 주는 일들을 가리킨다. 왜냐하면, 어떤 사람 자신에게 영향을 주는 모든 일은 결국에는 그 사람 자신을 통해서 이차적이고 간접적으로는 다른 사람들에게도 영향을 줄 수 있기 때문이다. 이렇게 이차적이고 간접적으로 우연히 발생하는 위해를 근거로 해서 제기되는 반론에 대해서는 나중에 살펴볼 것이다.

자유의 고유한 영역

따라서 인간의 자유가 절대적으로 보장되어야 하는 고유한 영역은 이런 것들이다. 첫 번째는 "의식"이라는 내면적인 영역이다. 거기에는 가장 포괄적

인 의미에서의 양심의 자유, 사상과 감정의 자유, 실천적이거나 사변적이
거나 과학적이거나 도덕적이거나 신학적인 모든 주제에 대해 자신만의
의견과 정서를 가질 절대적인 자유가 속한다. 의견을 표현하고 출판하는
자유는 한 개인의 행위 중에서 다른 사람들과 관련된 부분에 속하기 때문
에 다른 원리 아래 놓여 있는 것으로 보일 수 있다. 하지만 그런 자유는 거
의 사상의 자유만큼이나 중요하고, 대체로 동일한 이유들에 의거해 있다
는 점에서, 실제적으로 사상의 자유와 분리하는 것은 불가능하다.

두 번째는 취향과 추구의 자유다. 이것은 우리 자신에게 맞는 인생 계
획을 세우고, 우리가 하고 싶은 일들을 행하며, 그 결과에 대해 스스로
책임을 지는 것이다. 사람들이 우리의 행동이 어리석다거나 비뚤어졌다
거나 틀렸다고 생각할지라도, 우리의 행동이 사람들에게 해악을 끼치지
않는 한, 사람들은 우리의 일을 방해해서는 안 된다.

세 번째는 각 개인의 이러한 자유로부터 결사結社의 자유가 나온다. 물
론, 이 자유에도 여러 제약들이 따른다. 이것은 성인들이 다른 사람들에
게 해악을 끼치지 않는 목적을 위하여 강제적이거나 속아서가 아니라
지발적이고 진정한 의사에 의거해서 단체를 결성할 자유다.

전체적으로 이런 자유들이 보장되지 않는 사회는 그 통치 형태와는
상관없이 자유로운 사회가 아니다. 이런 자유들이 절대적이고 무조건적
으로 보장되지 않는 사회는 완벽하게 자유로운 사회가 아니다. 오직 다
른 사람들의 자유를 빼앗거나, 자유를 얻기 위한 다른 사람들의 노력을
가로막고자 하지 않는 한, 우리 자신의 이익을 우리 자신의 방식으로 추
구해 나갈 수 있는 자유만이 자유라는 이름으로 불릴 자격이 있다. 육체
적인 것이든 정신적인 것이든 영적인 것이든, 자신의 건강을 지키는 일

을 가장 잘 할 수 있는 사람은 자기 자신이다. 개개인들을 강제해서 인류에 이익이 되어 보이는 삶을 살아가게 하는 것보다는, 개개인들이 그들 자신에게 이익이 되어 보이는 삶을 살게 하는 것이 인류에게 더 큰 이익이 된다.

　나의 이러한 주장은 절대로 새로운 것도 아니고, 심지어 어떤 사람들에게는 너무나 뻔하고 진부한 얘기를 늘어놓는 것처럼 보일지도 모르겠지만, 이 주장보다 사회를 지배하고 있는 기존의 생각과 실천의 전체적인 경향과 정면으로 반대되는 이론은 존재하지 않는다. 사회는 자신의 기준에 따라 어떤 사회가 훌륭하고 어떤 개인이 훌륭한지를 정해놓고서, 강제력을 동원해서 사람들을 그 방향으로 몰아가기 위해 모든 힘을 기울여왔다.

자유를 통제하는 해악

고대 국가들은 모든 시민을 육체적으로 및 정신적으로 철저하게 훈육시키는 것이 국가의 이해관계와 깊이 연결되어 있다고 생각해서, 공권력을 동원해서 개개인의 삶의 모든 부분과 모든 행동을 규율할 자격이 있다고 생각했고, 고대 철학자들은 국가의 그러한 사고방식을 지지했다. 물론 그런 사고방식은 힘 있는 적국들에 의해 에워싸여 있는 작은 나라들에서는 용납될 수도 있는 것이었다. 왜냐하면, 그런 나라들의 경우에는 적국의 공격이나 내부의 혼란에 의해서 무너질 위험이 상존했던 까닭에, 조금이라도 통제를 풀고 자율을 허용하는 경우에는 치명적인 결과가 초래되기가 너무나 쉬워서, 사람들에게 자유를 주었을 때에 장기적으로 얻게 될 유익한 효과들을 고려한 정책을 펼 수 있는 여건이 되지 않았기 때문이다.

오늘날의 세계에서는 정치 공동체들의 규모가 커졌고, 무엇보다도 영적 권위와 세속적 권위가 분리되었기 때문에(사람들의 양심을 통제하는 권위와 세상사들을 통제하는 권위가 따로 존재한다), 법률을 통해서 개개인의 사적인 삶에 속하는 세세한 부분들에 지나친 간섭을 할 수 없게 되었다. 하지만 지배적인 여론으로부터 벗어나려고 할 때마다 가해져오는 도덕적인 압력의 기제機制는 더 집요해졌고, 심지어 그러한 압력은 사회 문제보다도 개인과 관련된 문제에서 더 심해졌다.

도덕 감정을 만들어내어 온 여러 요소들 중에서 가장 강력한 요소였던 종교는 거의 언제나 인간의 행동의 모든 부문을 통제하고자 한 성직자 조직의 야심이나 청교도 정신에 의해 지배되어왔다. 그리고 지난날의 종교들의 그런 행태를 가장 강력하게 비판해온 저 근대 개혁자들 중 일부는 자신들에게는 사람들의 정신을 지배할 자격이 있다는 것을 단언하는 일에서 교회들이나 분파들보다 결코 뒤지지 않았다. 특히 콩트 Auguste Comte[12]는 자신의 저서인 『실증 정치 체제』에서 고대 철학자들이 제시했던 개인에 대한 국가의 철저한 훈육이라는 정치적 이상을 능가하는 개개인에 대한 사회의 철저한 통제(비록 법적 장치가 아니라 도덕적 장치에 의한 것이긴 하지만)를 목표로 하는 사회 체제를 주장했다.

이러한 사상가들의 개별적인 신념과 주장을 차치하고라도, 오늘날의 세계 도처에서는 사회가 자신에게 주어진 권력으로 여론의 힘을 통

---

12 오귀스트 콩트(1798-1857년)는 프랑스의 철학자로서 실증주의의 창시자다. "사회학"이라는 용어를 만들어낸 인물이다. 그의 『실증 정치 체제』는 1851년과 1854년에 네 권으로 출간되었다.

해서, 그리고 심지어 법의 힘을 빌려서 개개인을 부당하게 통제하고자 하는 경향이 점차 확대되어가고 있다. 사회의 권력을 강화시켜서 개개인의 힘을 약화시키고 잠식하기 위한 목적으로 이 세계에서 진행되고 있는 모든 변화들과 경향성은 그대로 놓아두면 저절로 사라질 해악들 중의 하나가 아니라, 정반대로 점점 더 힘을 얻어서 가공할 만한 일이 되어갈 해악이다. 권력자의 자격으로서든, 아니면 동료 시민의 자격으로서든 자신의 생각과 취향을 다른 사람들에게 하나의 행위규범으로 강제하고자 하는 인간의 성향은 인간 본성에 수반되는 몇몇 가장 좋은 감정들과 가장 나쁜 감정들에 의해서 아주 강력하게 밑받침되고 있기 때문에, 권력을 빼앗는 것 이외의 방법으로는 거의 통제하기가 불가능하다. 하지만 그런 재앙을 막아줄 수 있는 강력한 도덕적 신념이 생겨나지 않는다면, 그 권력은 약화되는 것이 아니라 도리어 강화될 것이기 때문에, 이 세계의 현재의 상황이 지속되는 경우에는 사회의 권력은 더욱 강화될 수밖에 없다.

논증의 편의상, 나는 곧장 보편적인 명제를 다루지 않고, 먼저 사람들이 방금 앞에서 말한 원리가 적용될 수 있는 분야라는 것을 완전히는 아닐지라도 어느 정도는 인정하는 그런 분야를 하나 선택해서 집중적으로 살펴보고자 한다. 그 한 분야라는 것은 사상의 자유, 그리고 그것과 떼려야 뗄 수 없는 자유인 언론과 출판의 자유다.

이러한 자유들은 종교적 관용과 결사의 자유를 공식적으로 인정한다고 말하는 모든 나라에서 상당한 정도로 정치 도덕의 일부가 되어 있긴 하지만, 기대와는 달리, 그 자유들이 기반으로 하고 있는 철학적이고 실천적인 근거가 되는 원리들에 대해서는 일반 사람들이 잘 알고 있지 못할 뿐만 아니라, 여론을 선도하는 지도층에 속한 사람들 중에서도 다수가 그렇게 철저하게 인식하고 있지 못하다. 그 원리들은 제대로 올바르게 이해하기만 한다면 이 주제의 어느 한 분야만이 아니라 훨씬 더 광범위하게 적용된다. 따라서 사상의 자유라는 분야를 철저하게 살펴보는 것은 이 글의 나머지 부분에 대한 최고의 서론이 될 것이다.

이제 내가 말하고자 하는 것은 어떤 사람들에게는 새로울 것이 전혀 없을 것이기 때문에, 그들에게는 지난 3세기 동안 그토록 자주 논의되어온 주제와 관련해서 내가 논의 하나를 감히 덧붙이는 것에 대해서 용서를 구할 뿐이다.

제 2 장

✦

사상과 토론의 자유

"출판의 자유"가 정부의 부패나 폭정을 방지해주는 안전장치들 중의 하나라는 것을 반드시 증명할 필요가 있었던 그런 때는 지났다. 적어도 나는 그렇게 믿는다. 이제 우리는 입법부나 행정부가 국민의 이해관계를 대변하지 않고서, 도리어 특정한 의견들을 국민에게 강요하고, 국민이 어떤 교리들이나 주장들을 들을 수 있는지를 결정해서는 안 된다는 것을 증명할 필요도 없다. 게다가 이 문제의 그러한 측면은 이전의 저술가들에 의해 아주 자주 성공적으로 다루어졌기 때문에, 여기에서 특별히 더 말할 것이 없다.

오늘날에도 출판에 관한 영국의 법이 튜더 왕조 시대만큼 억압적인 것은 사실이지만, 반란이나 폭동에 대한 우려로 인해 각료들과 법관들이 한동안 공황상태에 빠져서 정상적인 활동을 하기 어려웠던 시기를 제외한다면, 이 법을 실제로 적용해서 정치적 논쟁을 차단할 위험성은 거의 없다.[1] 일반적으로 말해서, 헌법을 가진 국가들에서는 그 정부가 국민에 대해 전적으로 책임을 지는 정부이든 그렇지 않은 정부이든, 그 자신이 국민을 완전히 억압하는 기관이 되려고 작정한 경우를 제외하고는, 사람들의 의사 표현을 종종 통제하려고 시도한다고 해서, 그것을 두려워할 필요는 없다. 따라서 우리는 정부는 국민과 전적으로 하나이고, 국민의 목소리라고 생각하는 경우를 제외하고는 그 어떤 강제력을 행사할 생각을 결코 하지 않는다고 전제할 수 있다.

하지만 나는 국민에게는 그들 스스로, 또는 그들의 정부를 통해서 그러한 강제력을 행사할 권리가 없다고 본다. 그런 권력은 그 자체가 불법적이다. 최고의 정부나 최악의 정부나 둘 다 똑같이 그렇게 할 수 있

---

1 내가 이 책에서 이런 내용을 쓰고 나서 얼마 후에, 마치 나의 말을 힘 주어 반박이라도 하려는 것처럼, 1858년에 "출판물 규제에 관한 법률"(Government Press Prosecutions)이 생겨났다. 하지만 공개적인 토론의 자유에 정부가 개입할 수 있도록 규정한 이 법률이 제정된 것을 보고서, 나는 내가 여기에서 쓴 내용을 단 한 글자도 고치지 않았고, 잠시 망연자실했던 것을 제외하고는, 우리나라에서 정치적인 토론과 관련해서 고통을 겪고 처벌을 받던 시대는 지나갔다는 나의 확신도 전혀 약화되지 않았다. 왜냐하면, 먼저 그런 토론과 관련해서 기소되어 처벌을 받은 사례는 드문드문 일어났고, 다음으로는 그 기소와 처벌도 엄밀하게 말해서 정치적인 성격을 지닌 것이 아니었기 때문이다. 즉, 그 사례들은 기존 체제, 또는 통치자들의 행동이나 인격을 비판했다는 죄목이 아니라, 폭군을 죽이는 것은 정당하다는 비도덕적인 주장을 유포시켰다는 죄목으로 기소되어 처벌을 받은 것들이었다. 내가 이 장에서 펼친 논증들이 실효성이 있으려면, 아무리 비도덕적인 것으로 생각되는 주장이라고 할지라도, 온갖 주장이 "윤리적 확신의 문제"로서 자유롭게 제기되고 토론될 수 있는 완벽한 자유가 존재해야 한다. 그러므로 폭군을 죽이는 것을 정당화하는 주장이 과연 옳은 것인가 하는 문제를 검토해보는 것은 나의 주장과는 아무 상관이 없고, 여기에서 아무런 문제가 되지 않는다. 따라서 나는 이 주제는 모든 시대에서 도덕과 관련하여 해결을 보지 못한 문제들 중 하나였다는 것만을 상기시키는 것만으로 만족하고자 한다. 그리고 법 위에 군림하여 법에 의한 처벌이나 통제를 받지 않는 범죄자(폭군)를 공인이 아닌 사인에 불과한 한 시민이 처단하는 행위는 모든 나라들에 의해서, 그리고 인류 가운데서 가장 훌륭하고 지혜로운 자들이라고 하는 몇몇 사람들에 의해서도 범죄가 아니라 드높은 미덕으로 여겨져왔다. 또한, 그런 행위는 암살이 아니라 내전의 성격을 지닌다. 물론, 나는 폭군을 죽이는 것은 정당하다는 선동을 어떤 경우에는 처벌하는 것이 옳다는 것도 인정한다. 하지만 그것은 그런 선동 후에 실제로 폭군을 죽이는 일이 뒤따랐고, 이 둘이 서로 연결되어 있을 가능성이 높을 경우로만 한정되어야 한다. 또한 그런 경우에도 그런 일과 아무 상관이 없는 외국의 정부가 아니라 그런 일을 당한 정부만이 자위권을 발동해서 자신의 존립을 위태롭게 한 공격을 합법적으로 처벌할 수 있다(저자의 원주).

는 권력을 갖고 있지 않다. 여론의 힘을 업고서 그런 강제력을 행사하는 것은, 여론과는 반대로 그런 강제력을 행사하는 것만큼이나 해로울 뿐만 아니라, 더 해롭기까지 하다. 온 인류가 한 사람을 제외하고 동일한 의견을 갖고 있고, 오직 한 사람만이 반대 의견을 갖고 있다고 해서, 강제력을 동원하여 그 한 사람을 침묵시키는 것은 권력을 장악한 한 사람이 강제력을 동원해서 인류 전체를 침묵시키는 것만큼이나 정당하지 못하다. 어떤 의견이 특정한 한 사람에게만 의미가 있고 나머지 다른 사람들에게는 아무런 의미도 없어서, 인류가 그 사람이 그 의견을 갖는 것을 막는다고 해도, 그것은 단지 사적인 침해에 그치는 것이라고 할지라도, 그런 사적인 침해가 단지 소수의 사람들에게 가해지느냐, 아니면 다수에게 가해지느냐에 따라 그 심각성은 달라질 것이다.

개인의 의견을 침묵시키는 것은 해악이다

하지만 한 개인의 의견의 표현을 침묵시키는 것이 심각한 해악이 되는 이유는 그런 행위는 현재의 세대만이 아니라 미래의 세대들까지, 그리고 그 의견에 반대하는 사람들만이 아니라 찬성하는 사람들까지 포함해서 인류 전체에서 중요한 것을 빼앗아버리는 행위가 되기 때문이다. 그 견해가 옳은 경우에는, 인류는 오류를 진리로 대체할 기회를 빼앗긴 것이다. 그 견해가 틀린 경우에는, 오류와의 충돌을 통해서 진리를 더욱 분명하게 인식하고 더욱 생생하게 드러낼 수 있는 아주 유익한 기회를 놓쳐버린 것이다.

　이 두 가지 경우에 그 가설들을 정당화해주는 논거는 서로 다르기 때문에, 이 둘을 따로 분리해서 하나씩 살펴볼 필요가 있다. 우리가 어떤 의견을 침묵시키고자 할 때, 그 의견이 반드시 잘못된 것이라는 보장은 없다. 또한 그 의견이 잘못된 것임이 확실하다고 할지라도, 그 의견을 침묵시키는 것은 여전히 정당할 수 없다.

1. 억압하고자 하는 의견이 옳을 경우

첫째로, 권력을 통해 억압하고자 하는 그 의견이 사실은 옳은 것일 가능성이 있다. 물론 그 의견을 억압하고자 하는 사람들은 그 의견이 옳다는 것을 부정할 것이지만, 그들의 생각과 판단이 언제나 옳다는 보장은 없기 때문이다. 그 문제에 대해 판단할 수 있는 기회를 다른 모든 사람들에게서 박탈하고서, 그들 자신이 인류 전체를 대신해서 그 문제를 결정할 권한이 그들에게는 없다. 그들이 어떤 의견이 잘못되었다고 확신해서 그 의견을 청취하기를 거부한다면, 그것은 그들의 확신이 절대적으로 옳다고 전제하는 것이다. 모든 의견을 침묵시키고 일체의 토론을 완전히 차단하는 사람들은 자신들은 생각이나 판단에 있어서 절대로 잘못을 범할 수 없고 틀릴 수 없다고 전제하는 것이다. 다른 의견을 단죄하는 것은 일반적으로 이러한 전제 위에서 이루어지고, 이것은 일반적인 것이기 때문에 특별히 잘못된 것으로 여겨지지 않는다.

인류의 건전한 식견이나 판단을 위해서는 불행한 일이기는 하지만, 사람들은 자신이 틀릴 수도 있다는 사실을 이론적으로는 언제나 인정하지만, 현실에서 어떤 문제에 대한 자신의 판단과 관련해서는 실질적으로 그것을 인정하지 않는다. 누구나 자기가 얼마든지 틀릴 수 있다는 것을 잘 알기는 하지만, 자신의 의견이나 판단이 틀릴 경우를 대비해서 어떤 예방조치를 취하는 것이 꼭 필요하다고 생각하거나, 자신이 아주 확실하다고 느끼는 어떤 의견이 사실은 그들 자신이 인정한 대로 틀린 경우들 중 하나일 수 있다는 것을 받아들이는 사람은 거의 없다.

절대적인 군왕들, 또는 사람들이 자신의 말에 무제한적인 복종을 바치는 것을 보는 데 익숙한 자들은, 통상적으로 거의 모든 문제에 대해서 그들 자신의 의견이 옳다는 것에 대해 완벽한 확신을 갖는다. 의견을 냈다가 종종 다른 사람들의 반박을 듣곤 하기 때문에 자신들의 의견이 틀렸을 때에는 때로 고치려고 하는 좀 더 나은 환경에 있는 사람들일지라도, 자신의 의견들 중에서 자기 주변의 모든 사람들, 또는 자기가 습관적으로 추종하는 사람들의 의견과 동일한 것들에 대해서는 무한한 집착을 보인다. 왜냐하면, 자신의 독자적인 판단에 대한 자신감이 결여된 사람일수록, 통상적으로 자기가 속해 있는 "세계"는 완벽하게 옳고 절대로 틀릴 수 없다는 암묵적인 믿음 위에서 그 세계가 지닌 의견들에 의지하기 때문이다.

개개인에게 그 "세계"는 이 세계 중에서 그가 접촉하는 부분을 의미한다. 따라서 일반적인 사람들에게는 그가 속한 정당과 분파와 교회와 사회 계층이 그의 세계가 되고, 거기에 비해서 자신이 속한 나라나 시대처럼 상당히 넓고 포괄적인 부분을 자신의 세계로 삼고 있는 사람은 시야가 넓고 상당한 자유를 누리고 있는 사람이라고 할 수 있다. 자신이 속한 세계의 권위에 대한 그의 믿음은 아주 견고해서, 다른 시대들과 나라들과 분파들과 교회들과 계층들과 정당들이 그와 정반대로 생각했었고 지금도 그렇게 생각하고 있다는 것을 알아도 전혀 흔들림이 없다. 그는 자기와 다른 세계들에서 살아가는 사람들을 올바르게 인도할 책임이 자기가 속한 세계의 사람들에게 맡겨져 있다고 생각한다. 그는 아주 우연한 어떤 사건으로 인해서 현재 자기가 속해 있는 세계에 편입되게 되었기 때문에, 그가 런던에 살고 있어서 기독교 신자가 되었던 것일 뿐이고, 베이징에 살았더라면 불교나 유교를 신봉하는 사람이 되었을 것이라는 사실에 대해서 전혀 개의치 않는다.

하지만 시대가 개인과 마찬가지로 얼마든지 틀릴 수 있다는 것은 굳이 증명하지 않아도 그 자체로 자명하다. 모든 시대는 많은 의견들을 고수했지만, 다음 시대에서는 그 의견들은 틀린 정도가 아니라 터무니없는 것으로 여겨지곤 했다. 과거에 일반적으로 인정되던 많은 의견들이 현재에 의해 부정되고 있는 것처럼, 오늘날 일반적으로 인정되는 많은 의견들도 미래에 의해 부정될 것이 분명하다.

반론

나의 이러한 논증에 대해서 다음과 같은 형태의 반론이 제기될 가능성이 있다. 그것은 공권력이 자신의 판단과 책임 아래 행하는 모든 행위들 중에서, 틀린 의견을 전파하는 것을 금지하는 행위야말로, 자신은 절대로 틀릴 수 없다는 전제를 가장 강력하게 천명하는 것이라는 반론이다. 사람들에게 판단력이 주어진 것은 사용하기 위한 것이다. 그런데도 그 판단력이 잘못되게 사용될 수 있는 가능성이 있다고 해서, 그 판단력을 절대로 사용해서는 안 된다고 말한다면, 그것이 과연 정당한 것인가? 입법부나 행정부에 속한 사람들이 국가에 해롭다고 생각하는 것들을 금지시키는 것은 그들이 오류로부터 자유롭다고 주장하는 것이 아니라, 비록 틀릴 수도 있겠지만, 그럼에도 불구하고 그들에게 맡겨진 의무를 양심과 확신을 따라 행하는 것일 뿐이다. 우리의 의견이 틀릴 수도 있다는 사실때문에, 우리가 우리의 의견에 의거해서 행동하려고 하지 않는다면, 우리의 모든 이익은 방치되어 버리고, 우리에게 주어진 모든 의무도 이행할 수 없게 될 것이다. 모든 행위에 적용되는 반론은 그 어떤 특정한 행위에 대해서도 유효한 반론이 될 수 없다.

모든 주의를 기울여서 할 수 있는 한 가장 올바른 의견을 만들어내고, 그 의견이 올바르다는 것이 아주 확실한 것이 아닌 경우에는 다른 사람들에게 그 의견을 절대로 강제해서는 안 되는 것은 정부와 개인의 의무다. 하지만 인간의 의식이 덜 개화되었던 과거에, 지금은 올바른 것으로 인정되는 어떤 의견을 개진했다는 이유로 사람들이 박해를 받았다고 해서, 여러 가지 이성적인 근거들에 비추어 정직하게 살펴보았을 때에 자신의 의견이 옳다는 확신이 있는데도, 그 의견에 따라 행동하는 것을 주저하고, 자신의 시대에서나 미래의 시대에서 인류의 복리를 위태롭게 할 것이라고 생각되는 이론들이 아무런 제약 없이 널리 유포되는 것을 허용한다면, 그것은 양심적인 것이 아니라 비겁한 것이다.

우리는 동일한 잘못을 반복해서 저지르지 않도록 조심하여야 한다. 하지만 정부들과 국가들은 권력을 행사해야 하는 많은 일들에서 잘못들을 범해왔다. 잘못된 세금 정책을 시행하기도 했고, 정당하지 못한 전쟁들을 일으키기도 했다. 하지만 그렇다고 해서 국민에게 세금을 부과하지 말아야 하고, 적군의 그 어떤 도발에도 전쟁을 하지 말아야 하는가? 개인과 정부는 자신의 능력이 허락하는 한 최선을 다해서 행동하여야 한다. 절대적으로 확실한 것은 존재하지 않지만, 인간의 삶의 목적들을 이루는 데 필요한 행동들이 무엇인지를 결정하는 데 충분한 확실성은 존재한다. 우리는 우리의 의견이 우리 자신의 행동을 위한 올바른 지침이라는 것을 전제할 수 있고, 또한 전제하여야 한다. 우리는 나쁜 사람들이 우리가 잘못되고 해로운 것으로 여기는 의견들을 전파함으로써 사회를 부패하게 하는 것을 막아야 한다는 것을 전제하는 것과 마찬가지로, 우리의 의견이 우리의 행동의 지침이 될 수 있다는 것도 전제하여야 한다.

그렇게 하는 것은 훨씬 더 많은 것을 전제하는 것이다. 어떤 의견을 반박할 모든 기회가 주어졌음에도 불구하고 그 의견이 반박되지 않아서 올바른 것으로 추정하는 것과, 그 의견을 처음부터 올바른 것으로 전제하고서 반박할 기회를 전혀 허용하지 않는 것은 완전히 다르다. 우리의 의견을 반박하거나 틀렸음을 증명할 수 있는 완벽한 자유가 주어진 상황에서 그 의견이 반박되지도 않고 틀렸음이 증명되지도 않아서, 그 의견을 올바른 것으로 전제하고서 행동하는 것은 정당하다. 그렇게 했을 경우에는, 인간의 역량으로 가능한 범위 내에서 우리의 의견이 이성적으로 올바르다는 것에 대해 최고의 확실성을 얻어낼 수 있다.

인간의 삶에서 생각이나 통상적인 행위의 역사를 생각해 볼 때, 세월이 흐르면서 그런 것들이 점점 더 나빠지지 않은 이유는 무엇인가? 인간이 선천적으로 똑똑해서 그런 것은 분명히 아니다. 왜냐하면, 그 자체로 옳고 그름이 분명하지 않은 문제에 관해서 100명 중 99명은 제대로 판단할 수 있는 능력이 완전히 결여되어 있고, 1명이 갖추고 있다고 하는 능력도 절대로 틀릴 수 없는 것이 아니라, 단지 제대로 판단하는 빈도가 많다는 의미에서 상대적일 뿐이기 때문이다. 과거의 모든 세대에서 뛰어난 능력을 갖추었다고 하는 사람들 중 대다수는 지금은 틀린 것으로 밝혀진 많은 의견들을 지니고 있었고, 지금은 아무도 옳다고 하지 않은 수많은 것들을 행하거나 긍정했다는 사실이 이를 증명해준다.

그렇다면 인류에게 합리적으로 생각하고 행동하는 것이 전반적으로 우세하게 된 이유는 무엇인가? 인간의 삶이 거의 절망적인 상태에 빠져 있던 시기를 제외한다면, 인류는 언제나 그래왔는데, 이것은 인간 지성의 한 특질 덕분이다. 지성적·도덕적 존재로서의 인간에게 존재하는 모든 훌륭한 것들을 만들어낸 원천이라고 할 수 있는 이것은 다름아닌 자신의 잘못들을 고쳐나가는 특질이다.

인간은 토론과 경험을 통해 자신의 잘못을 바로잡을 수 있다. 경험만으로는 그렇게 되지 않고, 반드시 토론이 있어야 한다. 토론은 경험을 어떻게 해석해야 하는지를 알려주기 때문이다. 틀린 의견들과 실천들은 사실과 근거에 의해 점차 밀려난다. 하지만 사실들과 근거들이 인간의 지성에 어떤 효과를 미치기 위해서는 지성 앞에 호출되어야 한다. 사실들이 자신의 의미를 스스로 말해주는 경우는 극히 드물다. 사실들이 지닌 의미가 드러나기 위해서는 거기에 대한 사람들의 판단이 필요하다.

토론의 필요성

그렇다면 인간의 판단이 지니는 모든 힘과 가치는 그 판단이 틀렸을 때에 바로잡을 수 있다는 데 달려 있다. 그 판단을 바로잡을 수 있는 수단이 언제나 마련되어 있을 때에만, 신뢰가 생겨날 수 있다. 어떤 사람의 판단이 진정으로 신뢰할 만하다고 했을 때, 도대체 그런 결과는 어떻게 생겨난 것인가? 그 사람은 자신의 의견과 행위에 대한 다른 사람들의 비판에 늘 자신의 마음을 열어두고 있었기 때문이다. 또한 그 사람은 자신의 의견과 행위에 대해 다른 사람들이 말하는 모든 것들을 경청해서, 그들이 하는 올바른 말들에 의해서도 유익을 얻을 뿐만 아니라, 그들이 하는 틀린 말들에 대해서도 그것들이 어떤 점에서 틀렸는지를 자기 자신과 다른 사람들에게 설명하는 기회를 가짐으로써 유익을 얻어왔기 때문이다. 그 사람은 인간이 자신의 능력의 범위 안에서 어떤 문제의 전체를 알 수 있는 유일한 방법은, 온갖 다양한 의견을 지닌 사람들이 말하는 것을 들어보고, 온갖 다양한 개성을 지닌 사람들이 그 문제를 바라보는 각양각색의 방식들을 깊이 연구해 보는 것임을 알고 있다. 이 방법 이외의 다른 방법으로 지혜를 얻은 현자는 존재하지 않는다. 인간 지성의 본질을 생각할 때, 다른 방법으로 지혜를 얻는 것은 불가능하기 때문이다.

끊임없이 다른 사람들의 의견들과 비교해서 자신의 의견을 수정해 나갈 때에만 가능한 한 가장 완전한 의견을 만들어낼 수 있다는 것을 의심하거나 주저하지 말고 실천에 옮겨서 확고한 습관으로 정착시키는 것만이 신뢰할 수 있는 의견과 판단을 생산해내는 유일하게 안정적인 토대이다. 자신의 의견에 대해 반론을 제기하거나 취약점을 지적해주는 것을 피하기는커녕 도리어 기꺼이 반기는 태도로, 적어도 분명한 근거를 제시하며 자신의 의견을 비판하는 모든 말들을 경청하고, 그 비판자들에게 자신의 입장을 다시 설명하고 나서 거기에 대한 그들의 논평을 또다시 들어보는 식으로, 자신의 의견에 대해서 조금이라도 빛을 밝혀 줄 수 있는 것이라면 그 어떤 것도 차단하지 않는 사람의 판단은 그런 과정을 거치지 않은 개인이나 집단의 판단보다 더 나을 수밖에 없다.

인류 중에서 최고의 현자들, 즉 그들의 판단은 최고의 신뢰를 받을 만하다고 평가되는 사람들이라고 할지라도, 그들의 의견이 진정으로 신뢰할 만한 것이 되기 위해서는, 소수의 현자들과 대중이라 불리는 수많은 어리석은 개인들로 이루어진 잡다한 집단의 검증을 받아야 한다고 말하는 것은 절대로 지나친 말이 아니다. 교회들 중에서 가장 비타협적이라고 하는 로마 가톨릭 교회조차도 한 사람을 새롭게 성자로 시성하고자 할 때에는 거기에 대해 "악마의 대변자"[2]가 말하는 것을 허용하고, 그 말을 인내하며 경청한다. 이것은 인류 중에서 가장 거룩한 삶을 살았다고 하는 사람들이 죽고 나서 성자로 칭송받는 영광을 받기 위해서는, 악마가 그에 대해서 하는 말들까지도 모두 다 듣고서 그 타당성을 살펴보아야 한다는 뜻이 아니고 무엇이겠는가. 만일 뉴턴이 제시한 이론에 대한 문제제기와 비판이 허용되지 않았다면, 오늘날 인류가 그 이론이 옳다는 것을 어떻게 지금처럼 완전히 신뢰할 수 있었겠는가.

우리가 틀림없을 것이라고 완전히 믿는 것들일지라도, 온 세계로 하여금 그것들이 근거 없음을 증명해 보이도록 초청하고, 그 기회를 항상 열어놓지 않는다면, 그것들을 신뢰하는 것은 안전하지 않다. 그런 기회가 주어지지 않았거나, 또는 주어졌지만 틀렸음이 증명되지 않았다고 하더라도, 그것들이 절대적으로 옳은 것은 결코 아니다. 그것은 단지 인간 이성의 현재의 수준에서 최선을 다해 검증해 본 결과 틀렸음이 증명되지 않은 것일 뿐이기 때문이다. 진실에 도달하게 해줄 수 있는 것은 무엇이든지 소홀히 하지 않고, 검증의 기회를 차단하지 않고 늘 열어두기만 한다면, 우리는 더 나은 진실이 존재하는 경우에는, 언젠가 인간의

---

2 "악마의 대변자"는 로마 가톨릭 교회에서 교회법 법률가가 한 역할에서 유래한 문구다. 공식적으로는 "신앙의 촉진자"로 지칭되었던 그 법률가는 어떤 것을 교회법으로 제정하고자 할 때에 어떤 문제점들이 있는지를 찾아내는 역할을 했다.

지성의 수준이 더 높아졌을 때, 그 진실은 반드시 발견될 것이라는 희망을 가질 수 있다. 그리고 그동안에는 위에서 말한 방법으로 우리 시대에서 도달가능한 최고의 진실을 확보하는 것이 최선이다. 이것이 언제든지 틀릴 수 있는 존재인 인간이 도달할 수 있는 확실성의 정도이고, 그러한 확실성에 도달할 수 있는 유일한 방법이다.

이상한 것은, 사람들은 자유로운 토론을 하는 것이 옳고 타당하다는 것을 인정하지만, 자유로운 토론을 "모든 분야에 무한정으로 도입하는" 것은 반대한다는 것이다. 이것은 어느 특정한 분야에서 이성을 인정하지 않는다면, 사실상 모든 분야에서 이성을 인정하지 않는 것임을 모르는 것이다. 이상한 것은, 사람들이 의심스러울 수 있는 모든 문제에 대해서 자유로운 토론이 있어야 한다는 것을 인정하는 것은 그들이 틀릴 수도 있다는 것을 전제하는 것임에도 불구하고, 특정한 원칙이나 교리는 너무나 확실하기 때문에, 즉 그것들이 확실하다는 것을 그들이 확신하기 때문에, 거기에 대해 의문을 제기하는 것은 금지되어야 한다고 생각한다는 것이다. 반론의 기회가 주어지기만 한다면 그 확실성에 대해 의문을 제기할 사람이 있을 것임에도 불구하고, 그런 기회를 허용하지 않은 채, 어떤 명제를 확실하다고 주장하는 것은 오직 그런 주장을 하는 사람들과 거기에 동조하는 사람들만이 그 명제의 확실성에 대해 판단할 자격이 있고 다른 사람들은 자격이 없다고 전제하는 것이다.

사람들이 "신념이 결여되어 있는 가운데 회의주의로 인한 공포에 사로잡혀 있는"[3] 현 시대, 즉 자신의 의견이 옳다고 확신하지는 못하지만,

---

3 이 말은 토머스 칼라일(Thomas Carlyle, 1795-1881년)이 자신이 쓴 월터 스콧(Walter Scott)

무엇인가 자신의 의견을 갖고 있지 않으면 어떻게 해야 할 줄을 알지 못하는 현 시대에서, 개개인의 의견은 무엇이든지 대중의 공격으로부터 보호를 받아야 하는 것은 그 의견이 반드시 옳기 때문이 아니라, 그 의견 하나하나가 사회에 중요하기 때문이라고 주장된다. 개개인의 신념들은 사회의 복리에 필수불가결하지는 않더라도 적어도 대단히 유익하기 때문에, 그러한 신념들을 보호하는 것은 사회의 다른 이익들을 보호하는 것과 마찬가지로 정부의 의무라는 것이다. 또한 정부는 자신의 의견을 따라 행동할 필요성이 있고, 그렇게 하는 것이 자신의 의무에 속하며, 그 의견이 명확히 틀리다는 것이 드러나지 않고 있고, 여론에 의해 밑받침이 되고 있는 경우에는, 그 의견을 따라 행동하는 것이 정당하고, 심지어 반드시 그렇게 행동해야 한다고 주장된다. 또한 그러한 건전한 신념들을 가로막고자 하는 자들은 나쁜 사람들이기 때문에, 그런 나쁜 사람들을 억제하고, 그들이 하고자 하는 것들을 금지하는 것은 전혀 잘못된 것일 수 없다는 주장이 자주 제기되고, 그렇게 생각하는 사람은 한층 더 많다.

토론을 제한하는 근거

이런 생각은 토론을 제한하는 것의 정당성의 근거를 교리(주장)들의 옳고 그름이 아니라 그 유용성에서 찾는 것이다. 이렇게 유용성을 근거로 토론을 제한하는 사람들은 자신들이 의견들의 옳고 그름에 대해서 절

경에 관한 글에서 자신이 살아가는 시대를 묘사하는 데 사용한 어구였다. 그 글은 밀이 참여했던 *London and Westminster Review*(1838년)에 처음으로 발표되었다.

대적으로 틀릴 수 없는 판단을 내리는 재판관들이라고 전제하고 있다는 비난에서 벗어날 수 있게 된다. 하지만 그런 식으로 생각하고 흡족해하는 사람들은 또 다른 형태로 자신들은 절대로 틀릴 수 없다고 전제하고 있는 것임을 알지 못하는 것이다.

어떤 의견이 유용한지 유용하지 않은지는 그 자체가 의견의 문제이기 때문에, 그 의견 자체만큼이나 논란이 될 수 있고, 따라서 토론의 대상이 될 수 있고 토론되어야 하는 문제다. 사람들로부터 비난을 받는 어떤 의견을 제시한 사람에게 자신의 의견을 변호할 충분한 기회가 주어지지 않는다면, 그 의견이 해롭다는 것을 결정하기 위해서는, 그 의견이 틀리다는 것을 결정할 때와 마찬가지로, 절대로 틀릴 수 없는 재판관이 있어야 한다.

그리고 어떤 이단자가 자신의 의견을 옳다고 주장하는 것은 금지되어야 하겠지만, 유용하다거나 해롭지 않다고 주장하는 것은 허용될 수 있다고 말하는 것이 과연 맞는 말이겠는가? 어떤 의견이 유용하기 위해서는 반드시 옳아야 한다. 어떤 명제를 믿는 것이 바람직한지 아닌지를 알고자 할 때, 그 명제가 옳은 것인지 아닌지를 알아보는 것을 배제하는 것이 과연 가능한가? 나쁜 사람들이 아니라 정상적인 사람들의 생각으로는, 옳지 않은 신념은 무엇이든지 진정으로 유용할 수 없다. 다른 사람들이 어떤 틀린 교리를 들고나와서 유용하다고 말하며 허용되어야 한다고 주장할 때, 정상적인 사람들이 옳지 않은 것은 유용할 수 없다는 이 원칙을 근거로 삼지 않는다면, 그 교리를 부정할 수 없게 될 것이고, 도리어 그 교리를 부정하는 그들이 꼼짝없이 비난을 받게 되지 않겠는가?

일반적으로 옳은 것으로 인정된 의견들을 따르는 사람들은 이 원칙이 제공해주는 모든 이점을 다 활용한다. 그들은 효용의 문제를 마치 옳고 그름의 문제와 완전히 분리될 수 있다는 듯이 다루지 않는다. 도리어 정반대로 그들이 어떤 교리를 알거나 믿는 것이 너무나 필수불가결하다고 보는 것은 무엇보다도 그 교리가 "진리"이기 때문이다.

이렇게 효용의 문제에 대한 토론은 옳고 그름의 문제와 분리해서 일방적으로 검토해서는 공정하게 이루어질 수 없다. 법률이나 대중의 정서가 어떤 의견이 옳다는 것에 대해 이의를 제기하는 것을 허용하지 않는 경우에는, 그 의견의 효용을 부정하는 것도 용납되지 않는다. 그런 경우에는 기껏해야 그 의견이 절대적으로 필요하다거나 그 의견을 부정하는 것은 명백한 잘못이라는 말을 하는 것만이 허용된다.

우리 자신의 판단에 잘못된 것이 확실하다고 여겨지는 의견들이어서 아예 들어보는 것조차 하지 않는 것이 가져다주는 해악을 좀 더 생생하게 보여주기 위해서는 구체적인 예를 들어서 논의를 진행해 나가는 것이 좋을 것이다. 이제 나는 내가 도저히 받아들일 수 없는 사례들, 즉 옳고 그름과 효용이라는 두 가지 근거를 토대로 해서 사상의 자유를 가장 강력하게 부정하는 사례들을 선택해서 제시해 보고자 한다.

신이나 내세의 존재를 믿는 신념, 또는 일반적으로 받아들여진 도덕률 중 하나가 비난의 대상이 되고 있다고 하자. 그런 토대 위에서 싸움을 벌이게 되면, 그런 것들을 비난하는 사람은 자신이 처한 불공평한 입장으로 인해서 큰 이득을 보게 된다. 왜냐하면, 그 사람은 물론이고, 내심으로 불공평해서는 안 된다고 생각하는 많은 사람들이 분명히 이렇게 말할 것이기 때문이다. "이런 비난들이 당신들이 법률로 보호해주어야 할 것인지가 충분히 확실하지 않다고 여기는 것들인가? 신의 존재를 믿는 신념이라는 것도 여러 의견들 중의 하나이고, 그것은 확실하기 때문에 이의를 제기해서는 안 된다고 말하는 것은 당신들은 절대로 틀릴 수 없다는 것을 전제하고 고집하는 것이 아닌가?”

하지만 나는 어떤 사람이 자기는 절대로 틀릴 수 없다고 전제하는 것은 그 사람이 어떤 교리가 확실하다고 믿는 것 자체가 아니라, 그 교리가 옳다는 것을 자기가 결정하고서 다른 사람들이 거기에 대해서 그 어떤 이의를 제기하는 것을 완전히 차단하고자 하는 태도를 취하는 것임을 분명히 해두고자 한다. 내가 가장 확고하고 단호하게 확신하는 것들에 대해서 누가 이의를 제기한다고 해도, 나는 그런 이의제기를 비난하거나 질책하지 않는다. 사람들이 어떤 의견이 거짓된 것일 뿐만 아니라 해로운 결과들을 초래하고, 심지어 (내가 정말 혐오하는 표현들을 사용하자면) 부도덕하고 불경스러운 것이라고 주장하는 것이 대단히 설득력이 있고, 그 의견에 대한 그들의 그런 판단이 그들의 나라 또는 동시대인들의 일반적인 판단과 일치하는 것이라고 할지라도, 그들이 그 의견을 제시한 사람에게 변호할 기회를 주지 않는다면, 그들은 자신들이 절대로 틀릴 수 없다는 것을 전제하는 것이다.

부도덕하거나 불경스러운 의견을 대상으로 하는 것이기 때문에, 이렇게 절대로 틀릴 수 없다고 전제하는 것이 덜 비난받을 만하거나 덜 위험한 것은 결코 아니고, 사실은 그런 모든 경우들에서 가장 치명적이다. 한 세대의 사람들이 그런 끔찍한 잘못들을 범하게 되면, 그로 인해 이후의 세대들은 경악과 공포를 경험하게 되기 때문이다. 우리는 역사상에서 벌어진 그런 일들 중에서 주목할 만한 몇몇 예들을 발견하는데, 그것은 법률이라는 무기를 이용해서 인류 가운데서 가장 훌륭한 사람들과 가장 고귀한 사상들을 말살시켜버린 일들이다. 그런 일들을 통해서 그 훌륭한 사람들을 말살시키는 것이 성공을 거둔 것은 통탄스러운 일이다. 하지만 그 고귀한 사상들 중 일부는 그 후에도 살아남아서, (마치 비웃기라도 하듯이) 그 사상이나 그 사상에 대한 공인된 해석과 다른 의견을 가진 자들에게 똑같은 짓을 행하는 근거로 이용되어 왔다.

소크라테스와 예수

인류가 가장 자주 상기해온 역사적 사건은 옛적에 소크라테스라는 이름을 지닌 사람이 당시의 사법당국 및 여론과 충돌하면서 빚어진 사건이었다. 수많은 위대한 인물들을 배출한 시대와 나라에서 태어나서 그 이름이 우리에게까지 전해져내려온 그는 그와 그의 시대를 아주 잘 아는 사람들에 의해 당대의 최고의 성인으로 추앙받아온 사람이었다. 또한 우리는 그가 한편으로는 이후의 모든 성현들의 우두머리이자 원형이었고, 다른 한편으로는 윤리학 및 다른 모든 철학의 두 거봉이자 "모든 현자들의 스승"[4]이었던 플라톤의 숭고한 영감과 아리스토텔레스의 사려 깊은 공리주의의 원천이었음을 안다. 그는 후대의 모든 뛰어난 사상가들에 의해 스승으로 인정받았다. 그가 죽은 지 2000년 이상의 세월이 흘렀지만, 그의 명성은 더욱 높아져서, 그가 나고 자란 도시국가를 빛낸 다른 모든 사람들의 명성을 다 합한 것을 능가한다. 그런 그가 자신의 동포들에 의해서 불경죄와 부도덕의 죄를 범한 것으로 고발을 당해 법정에서 유죄판결을 받고 사형에 처해졌다. 불경죄라는 것은 그가

---

4 이 문구는 단테(Dante)가 『신곡』에서 아리스토텔레스를 묘사할 때에 사용했던 표현이다.

국가에서 공식적으로 인정한 신들을 부정했다는 것이었는데, 실제로 그를 고발한 자들은 그가 신들을 전혀 믿지 않았다고 증언했다(『소크라테스의 변론』[5]을 보라). 부도덕의 죄는 그가 자신의 교설들과 가르침을 통해서 "청년들을 타락시켰다"는 것이었다. 믿을 만한 모든 근거들을 살펴볼 때, 당시의 법정은 그러한 고발들을 진지하게 심리해서, 그가 유죄라고 판단했고, 거기에 따라 당시까지 태어난 모든 사람들 중에서 가장 훌륭한 인물이라고 부르기에 전혀 손색이 없었던 그에게 사형을 선고했다. 이렇게 해서 소크라테스는 범죄자로 단죄되어 죽임을 당하였다.

소크라테스가 법정에서 단죄되어 죽은 후에 거기에 유일하게 비견할 만한 또 하나의 사법적 범죄로 넘어가보자. 그것은 1800년 전에 유대 땅 골고다에서 일어난 사건이었다. 그의 삶과 언행을 직접 지켜보았던 사람들의 뇌리에 자신의 위대한 도덕성을 각인시켰던 그 사람, 그리고 그 후로 18번의 세기가 지나가는 동안에도 사람이 된 전능자로서 끊임없이 신봉되어왔던 그 인물은 신성모독죄를 범했다는 단죄를 받고 사형에 처해졌다. 사람들은 자신들의 은인인 그를 단지 오해한 것이 아니라, 그의 정체를 실제와 정확히 정반대로 오해했고, 그들이 그를 그런 식으로 대우한 것이야말로 사실은 최고의 불경죄이었는데도, 도리어 최

---

5 『소크라테스의 변론』은 플라톤의 대화편 중에서 소크라테스가 법정에서 행한 세 번의 변론, 즉 최초 변론, 유죄선고 후의 변론, 사형선고 후의 변론으로 구성되어 있는 작품이다. 소크라테스가 법정에서 자신의 입장을 변호하면서, 당시 일반적으로 인간 생활에서 볼 수 있는 사회적이고 윤리적인 문제점에 대한 토론을 하는 것이 그 주제이다. 플라톤의 4복음서라 불리는 『소크라테스의 변론』, 『프로타고라스』, 『파이돈』, 『향연』 중의 하나로 그의 초기 대화편이다. 소크라테스는 기원전 399년에 국가의 신들을 믿지 않고 사람들에게 해로운 교설을 가르쳤다는 죄목으로 기소되어 사형당한다. 그는 사람들은 아무것도 모르면서 알고 있다고 생각하는 반면에, 자기는 모르고 있다는 것을 알고 있다는 점이 다르다고 말한다. 소크라테스의 이런 태도는 밀에게 아주 중요한 의미를 지닌다.

고의 불경죄를 그에게 뒤집어씌웠다.

오늘날의 인류는 그러한 통탄스러운 일들, 특히 이 둘 중에서 후자를 되돌아보면서, 이 불운한 인물들에 대한 자신들의 판단이 극히 부당하고 잘못된 것임을 느낀다. 이 두 사람은 모든 면에서 결코 나쁜 사람들이 아니었다. 지극히 평범한 사람들보다 더 나쁜 사람들이 아니었고, 도리어 그 반대였다. 그들은 종교적이고 도덕적이며 애국적인 감정에서 자신들이 살아가던 시대에서 가능했던 최고의 수준, 또는 그 이상의 수준에 도달해 있었다. 또한 우리 시대를 포함해서 모든 시대의 기준에 비추어보았을 때에도 흠이 없고 존경할 만한 삶을 산 사람들이었다.

예수가 법정에서 한 말을 듣고 대제사장이 자신의 옷을 찢은 것은 그 나라의 통념에 따랐을 때에 그의 말은 가장 극악무도한 범죄였기 때문이었다. 따라서 오늘날에도 존경할 만하고 경건한 사람들이 자신들이 고백하는 종교적이고 도덕적인 정서를 훼손하는 말을 들었을 때에 충분히 그런 반응을 보일 것으로 예상된다는 점에서, 당시에 대제사장이 예수의 말에 경악하고 격분한 것도 진심이었을 가능성이 높다. 지금은 사람들이 대제사장의 그러한 반응에 대해 몸서리치지만, 만일 그들이 그 시대에 유대인으로 태어났더라면, 그들 중 대부분은 대제사장과 똑같은 반응을 보였을 것이다. 정통 기독교인들은 최초의 순교자들을 돌로 쳐 죽인 자들이 그들보다 더 나쁜 자들이었음에 틀림없다고 생각하겠지만, 그런 박해자들 중 한 사람이 사도 바울이었다는 사실을 기억한다면, 생각이 달라질 것이다.

마르쿠스 아우렐리우스

최고의 지성과 덕을 갖춘 사람이 저지른 기가 막힌 오류라는 점에서, 모든 오류 중에서 가장 주목할 만한 것이라고 할 수 있는 한 가지 예를 더 들어보자. 역사상에서 강력한 권력을 지녔으면서도 자신의 동시대인들 중에서 가장 선하고 개화된 인물을 말해보라고 하면, 가장 먼저 떠오르는 사람은 로마의 황제였던 마르쿠스 아우렐리우스Marcus Aurelius[6]일 것이다. 그는 당시의 문명 세계 전체를 지배한 절대 군주였지만, 일생에 걸쳐 오점을 거의 찾아보기 힘든 정의로운 삶을 살았을 뿐만 아니라, 스토아 철학으로 훈련된 사람에게서는 거의 기대하기 힘든 대단히 자애로운 심성으로 살아간 인물이었다. 물론 그에게도 약간의 허물들은 있었다. 하지만 그런 것들은 모두 얼마든지 너그러이 눈감아줄 수 있는 정도의 것들이었다. 고대 지성에 의해 씌어진 윤리학 분야의 최고의 작품으로 꼽히는 그의 글들은 그리스도의 대표적인 가르침들과 거의 구분할 수 없을 정도로 별로 다르지 않다. 기독교인이라는 단어를 교조적인 의미에서가 아니라 실질적인 의미에서 정의한다면, 이후에 기독교인으로서 로마를 다스렸던 거의 모든 황제들보다 더 진정한 기독교인이었다고 할 수 있는 그가 기독교를 박해했다.

그는 어디에도 얽매임이 없는 열린 지성을 통해서 인류가 그때까지 이룬 모든 업적들의 최정상에 서 있었고, 그의 나무랄 데 없고 숭고한 인품으로 인해 도덕에 관해 쓴 그의 글들에는 기독교적인 이상이 배어

---

6 마르쿠스 아우렐리우스(121-180년)는 로마 제국의 제16대 황제로서 5현제 중 한 사람이다. 스토아학파를 따른 철학자였던 그는 이성을 따라 살아가는 삶이야말로 진정으로 덕 있는 삶이자 행복한 삶으로 여기고서, 그런 삶을 평생 동안 추구하였다. 『명상록』이 유명하다.

있었다. 하지만 인류를 이롭게 하고자 하는 자신의 의무에 아주 투철했고, 결코 그 의무를 소홀히 하지 않았던 그도 기독교가 이 세계에 해악이 아니라 유익이 된다는 것을 보지 못했다.

그는 당시의 사회가 통탄할 만한 상태에 있다는 것을 알았다. 그리고 사람들에게 대대로 내려온 신들을 믿고 공경하는 마음이 있어서, 그나마 상황이 더 악화되지 않고, 이 사회가 현상을 유지하고 있다는 것도 알았다. 아니, 안다고 생각했다. 인류의 지배자로서 그는 기존의 질서가 무너진 경우에, 이 사회를 또다시 한데 묶을 수 있는 다른 어떤 질서를 만들어내는 방법을 알지 못했기 때문에, 어떻게 해서든지 기존의 질서를 지켜서 사회가 와해되지 않게 하는 것이 자신의 의무라고 생각했다. 그런데 기독교라는 종교가 새롭게 등장해서는 공개적으로 그러한 질서를 무너뜨리는 것을 목표로 삼았다. 그에게는 이 새로운 종교를 받아들이든지, 아니면 탄압하든지, 둘 중의 하나를 선택해야 했다.

기독교의 신학은 아우렐리우스에게 옳거나 신에게서 나온 것으로 보이지 않았다. 신이 십자가에 못 박혀 죽었다고 하는 괴이한 이력도 신뢰감이 가지 않았다. 전적으로 예수라는 한 인물을 토대로 해서 세워진 종교 체계도 전혀 믿음이 가지 않았다. 실제로 기독교는 이미 온갖 박해 속에서 오랜 세월 동안 인류를 새롭게 할 수 있는 힘이라는 것을 스스로 증명해왔음에도 불구하고, 그는 그것을 볼 수 없었다. 그 결과, 인류 역사상에서 모든 철학자들과 지배자들 가운데 가장 온화하고 자애로웠던 아우렐리우스는 자신의 의무를 다해야 한다는 철저한 사명감에서 기독교에 대한 박해를 공식적으로 결정했다. 나는 이 결정이 인류 역사 전체를 통틀어 가장 비극적인 사실들 중 하나라고 생각한다. 만일 콘스탄티누스 대제[7]가 아니라 마르쿠스 아우렐리우스 황제에 의해서 기독교가 로마 제국의 국교로 공인되었다고 한다면, 인류 역사는 완전히 다른 방향으로 전개되었을 수도 있었기 때문에, 이것은 정말 안타까운 일이 아닐 수 없다.

당시에 마르쿠스 아우렐리우스에게는 기독교를 전파하는 것을 처벌해야 한다는 주장만이 아니라, 반反기독교적인 가르침을 전파하는 것을 처벌해야 한다는 주장도 제시되었을 것임을 부정하는 것은 그를 부당하게 대우하고 진실을 왜곡하는 것이 될 것이다. 기독교인들은 무신론이 잘못된 것이고 사회를 와해시키는 경향성을 지니고 있다고 믿었던 반면에, 그 시대에 살고 있던 모든 사람들 중에서 기독교를 가장 제대로 이해할 수 있는 사람으로 평가될 수도 있었던 마르쿠스 아우렐리우스는 무신론이 아니라 기독교가 그런 것이라고 믿었다. 그러므로 자기가 마르쿠스 아우렐리우스보다 더 현명하고 더 선하며, 현존하는 모든 지혜에 더 정통하고, 지성에 있어서 그를 능가하며, 진리를 추구하는 일에서 더 진지하고, 일단 진리를 찾은 후에는 온 마음으로 그 진리에 헌신함에 있어서 그를 뛰어넘는다고 자신하는 사람이 아니라면, 자기 자신과 다수가 힘을 합쳐서 제시한 의견은 절대로 틀릴 수 없다고 전제하고서, 어떤 특정한 의견들을 전파하는 자들은 처벌받아 마땅하다고 주장해서는 안 된다. 역사상 가장 위대한 인물들 중 한 사람이었던 마르쿠스 아우렐리우스도 바로 그런 태도로 인해서 너무나 치명적인 잘못을 저지르게 된 것이다.

---

7 콘스탄티누스 대제(272-337년)는 로마 제국의 제47대 황제로서 312년에 동로마 제국과 서로마 제국을 통일하였고, 313년에는 밀라노 칙령을 통해서 공식적으로 기독교를 제국의 국교로 삼았다.

존슨 박사의 주장

종교의 자유를 반대하는 자들은 마르쿠스 아우렐리우스가 사용했던 것과 같은 그런 논리로는 기독교를 탄압하고 처벌하는 것을 옹호하는 것이 불가능하다는 것을 알기 때문에, 자신들의 행태가 강한 반발을 불러일으키는 경우에는 종종 한편으로는 그 반발을 수용한다. 하지만 다른 한편으로는 존슨Johnson 박사[8]처럼, 기독교를 박해한 자들은 옳았고, 박해라는 것은 진리가 반드시 거쳐야 하는 시련이며, 법적인 처벌은 종종 사회에 해롭고 잘못된 것들을 제거하는 데 효과가 있어서 유익한 것이기는 하지만, 진리 앞에서는 궁극적으로 무력하기 때문에, 기독교가 진리라면 그 과정에서 언제나 승리를 거두게 될 것이라고 말한다. 종교의 자유를 부정하는 불관용론자들이 펴는 이러한 논리는 대단히 위험한 것이기 때문에 그냥 웃어넘길 수 있는 것이 아니다.

박해는 진리에 그 어떤 해악도 될 수 없기 때문에 진리를 박해하는 것은 정당화될 수 있다는 논리를 편다고 해서, 우리는 그것을 새로운 진리들을 받아들이는 것에 대해 의도적으로 적대적인 것이라고 비난할 수는 없다. 하지만 인류에 기여한 사람들을 그런 식으로 대우하는 것에 대해 관대하게 대하는 것은 칭찬할 만한 일이 아니다. 이 세계와 깊은 이

---

8 새뮤얼 존슨(Samuel Johnson, 1709-1784년)은 영국의 시인이자 평론가였다. 가난한 서점 주인의 아들로 태어나서 학비를 내지 못해 옥스퍼드 대학교를 중퇴했지만, 문학적인 업적으로 박사학위를 받고서 "존슨 박사"로 지칭되었다. 그의 업적들 중에서 17세기 이후의 영국 시인 52명의 전기와 작품론을 10권으로 정리한 『영국시인전』Lives of the English Poets(1779-1781년)은 특히 유명하다. 1995년에 『워싱턴 포스트』에서는 천 년의 인류 역사에서 최고의 저자로 그를 선정했다. 보스웰(Boswell)이 쓴 그의 전기에 의하면, 그는 이렇게 말했다고 한다. "종교적인 진리가 확증될 수 있는 유일한 방법은 순교를 통한 것입니다. 통치자는 자기가 생각한 것을 시행할 권한이 있고, 진리를 전파하는 자는 박해를 당할 권한이 있는 것이죠."

해관계가 있거나 이 세계가 이전에 알지 못했던 것을 발견해내거나, 이 세계가 자신에게 아주 중요한 세속적이거나 영적인 어떤 문제에 대해 오해해왔다는 것을 증명해내는 것은 사람이 인류를 위해 할 수 있는 중요한 공헌 중 하나다.

그 중에서 초기 기독교인들과 종교개혁자들의 공헌 같은 것들에 대해서는 – 존슨 박사 같은 사람들은 – 사람이 인류에게 줄 수 있는 가장 소중한 선물이었다고 믿었다. 그런데 그토록 훌륭한 공헌을 한 사람들이 순교를 그 보답으로 받고, 극악무도한 범죄자로 낙인찍힌 것이 그들에 대한 상이었는데도, 앞에서 말한 종교의 자유를 반대하는 자들의 논리에 의하면, 그런 것은 인류가 베옷을 입고 재를 뒤집어쓴 채로 통곡해야 할 만큼 통탄스러운 오류이거나 잘못이 아니라, 얼마든지 정당화될 수 있는 정상적인 과정인 것이 된다. 그들의 논리에 따르면, 새로운 진리를 제시하는 사람은 로크리인들the Locrians이 법을 제정할 때의 관행처럼[9] 교수대의 밧줄에 자신의 목을 건 채로 민회 앞에서 자신이 제안한 법이 제정되어야 할 이유들을 설명한 후에, 민회가 그 법을 그 자리에서 채택하지 않는 경우에는, 즉시 그 밧줄이 당겨져서 죽임을 낭할 각오를 해야 한다는 것이다.

인류의 은인들을 이런 식으로 대우하는 것을 옹호하는 사람들은 은혜라는 것을 하찮게 여기는 사람들이라고 볼 수밖에 없다. 대체로 이런 식의 생각과 태도를 지닌 사람들은 새로운 진리들이 전에는 바람직한

---

9 로크리는 기원전 7세기 초에 이오니아 해변에 건설된 그리스 본토의 식민지였다. 잘레우코스가 기원전 660년경에 도입한 이 관행은 그리스의 정치가였던 데모스테네스(BC 384-322년)의 『티모크라테스를 반박함』에 설명되어 있다.

것이었을지 모르지만, 지금은 그 혜택을 누릴 만큼 다 누렸기 때문에 소중하게 여길 필요가 없다고 생각하는 그런 부류의 사람들이라고 나는 믿는다.

박해받은 진리의 경우

진리는 언제나 온갖 박해를 극복하고 결국 승리한다는 말은 이 사람 저 사람의 입을 거쳐 이제는 상식처럼 굳어졌지만, 사실은 인류의 모든 경험에 의해 틀렸음이 증명된 기분 좋은 거짓말들 중 하나일 뿐이다. 역사는 진리가 박해에 의해 진압된 사례들로 가득하다. 영원히 매장해버리지는 못할지라도, 수 세기 동안 창고에 처박아두는 것쯤은 쉬운 일이다.

종교와 관련된 사례 하나만을 예로 들어보자. 종교개혁은 루터 이전에도 이미 적어도 20번 정도는 일어났다. 하지만 모두 진압되었다. 브레시아의 아르날도가 진압되었고, 프라 돌치노가 진압되었으며, 사보나롤라가 진압되었고, 알비파가 진압되었으며, 발도파가 진압되었고, 롤라드파가 진압되었으며, 후스파가 진압되었다.[10] 심지어 루터 시대 이후에도, 박해가 지속된 곳에서는 여지없이 성공을 거두었다. 그 결과, 스페

---

10 밀은 여기에서 종교개혁을 일으킨 마르틴 루터(1483-1546년) 전후에 일어난 가톨릭 교회에 의한 기독교 종파들에 대한 일련의 박해를 언급한다. "브레시아의 아르날도"(1090-1155년)는 사도적 청빈을 가르치다가 이단으로 몰려 화형당했다. "프라 돌치노"(1250-1307년)는 후에 무장투쟁으로 발전한 사도 운동을 개시했다가 종교재판소에 의해 고문을 당해 죽었다. "사보나롤라"(1452-1498년)는 가톨릭 교회의 개혁을 요구하고 하느님의 심판이 곧 도래할 것이라고 예언했지만 여의치 않자 "불의 시험"으로 자신이 선지자임을 입증하려고 하다가 그 직전에 체포되어 처형당했다. 1200년대 초에는 "알비파"와 "발도파"가 오직 성경을 근거로 한 삶을 살려고 하다가 이단으로 단죄되어 박해받았다. "롤라드파"는 영국에서 존 위클리프(1320-1384년)가 이끌고, "후스파"는 체코의 종교개혁자였던 후스(1369-1415년)가 이끈 개혁 운동이었지만, 둘 다 이단으로 단죄되었다.

인, 이탈리아, 플랑드르, 오스트리아 제국에서 개신교는 박멸되었다. 그
리고 만일 메리 여왕이 살아 있었거나 엘리자베스 여왕이 죽었다면, 영
국에서도 개신교는 박멸되었을 가능성이 높다.[11]

이단에 속한 사람들이 너무나 강력한 집단을 형성하고 있어서 박해
의 효과를 거둘 수 없는 경우를 제외하고는, 박해는 언제나 성공을 거두
어왔다. 이성을 지닌 사람이라면, 기독교가 로마 제국에서 박멸될 수도
있었을 것임을 부정할 사람은 아무도 없을 것이다. 그런 기독교가 박멸
되지 않고 빠르게 확산되어 지배적인 세력이 된 이유는 박해가 단지 오
랜 간격을 두고 이따금씩만 짧은 기간 동안 진행되어서, 기독교를 전파
하는 데 거의 방해를 받지 않았기 때문이었다.

진리는 단지 진리라는 이유로 거짓은 가질 수 없는 어떤 힘이 있어서
지하감옥과 화형을 이길 수 있다고 생각한다면 공허한 감상일 뿐이다. 진
리에 대한 인간의 열정은 거짓에 대한 열정보다 결코 더 강하지 않고, 법
적인 처벌, 또는 심지어 사회적인 제재를 충분히 동원한다면, 거짓은 물
론이고 진리를 전파하는 것도 얼마든지 중단시킬 수 있는 경우가 많다.

진리의 진정한 이점은 이런 것이다. 즉, 어떤 옳은 의견을 박해해서
한 번, 두 번, 또는 수십 번 매장해 버리는 것은 가능하다. 하지만 세월이
흐르면 그 의견을 다시 내놓는 사람들이 계속해서 생겨나게 되고, 그때
마다 박해가 계속된다고 해도, 그러다가 운좋게도 좋은 환경을 만나 박
해를 피하게 되면, 이후의 모든 박해를 이겨낼 만한 힘을 기를 수 있게

---

11 메리 여왕(1515-1558년)은 영국을 다시 가톨릭 국가로 되돌리고 개신교를 박해하면서, 300여
　명에 달하는 국교회 성직자들을 화형에 처해서 "피의 메리"라는 별명을 얻었다. 반면, 엘리자베스
　여왕(1533-1603년)은 다시 개신교를 허용하고, 종교 간의 균형을 중시하는 정책을 폈다.

되어, 언젠가는 인류 사회에 뿌리를 내리게 된다.

사람들은 우리는 선지자들을 죽였던 우리 조상들과 같지 않고, 도리어 그 선지자들을 기리고 기념해서 무덤을 만들어주기까지 하고 있기 때문에, 오늘날에는 새로운 의견들을 제시하는 이들을 죽이는 일 같은 것은 벌어지지 않는다고 말할 것이다. 이제 더 이상 이단들이 죽임 당하지 않는다는 것은 사실이다. 오늘날 우리는 정말 감내할 수 없을 정도로 극악무도한 의견들을 개진한다고 해도, 법적인 형벌을 통해 그런 사람들을 죽여서 그들의 의견들을 말살시켜야 한다고까지는 생각하지 않는다. 그러나 자만은 금물이다. 여전히 우리는 법에 의한 박해의 잔재로부터 완전히 벗어나 있다고 자신할 수 없기 때문이다. 특정한 의견을 처벌하거나, 적어도 그런 의견을 표현하는 행위를 처벌하는 법이 지금도 존재한다. 오늘날과 같은 시대에도 그런 법이 시행되고 있다는 것을 감안하면, 온갖 의견들을 처벌하는 법이 전면적으로 시행될 날이 언젠가는 다시 도래할지도 모른다는 우려가 근거없지는 않은 것 같다.

19세기의 경우

1857년에 영국 잉글랜드의 남서부에 있는 콘월Cornwall이라는 주의 여름 순회재판소에서 일생 동안 그리 큰 잘못을 범하지 않고 평범하게 살아왔다는 말을 듣던 한 사람이 운 나쁘게도 기독교를 비난하는 말을 하고, 그 내용을 대문에 써붙였다는 죄목으로 21개월의 징역형을 선고받았었다.[12] 그런 일이 벌어지고 나서 한 달도 지나지 않아서, 올드 베일리Old

---

12 1857년 7월 31일에 토머스 풀리(Thomas Pooley)가 보드민 순회재판소에서 그런 판결을 받고

Bailey에서는 자신이 신앙을 갖고 있지 않다고 솔직하게 밝혔다가 배심원이 될 자격을 박탈당하는 일이 두 번이나 발생했는데, 그 중 한 사람은 법관 및 변호인 중 한 명에게 심한 모욕을 당하기도 했다.[13] 세 번째는 어떤 외국인이 자신의 물건을 도둑질한 사람에 대해 재판을 청구했다가 역시 신앙을 갖고 있지 않다는 이유로 기각을 당한 사례였다.[14]

이런 일들이 발생하게 된 이유는 어떤 신이든 신을 믿고 내세의 존재를 믿는다고 고백하지 않는 사람이 법정에서 증언하는 것을 금지한 법률 규정 때문이었다. 이것은 그런 사람들은 법의 보호를 받을 수 없는 자들이라고 선언한 것과 같았다. 그런 사람들이 함께 있다가 강도를 당하거나 습격을 받은 경우에는, 그런 범죄를 저지른 자를 처벌할 방법이 없고, 그런 사람들은 다른 어떤 사람이 강도를 당하거나 습격을 받았어도 그것을 증언해줄 수 없어서, 또한 그 범죄자를 처벌할 방법이 없다.

이러한 법률 규정이 전제하고 있는 것은 내세의 존재를 믿지 않는 사람의 선서는 신뢰할 수 없다는 것이다. 하지만 그런 전제에 동의하는 사람들은 역사에 대한 대단한 무지를 드러내는 것일 뿐이다. 모든 시대에서 신앙을 지니지 않은 사람들 중에서 다수가 훌륭한 인격으로 존경을 받은 사람들이었다는 것은 역사가 증명해주기 때문이다. 인류 역사 속에서 덕과 업적의 양면에서 최고의 명성을 얻은 사람들 중 다수가 신앙을 갖고 있지 않았던 사람들이었다는 사실은, 적어도 그들과 아주 가

복역하다가, 12월에 왕으로부터 사면을 받았다(저자의 원주).

13 1857년 8월 17일에는 조지 제이콥 홀리오크(George Jacob Holyoake)가, 1857년 7월에는 에드워드 트루러브(Edward Truelove)가 그런 일을 겪었다(저자의 원주).

14 1857년 8월 4일에 글라이헨의 남작이 말버러 가 즉결법원에서 이런 일을 겪었다(저자의 원주).

까운 사람들은 잘 알고 있었다는 것을 조금이라도 안다면, 아무도 그런 법률 규정이 옳다고 주장하지 못할 것이다.

게다가 이런 법규는 자해적인 것이어서, 자신의 토대 자체를 깎아먹는다. 왜냐하면, 이 법규는 무신론자들은 거짓말쟁이들임에 틀림없다고 전제하면서도, 거리낌 없이 거짓말을 하는 모든 무신론자들의 증언에 대해서는 효력을 인정하는 반면에, 거짓을 말하느니 차라리 사람들의 손가락질을 받더라도 공개적으로 진실(무신론)을 고백하는 사람들의 증언은 효력이 없다고 선언하는 것이기 때문이다. 이렇게 원래 제정되었을 때의 목적과는 정반대의 결과를 낳는다는 것이 확인된 이 법규는 오직 증오의 상징이자 박해의 유물로서만 가치가 있을 뿐인데, 실제로 이 법규에 의해 박해를 받고 있는 것은 박해를 받을 만하다는 것이 분명하게 증명되지 않았다는 점에서, 그 가치도 의심스러울 수밖에 없다.

또한 이 법규와 그 전제가 된 이론은 신앙을 갖지 않은 사람들에게는 물론이고 신앙을 가진 사람들에게도 마찬가지로 모욕적이다. 내세의 존재를 믿지 않는 사람은 반드시 거짓말을 하게 되어 있다고 전제하는 것은 신앙을 가진 사람들이 거짓말을 못하는 것은 오직 지옥에 대한 두려움 때문이라고 전제하기 때문이다. 나는 이 법규를 만들고 지지한 사람들이 기독교의 덕목에 대해 지닌 개념이 그들 자신의 생각으로부터 나온 것은 아닐까 말함으로써 그들을 모욕하지는 않겠다.

사실 이런 것들은 지난날에 행해졌던 박해의 흔적이자 잔재일 뿐이기 때문에, 박해하고자 하는 욕구의 표현이라고 할 수는 없을 것이다. 영국인들은 나쁘다는 것을 뻔히 아는 원리를 실제로 실천에 옮길 만큼 이제 더 이상 악하지 않으면서도, 그런 원리를 강하게 단언함으로써 기존의 진리를 뒤엎는 데서 즐거움을 느끼는 못된 습성이 있는데, 이것은 바로 그들에게서 비일비재하게 찾아볼 수 있는 그런 습성 중 한 예일 뿐이다.

좀 더 심한 형태의 법적인 박해들은 지난 한 세대 동안 중단되었지만, 대중이 계속해서 그렇게 하고자 할지는 여전히 미지수다. 이 시대에서는 인간 사회에 유익한 새로운 혜택들을 도입하고자 하는 시도들만이 아니라, 과거의 해악들을 부활시키고자 하는 시도도 자주 우리의 평온하고 질서 있는 삶을 흔들어놓고 있다. 사람들은 오늘날 과거의 신앙이 다시 부활하고 있다고 자랑하지만, 그러한 옛 신앙의 부활이라는 것은 언제나 적어도 개화되지 못한 편협한 사람들 속에서는 종교적인 신념에 의거한 뿌리박힌 편견과 고집의 부활에 다름아니다. 이 나라의 중산층의 내면에는 아주 강력한 불관용의 누룩이 지속적으로 존재해 있고, 그런 누룩이 존재하는 곳에서는, 약간의 명분을 주고서 부추기기만 해도, 이제까지 어떤 사람들에 대해서 마음속으로는 박해를 받는 것이 마땅하다고 생각해 왔지만 실천으로 옮기지는 못했던 것을 과감하게 실행에 옮기게 된다.[15] 즉, 사람들은 자신들이 소중히 여기는 신념들을 부정하는 자들에 대해서는 언제나 그린 생각과 감정을 품고 있고, 바로 그것이 이 나라에서 정신의 자유가 꽃피우지 못하게 만든다.

---

15 영국의 동인도회사가 인도정복을 위해 고용한 인도인 용병인 "세포이"가 1857-1859년에 봉기를 일으켰을 때, 그 사건에 대한 우리나라의 대처 과정 속에서 우리의 민족성 중에서 가장 나쁜 부분이 전반적으로 표출되었을 뿐만 아니라, 종교적 사명감에 입각한 박해자로서의 열정이 상당 부분 표출된 것은 우리에게 크나큰 경종을 울려준다. 광신자들이나 거짓 성직자들이 광분하여 날뛴 것은 그렇다고 치자. 하지만 영국 국교회 내의 복음주의 진영의 우두머리들이 힌두교도들과 회교도들의 정부를 향해, 성경을 가르치지 않는 학교에는 공적 자금을 지원하지 않겠다는 원칙을 선언한 것은 우리가 어떻게 보아야 하는가. 그런 선언은 필연적으로 실제로 기독교인이거나 기독교인인 체하는 사람들 외에는 아무도 공공기관에 취업할 수 없는 결과를 낳을 수밖에 없었다. 이 나라의 국무차관은

처벌받는 것을 두려워했던 이유

지난날 오랫동안 사람들이 법적으로 처벌받는 것을 두려워했던 가장 큰 이유 중 하나는, 법적인 처벌을 받은 사람은 사회에서 낙인이 찍혀서 사회생활을 제대로 하기가 어렵게 된다는 것이었다. 이러한 사회적인 낙인은 실제로 아주 효과가 있어서, 영국에서는 다른 많은 나라들에서보다도 사회적으로 금기시된 의견들이나 법적인 처벌을 받을 위험이 있는 의견들을 공개적으로 표현하는 경우가 훨씬 적었다. 금전적인 여건이 좋아서 다른 사람들의 눈치를 볼 필요가 없는 일부를 제외한 모든 사람들의 입에 재갈을 물리는 데는 여론이 법적인 처벌만큼이나 강력한 힘을 발휘한다.

어떤 사람에 대한 여론이 나빠지면, 그 사람은 생계수단을 잃게 될 뿐만 아니라, 감옥에 갇힐 수도 있다. 경제적으로 여유로워서 먹고 살 걱정이 없고, 권력자들이나 지역 사람들이나 대중이 자기를 어떻게 생각하느냐에 크게 신경쓰지 않는 사람들은 그 어떤 의견이라도 자유롭고 공개적

1857년 11월 12일에 자신의 선거구민들 앞에서 다음과 같은 연설을 했다고 한다. "영국 정부가 '그들의 신앙'(영국의 식민지인 인도의 1억 신민들의 신앙)과 '그들이 종교라 부르는 미신'에 대해 관용 정책을 편 것이 결과적으로 영국의 이름을 높이는 것을 지체시키고 기독교의 유익한 전파를 가로막아 왔다…종교적 관용은 이 나라에서 종교의 자유를 수호하는 위대한 초석이었다. 하지만 이 나라의 식민지에서 살아가는 신민들이 종교적 관용이라는 저 귀중한 단어를 남용하도록 그냥 두어서는 안 된다." 이 국무차관이라는 사람은 종교적 관용이라는 것은 기독교인들이라면 동일한 토대 위에서 신을 예배하는 사람들이기 때문에 그들 모두에게 동일한 예배의 자유를 완벽하게 보장해주어야 한다는 것을 의미하는 것이라고 이해했다. 즉, 그에게 있어서 종교적 관용이라는 것은 그리스도라는 동일한 중보자를 믿는 기독교인들의 온갖 교파들에 대한 관용을 의미하는 것이었다. 나는 자유당의 내각 아래에서 이 나라 정부의 고위 관료가 되기에 적합하다고 여겨진 사람이 그리스도의 신성을 믿지 않는 모든 사람은 종교적 관용의 울타리 밖에 있어서 보호를 받을 수 없다고 주장하고 있다는 사실을 지적하고자 한다. 이런 어처구니없는 일이 벌어지고 있는데, 종교적인 박해는 이미 지나갔고 다시는 그런 일이 없을 것이라는 환상에 빠져 있을 수 있는 사람이 누가 있겠는가?(저자의 원주)

으로 표현하는 것을 두려워할 이유가 전혀 없다. 물론 사람들이 그들에 대해서 좋지 않게 생각하고 비방하는 것을 감수해야 하겠지만, 그런 것을 감수하는 데 대단히 영웅적인 기개가 필요한 것은 아니기 때문에, 굳이 우리가 그런 사람들을 동정해서 돕기 위해 발벗고 나설 필요는 없다.

사람들은 과거에는 자신과 생각이 다른 사람들에 대해 공개적이고 직접적으로 해악을 가하는 것이 관행처럼 되어 있었다. 오늘날에 우리는 그런 방식으로 해악을 가하지는 않지만, 자기와 생각이 다른 사람들을 대하는 우리의 태도를 통해서 그들에게 가하는 해악은 과거와 별반 다르지 않다. 소크라테스는 대중에 의해 고발을 당하여 결국 죽임을 당했지만, 그의 철학은 태양처럼 하늘에 높이 솟아올라서, 인류의 지성이라는 세계 전체에 빛을 비추고 있다. 과거의 기독교인들은 사자굴에 던져졌지만, 기독교회는 웅장하고 거대한 나무로 자라나서, 미처 자라지 못한 다른 고만고만한 온갖 교리들을 그 그늘 아래에서 질식시키고 있다. 우리 사회는 법적인 처벌을 통해서 생각이 다른 사람들을 죽이고 그들의 의견들을 박멸하지 않지만, 사회적 불관용의 분위기를 통해서 사람들로 하여금 자신의 의견을 정직하게 표현하지 않고 위장하거나, 자신의 의견을 다른 사람들에게 전파하고자 하는 적극적인 노력을 하지 못하게 만든다.

영국에서는 이단적인 의견들이 십 년 또는 한 세대 안에 탄탄한 기반을 마련하거나 잃는 경우가 없다. 그런 의견들이 폭발적으로 타올라 널리 유포되어서, 그 올바르거나 거짓된 불빛으로 인류의 전반적인 문제들을 해결해주는 경우는 없고, 단지 그 의견들을 처음으로 제시했던 사람들로 이루어진 작은 사상 집단 내에서 마치 모닥불처럼 연기를 모락모락 피우듯 꾸준히 계속해서 연구될 뿐이다.

어떤 사람들은 이런 상황이 유지되는 것을 대단히 만족스러워한다. 그 이유는 이 방법이야말로 불건전하고 병적인 생각을 지닌 사람들도 나름대로의 이성을 사용해서 활동하는 것을 법에 의해 완전히 금지당하고 벌금을 물거나 투옥되는 불행한 사태 없이, 사람들이 지닌 모든 의견들이 외부의 방해를 받지 않고 유지되게 하는 길이라고 생각하기 때문이다. 모든 사람들의 의견을 나름대로 존중해주면서도, 기존 질서에 속한 모든 것들이 이전처럼 아무런 방해 없이 잘 돌아가게 함으로써, 지성세계의 평화를 확보할 수 있는 좋은 방법이라는 것이다.

지성 세계의 질서와 평화

하지만 이런 식으로 지성 세계의 기존 질서와 평화를 확보하고자 할 때에는 반드시 지불해야 하는 대가가 있는데, 그것은 인간 지성의 도덕적인 용기 전체를 희생시켜야 한다는 것이다. 가장 적극적으로 진리를 탐구하는 지성들이 자신들이 발견한 참된 원리들과 근거들을 자신의 가슴속에만 간직한 채로, 대중 앞에서 말할 때에는 속으로는 잘못된 것임을 뻔히 아는 기존 질서에 속한 논리를 마치 자신의 결론인 것처럼 말해야 아무 탈이 없는 그런 사회에서는, 전에 사상계를 찬란하게 빛냈던 지성들, 즉 일관된 논리로 자신의 의견을 공개적으로 두려움 없이 표현했던 지성들이 나올 수 없다. 그런 사회에서 원하는 사람들은 단지 일반적인 상식에 영합하는 자들이나, 온갖 위대한 주제들에 대해서 청중들이 듣고 싶어하는 것들만을 들려줌으로써 진리를 사고 파는 모리배들이고, 확고한 신념을 가지고 진리를 탐구하여 그 원리들과 근거들을 깨달은 자들이 아니다.

따라서 이 두 부류 중 어느 쪽에도 속하고자 하지 않는 사람들은 사회의 기존 질서와 그 원리들을 굳이 건드리지 않고도 다룰 수 있는 문제들, 즉 진리에 대한 열정으로 심혈을 기울여 진지하게 연구하지 않아도 밝혀내는 것이 그리 어렵지 않은 평범한 실제적인 문제들에만 관심을 갖고 생각하는 쪽을 선택하게 된다. 그 결과, 인류 사회에서 사람들의 지성의 힘을 강화하고 확대하여, 가장 심오한 주제들에 대해 자유롭고 과감하게 사고하는 것은 불가능하게 된다.

이단들의 입에 재갈을 물리는 것은 악이 아니라고 보는 사람들이 우선적으로 생각해야 할 것은, 이단들에 대해 그런 식으로 대처하게 되면, 이단들의 의견에 대한 공정하고 철저한 토론이 이루어질 수 없게 되고, 만일 그런 토론이 이루어졌더라면 그 과정에서 자연스럽게 잘못되었음이 드러나서 축출될 수 있었던 의견들이 토론이 차단됨으로써 도리어 살아남을 수 있게 되며, 심지어 확산될 수도 있다는 것이다. 사회에서 인정하는 정통적인 결론만을 용납하고 그것과 다른 결론을 이끌어내는 모든 시도를 차단하는 경우에 가장 큰 피해를 입는 것은 이단들의 지성이 아니라, 도리어 일반 사람들의 지성이다. 왜냐하면, 사람들이 자신의 생각이나 의견이 혹시 이단으로 낙인찍히게 될 것을 우려하는 상황에서는, 그들의 정신적인 발전은 저해될 수밖에 없고, 그들의 이성도 위축될 수밖에 없기 때문이다.

장래가 촉망되는 수많은 지성들이 겁을 집어먹고서, 사람들로부터 불경스럽다거나 비도덕적으로 여겨지게 될 결론에 도달하게 될 것을 염려해서, 자신만의 사고를 대담하고 활발하게 추구해 나갈 생각을 하지 못하게 된다면, 이 세계가 입게 될 손실이 어느 정도가 될 것인지를 가늠해 볼 수 있는 사람이 누가 있겠는가? 자신만의 사고를 해 나가는 사람들 중에는 종종 대단히 섬세하고 정제된 지성과 아주 정직한 양심을 지닌 사람들이 있다. 그들은 자신의 내면에서 터져나오는 지성을 억누를 수 없어서, 그 지성을 사용해서 심혈을 다해 자신의 양심과 이성에 비추어 정직한 결론을 얻어낸 후에, 그 결론을 기존의 정통적인 결론과 조화시켜보려고, 자신이 지닌 온갖 탁월한 자원들을 총동원하여 애를 써보지만, 결국에는 그렇게 하는 데 성공하지 못하는 사람들이다.

사상가의 의무

어떤 결론이 도출될 것인지를 생각하지 않고, 자신의 지성이 이끄는 길을 끝까지 따라가는 것이 사상가의 첫 번째 의무라는 것을 인정하지 않는 사람은 위대한 사상가가 될 수 없다. 진리와 관련해서 인류가 점점 더 발전할 수 있게 해주는 사람들은, 독자적으로 사고하지 않고 이미 옳다는 것이 증명된 의견들을 늘 좇아가기 때문에 오류를 범하지 않는 사람들이 아니라, 적절한 연구와 준비를 갖춘 후에 스스로 사고해 나가다가 많은 시행착오와 오류들을 범하는 사람들이다.

위대한 사상가들을 배출하는 것이 사상의 자유가 필요한 유일하거나 주된 목적이 아니다. 도리어 그런 목적 못지않게, 평범한 사람들이 자신의 정신적인 수준을 가능한 한 최고로 발전시키기 위해서도 사상의 자유가 필요할 뿐만 아니라, 심지어 훨씬 더 필수불가결하다. 왜냐하면, 정신적인 예속상태가 일반화된 곳에서도 개별적으로 몇몇 위대한 사상가들이 배출되어 왔고, 이것은 앞으로도 마찬가지일 것이지만, 그런 곳에서는 평범한 사람들의 지적 활동은 결코 활발하게 이루어지지 못했고, 그것은 앞으로도 마찬가지일 것이기 때문이다. 역사 속에서 평범한 사람들의 지적 활동이 잠시 활발하게 이루어진 시기들은 이단적인 사고를 하는 것에 대한 두려움이 한동안 중단되었던 시기들이었다. 한 사회가 옳다고 전제하는 대원칙들에 대해 이의를 제기할 수 없다는 암묵적인 사회적 합의가 존재하고, 인간에게 가장 중요한 문제들에 대해 토론하는 것이 봉쇄되어 있는 곳에서는, 인류 역사에서 찬란하게 빛났던 몇몇 시기들에서 나타났던 사회 전반에 걸친 고도로 활발한 정신 활동을 찾아볼 수 있는 가능성은 전무하다. 인류에게 중요하고 큰 문제들에 대한 논쟁이 요원의 불길처럼 거대하게 활활 타오를 때에만, 인간의 지성은 그 토대로부터 뒤흔들리게 되고, 그 충격은 지극히 평범한 지성을 지닌 사람들에게조차 가해져서, 그들의 지성이 고양되어, 그들도 생각하는 인간으로서의 존엄을 일정 정도 되찾게 될 수 있다.

그런 예들 중 하나는 종교개혁 직후의 시기에 유럽의 상황이었고, 또 다른 예는 유럽 대륙과 좀 더 개화된 계층에 한정된 것이기는 하지만, 18세기 후반의 사상 운동이었다. 세 번째 예로는 훨씬 짧은 기간 동안 지속된 것이기는 하지만, 괴테Goethe와 피히테Fichte를 중심으로 독일의 지성이 용광로처럼 들끓던 시기를 들 수 있다.[16] 이 시기들은 각각의 시기 동안에 개진되고 발전된 의견들과 사상들은 서로 아주 달랐지만, 사상을 통제하던 권력의 멍에가 각각의 시기 동안에는 사라지고 존재하지

---

16 요한 볼프강 폰 괴테(Johann Wolfgang von Goethe, 1749-1832년)는 시인이자 극작가로서, 요한 고틀리브 피히테(Johann Gottlieb Fichte, 1762-1814)는 철학자로서 독일의 낭만주의를 이끈 중심적인 인물들이었다.

않았다는 점에서는 서로 동일했다.

각각의 시기 동안에 오랫동안 사회와 개개인들을 통제했던 사상적인 독재 체제가 와해되었고, 새로운 체제는 아직 출현하지 않았다. 이 세 시기 동안에 활발하게 생성되었던 충격파가 오늘의 유럽을 탄생시켰다. 지금 우리 사회에서 볼 수 있는 인간 지성이나 제도들에서 일어난 모든 발전은 이 시기들 중 어느 한 시기에 일어났다. 우리 사회는 이미 꽤 오래 전부터 이 세 시기에 생겨난 모든 충격파의 효과가 이제 거의 소진되었다는 것을 보여준다. 따라서 우리에게 다시 한 번 정신적 자유가 획기적으로 보장될 때까지는, 우리는 새로운 활력을 기대할 수 없다.

2. 억압받는 의견이 오류일 경우

이제 우리의 논증의 두 번째 단계로 넘어가서, 한 사회에서 일반적으로 인정되고 있는 그 어떤 의견도 잘못된 것일 수 있다는 전제를 버리고, 그 모든 의견들이 옳다고 가정하고서, 그런 가정 아래에서 그 의견들이 옳고 그른지를 자유롭게 공개적으로 토론하는 것이 봉쇄되어 있는 경우에, 어떤 일이 벌어질 것인지를 검토해보자. 자신의 의견이 옳다는 것을 절대로 의심하지 않기 때문에, 자신의 의견이 틀릴 가능성이 있다는 것을 결코 받아들이려고 하지 않는 사람은, 그 의견이 아무리 옳다고 할지라도, 그 의견의 옳고 그름에 대한 전면적이고 자유로우며 무제한한 토론이 허용되지 않으면, 그 의견은 살아 있는 진리가 아니라 단지 죽은 독단적 의견으로 취급될 뿐이라는 것을 똑똑히 알아야 한다.

다행스럽게도 이전처럼 그렇게 아주 많은 수는 아니지만, 자신이 옳다고 생각하는 어떤 의견이 있고, 그런 생각에 그 어떤 의심도 없다면, 그 의견이 왜 옳은 것인지 그 근거들을 전혀 알지 못해도, 아무 상관이 없다고 생각하고, 다른 사람들로부터 그 의견에 대한 지극히 피상적인 반론이 제기되는 경우에도, 그 반론을 제대로 반론하지 못하는 사람들이 지금도 여전히 있다. 그런 사람들은 권위 있는 사람으로부터 어떤 가르침을 받아서 한 번 그 의견이 옳다고 믿어버리면, 마치 아주 당연하다는 듯이, 그 의견에 대해 문제제기를 허용하는 것은 아무런 유익이 없고 단지 해만 될 뿐이라고 생각한다. 그들은 자신의 영향력이 통하는 곳에서는 다른 사람들이 아무리 현명하고 사려 깊게 그 의견이 틀렸음을 설득해도 거의 받아들이려 하지 않는다.

하지만 그들이 그 의견에 그토록 집착하는 것도 어느 순간에 갑자기 어이없이 무너질 수 있다. 토론을 완전히 봉쇄하는 것은 거의 불가능하고, 일단 토론이 시작되면, 확고한 근거 위에 세워지지 않은 신념들은 말도 안 되는 어떤 어이없는 요인에 의해 무너져내리기 쉽다. 자신은 올바른 의견이라고 생각할지라도, 그 의견이 인간의 지성이 아닌 근거와 증거가 없는 편견에 자리한 것이라면, 그것은 이성적인 존재인 인간이 진리를 받아들이는 방식이 아니다. 그런 것은 진리를 아는 것이 아니다. 그런 식으로 받아들인 진리는 진리처럼 보이게 하는 그럴 듯한 말로 포장된 미신일 뿐이다.

인간의 지성과 판단력을 계발하는 것이 마땅하다면, 다른 무엇보다도 인류에게 가장 중요한 문제들에 대해 어떤 판단을 내리고 어떤 의견을 가져야 할지를 결정하는 데에 그러한 능력들을 사용하는 것이 당연하지 않겠는가? 적어도 개신교인들이라면 이것을 부인하지 못할 것이다. 지성을 계발하는 데 가장 도움이 되는 활동을 굳이 정하라고 한다면, 그것은 분명히 각자가 자신이 지닌 의견들의 근거, 즉 자기가 왜 그 의견을 지지하고 있는지를 연구해서 밝히는 것이다. 사람들은 자신에게 아주 중요한 문제들을 올바르게 알고 믿어야 하고, 적어도 일반적으로 흔히 제기되는 반론들에 대해서는 바르게 반박할 수 있어야 한다.

하지만 어떤 사람은 이렇게 말할지도 모르겠다. "사람들에게 그들이 지지하는 의견들의 근거가 무엇인지를 가르쳐주어야 한다. 어떤 의견들이 한 번도 논란이 되지 않았다고 해서, 사람들로 하여금 그 의견들을 단지 앵무새처럼 따라하게 해서는 안 된다. 기하학을 배우는 사람들에게 그저 공식들만을 달달 외우게 해서는 안 되고, 증명하는 법도 가르쳐서 알도록 해야 한다. 기하학의 공식들에 대해서는 어느 누구도 단 한 번도 부인하지 않았고, 틀렸다는 것을 증명하려는 시도도 한 번도 없었기 때문에, 기하학을 배우는 사람들이 굳이 그 근거들을 배우고 증명하는 법을 알 필요는 없다고 말하는 것은 터무니없다."

이 말은 의심할 여지 없이 옳다. 하나의 분명한 정답이 있어서, 옳고 그름에 대해 다툼의 여지가 없는 수학 같은 분야에서는 얼마든지 그런 식으로 근거를 가르쳐주고 증명하는 법을 알게 해줄 수 있다. 수학적 진리를 증명하는 것의 특이성은 확실한 정답이 있어서, 옳은 것은 옳은 것이고 틀린 것은 틀린 것이 분명하게 나뉜다는 것이다. 따라서 반론도 있을 수 없고, 반론에 대해 대답할 필요도 없다.

하지만 서로 다른 의견들을 제시하는 것이 가능한 모든 분야에서는 각각의 의견을 밑받침해주는 일련의 서로 상반되는 근거들을 종합적으로 살펴서 진리를 이끌어내어야 한다. 심지어 자연과학에서도 언제나 동일한 사실에 대한 서로 다른 설명들이 존재한다. 천동설과 지동설, 불에 타는 성분이 플로지스톤phlogiston[17]이라는 이론과 산소라는 이론 같은 것들이 그런 것들이다. 이런 경우에는 왜 다른 이론이 옳은 것이 될 수 없는지를 증명해 보이지 않으면 안 된다. 그것이 증명되고, 어떻게 그것이 증명될 수 있는지를 알 때까지는, 다른 쪽 이론이 옳은 근거를 아는 것이 불가능하다.

그러나 도덕이나 종교, 정치나 사회관계, 인생사 같이 무한히 더 복잡한 문제들을 살필 때에는, 어떤 의견이 옳음을 증명하고자 하는 논증의 사분의 삼은 그 의견과 다른 의견들을 밑받침해주는 것으로 보이는 증거들을 반박하는 데 할애된다. 고대 세계에서 한 사람을 제외하고는 가장 위대한 변론가였던 키케로Cicero[18]는 자신의 논증을 연구하는 일 못지않게, 자신의 논쟁 상대의 주장을 연구하는 일에도 언제나 똑같이 힘을 기울였다는 기록이 남아 있다. 어떤 문제와 관련해서 진리에 도달하기 위해 애쓰는 모든 사람들은 키케로가 법정 공방에서 승리하기 위한 수단으로 했던 방식을 그대로 본받을 필요가 있다. 어떤 문제에 대해서 자기가 이해한 부분만을 아는 사람은 그 문제에 대해 거의 알지 못하는

---

17 "플로지스톤"은 그리스어로 "불꽃"이라는 뜻으로서, 17세기 말에서 18세기 초에 연소설을 설명하기 위해 독일의 베허(J. J. Becher)와 슈탈(Georg Ernst Stahl) 등이 주장한 물질이다. 그들은 가연성이 있는 물질이나 금속에는 "플로지스톤"이라는 성분이 포함되어 있다고 주장하였다. 나중에 조지프 프리스틀리(Joseph Priestley, 1733-1804년)는 산소를 발견하고도 그것을 플로지스톤이라고 오해함으로써, 이 이론은 100여년 동안이나 지속되었다.

18 키케로(BC 106-43년)는 로마 제국의 정치가이자 철학자이며 웅변가로서, 많은 저작들과 탁월한 웅변술로 공화정을 이상으로 하는 자신의 철학을 대중에게 알렸다. 밀은 키케로보다 더 위대했던 변론가로 고대 그리스의 데모스테네스(BC 384-322년)를 든다.

것이다. 그런 사람이 제시하는 논거들이 타당해서, 아무도 그 논거들을 반박할 수 없을 수도 있다. 하지만 상대방의 논거들이 무엇인지를 알아서, 그 논거들을 반박할 수 없다면, 그 사람은 어느 쪽의 의견이 더 나은지를 판단할 수 없게 된다. 그런 형편이 되지 못한다면, 어느 쪽이 옳은지를 판단하는 것 자체를 중지하는 것이 합리적이지만, 판단을 중지하는 것이 마음에 들지 않는다면, 권위 있는 사람의 판단을 따르거나, 일반 사람들처럼 가장 마음에 드는 쪽을 선택하는 것이 더 낫다.

또한 상대방의 논거들을 듣고자 하는 경우에도, 자기 쪽 진영에서 자신들의 시각에서 그 논거들을 이해해서 조목조목 반박한 것들을 곁들여서 제시한 내용에 입각해서 듣는다면, 그것으로는 충분하지 않다. 그것은 상대방의 논거들을 공평하게 대우하는 방식도 아니고, 그 논거들을 제대로 올바르게 이해할 수 있게 해주는 방식도 아니다. 그 논거들을 실제로 믿고 있고, 최선을 다해서 진지하게 옹호하고 있는 사람들에게서 들어야 한다. 그들이 가장 자신 있어 하고 설득력 있는 논거들을 알아야 한다. 현안의 진상을 올바르게 보고 해결하는 것을 가로막는 난점들이 어떤 것들인지를 전체적으로 알아야 한다. 그렇게 하지 않는다면, 그 난점들을 해결하고 진정으로 진리에 도달하는 것은 불가능하다.

오늘날 지식인이라고 하는 사람들, 심지어 자신의 의견을 거침 없이 내놓고 그 근거를 막힘 없이 제시하는 사람들 중에서도 백 명 가운데 구십구 명이 바로 그런 사람들이다. 즉, 그들은 자신의 주장과 그 근거들은 거침 없이 제시하면서도, 그들과 다른 의견을 펴는 다른 사람들의 주장과 그 근거들에는 귀를 기울이지도 않고, 알려고 하지도 않는다. 그랬을 경우에는, 설령 어떤 문제에 대한 그들의 결론이 옳다고 해도, 그 문제에 대해 그들이 알고 있는 것은 전체적으로 틀릴 수 있다. 그들은 자신들과 다른 생각과 의견을 가진 사람들의 입장을 깊이 들여다본 적도 없고, 그 사람들이 하는 말들을 경청해서 숙고해 본 적도 없기 때문에, 엄밀하게 말한다면, 그들 자신이 제시한 주장에 대해서 제대로 안다고 할 수 없다. 그들은 상대방의 어떤 논거들이 사실은 자신의 어떤 논거들을 설명해주고 정당화해준다는 것을 알지 못하고, 자신의 어떤 논거와 상충되어 보이는 상대의 어떤 논거가 사실은 서로 조화될 수 있다는 것을 알지 못하며, 자신의 논거와 상대방의 논거가 둘 다 겉보기에 아주 강력해서 따로 보면 둘 다 옳은 것처럼 보이지만 실제로 둘을 비교해보면 어느 한 쪽이 더 우위에 있다는 것을 알지 못한다.

그들은 어떤 문제에 대해서 판단하고자 할 때에는, 그것과 관련된 모든 부분들을 남김 없이 저울에 올려놓고서, 그 문제에 대해 완전히 다 아는 상태에서 모든 것을 고려하여 종합적으로 판단을 내려야 한다는 것을 모르는 사람들이기 때문이다. 어떤 문제에 대한 진실은, 양쪽의 의견을 똑같이 공정하게 경청하고서, 모든 것을 알고 있는 상태에서 양쪽이 제시하는 근거들을 가장 강력한 빛 안에서 심혈을 기울여 살펴보고자 하는 사람들에게만 허락된다. 도덕 및 인간과 관련된 문제들을 진정으로 이해하기 위해서는 이러한 훈련이 필수적이다. 따라서 온갖 중요한 진리들에 대해 반대하는 자들이 존재하지 않는 경우에는, 반드시 그런 반대자들을 허구로라도 만들어내서, 그들로 하여금 악마의 생각을 기가 막히게 잘 대변할 수 있는 사람들이 제시할 법한 가장 강력한 논거들을 들어서 그 진리들을 반박하게 해야 한다.

자유로운 토론에 대한 반대

아마도 자유로운 토론을 반대하는 사람들은 이러한 주장에 대해 코웃음 치며, 일반 사람들이 자신이 지지하는 의견과 관련해서 철학자들과 신학자들이 제시한 찬성과 반대의 모든 근거들을 분명하게 알고 이해할 필요는 없다고 말할 것이다. 그들은 이렇게 말한다. 일반 사람들에게 자신의 의견과 반대되는 주장을 펴는 영리한 반대자의 주장 속에 있는 온갖 잘못된 말들이나 오류들을 밝혀낼 능력이 반드시 필요한 것은 아니다. 그들을 대신해서 그런 잘못된 주장들을 반박해줄 누군가가 늘 있어서, 잘 알지 못하는 사람들이 오도되지 않도록 하는 것으로 충분하다. 단순한 사고를 하는 사람들은 자신들이 따라야 할 진리와 그 명백한 근거만을 배우는 것으로 충분하고, 나머지는 권위자에게 맡기면 된다. 그런 사람들은 자신이 지지하는 진리와 관련해서 제기될 수 있는 온갖 난해한 반론들을 스스로 해결할 수 있는 지식이나 능력이 자기에게는 없다는 것을 알고 있지만, 그런 것들은 그런 일에 전문적으로 훈련을 받은 사람들이 지금까지 해결해 왔고 앞으로도 해결해줄 것이라고 믿고 안심할 수 있다.

설령 어떤 진리를 받아들일 때에는 그 진리와 관련된 근거들을 최대한 전부 알아야 하는 것이 아니라, 최소한의 근거를 아는 것만으로 충분하다는 주장을 그대로 받아들인다고 해도, 자유로운 토론이 있어야 한다는 주장의 근거는 전혀 약화되지 않는다. 왜냐하면, 그들조차도 어떤 의견을 지지하는 자들에게는 어떤 방식으로든 그 의견에 대한 모든 반론이 만족스럽게 반박되었다는 이성적인 확신이 있어야 한다는 것을 인정하고 있기 때문이다. 모든 반론을 반박하기 위해서는 먼저 모든 반박이 제시될 수 있는 자유로운 토론이 있어야 하고, 또한 만족스럽게 반박되었음을 확인하기 위해서는 반대자들이 스스로 만족하는지 만족하지 않는지를 밝힐 수 있는 모든 기회가 주어져야 한다. 일반 사람들은 아니라고 할지라도, 적어도 그러한 반론들을 듣고 반박해야 할 소임을 맡고 있는 철학자들과 신학자들은 반대자들이 제시하는 가장 정교한 형태의 모든 반론들을 알지 않으면 안 된다. 그리고 그것은 반대자들이 그 어떤 방해도 받지 않는 가운데 한 치의 거리낌도 없이 허심탄회하게 자신들이 제시할 반론들을 자유롭게 말할 수 있는 환경이 조성되는 경우에만 이루어질 수 있다.

가톨릭교회는 이 골치 아픈 문제점을 해결하기 위한 나름대로의 방법을 고안해냈다. 그것은 가톨릭 신자들을 크게 두 부류로 분류해서, 한쪽 부류의 사람들에게는 이성적인 확신에 의거해서 교리들을 받아들이는 것을 허용하고, 다른 쪽 부류의 사람들에게는 오직 믿음에 의거해서 교리들을 받아들이는 것만을 허용하는 것이다. 물론 어느 쪽도 어떤 교리들을 받아들이고 어떤 교리들을 거부할 것인지를 선택할 수는 없다. 그러나 첫 번째 부류에 속하는 성직자들은 적어도 충분히 신뢰해도 좋은 신자들로 여겨지기 때문에, 그들에게는 반대자들의 주장과 그 근거들을 잘 알고 반박하기 위한 목적으로, 금서로 지정된 이단들의 책을 읽는 것이 허용된다. 반면에 평신도들은 특별한 허가 없이는 금서들을 읽는 것이 허용되지 않는다.

가톨릭 교회의 이러한 조치는 한편으로는 반대자의 주장을 아는 것이 가르치는 자들에게는 유익하다는 것을 인정하면서도, 다른 한편으로는 가르침을 받는 사람들에게는 그 유익성을 부정하는 것이다. 이것은 엘리트 계층이 일반 대중들보다 더 많은 정신 문화를 누릴 수 있게 해줄 뿐만 아니라, 사실은 거기에서 더 나아가 정신적인 자유를 더 많이 누릴 수 있게 해주는 것이다. 가톨릭교회는 이러한 장치를 통해서 자신이 바란 그런 종류의 정신적 우월성을 달성하는 데 성공했다. 왜냐하면, 한 쪽으로는 자유가 없는 문화를 통해서 폭넓고 자유로운 지성이 등장하는 것을 막고, 그럼에도 불구하고 다른 한 쪽으로는 자신의 신앙과 교리를 이성에 입각해서 치밀하게 옹호하고 그 반대자들을 반박할 수 있는 지성을 만들어낼 수 있었기 때문이다.

하지만 개신교를 받아들인 나라들에서는 그런 장치를 도입할 수 있는 기회가 원천적으로 봉쇄된다. 개신교는 적어도 이론상으로는 신앙을 선택할 책임이 개개인에게 주어져 있어서, 그 문제를 가르치는 자들에게 떠넘길 수 없다고 말하기 때문이다. 게다가 오늘날의 세계에서는 오직 배운 사람들만이 특정한 책이나 글들을 읽게 하고, 배우지 못한 사람들에게는 그렇게 하는 것을 금지하는 것이 현실적으로 불가능하다. 사람들을 가르치는 책무를 맡은 이들이 자신들이 알아야 할 모든 것을 알기 위해서는, 아무런 제약 없이 무엇이든 다 자유롭게 쓰고 출판할 수 있어야 한다.

토론이 허용되지 않을 때 나타나는 문제

만일 사람들이 일반적으로 진리라고 인정하고 있는 의견들이 진정으로 바른 것인 경우에, 자유로운 토론이 허용되지 않을 때에 나타나는 폐해가 단지 사람들이 그 의견들의 근거를 알지 못하는 것에 국한되는 것이라면, 그 의견들의 가치와 그 의견들이 사람들의 인격과 성품에 끼치는 영향력에는 아무런 해가 되지 않기 때문에, 지성이라는 측면에서만 해가 될 뿐이고 도덕이라는 측면에서는 해가 되지 않는다고 말할 수도 있을 것이다. 하지만 사실은 전혀 그렇지가 않다.

자유로운 토론이 허용되지 않을 때에는, 사람들은 그 의견들의 근거만을 알지 못하는 데서 그치지 않고, 그 의견들의 의미 자체를 알지 못하게 되는 경우가 허다하기 때문이다. 사람들은 어떤 의견을 표현하는 데 사용된 말들의 껍데기만을 알 뿐이고, 그 말들 속에 표현된 알맹이인 진리를 알지 못하기도 하고, 그 말들을 통해서 원래 전달하고자 했던 진리의 일부만을 알게 되기도 한다. 즉, 그 의견은 사람들 속에서 생생한 진리의 실체를 만들어내어서 살아있는 신념으로 정착하지 못하고, 사람들은 그저 그 의견을 기계적으로 암기해서 입으로 반복할 뿐이다. 또는, 그 의견이 사람들에게 남긴 것이 있다고 할지라도, 그것은 껍데기에 불과하고, 그 껍데기 속에 들어 있는 진정한 알맹이는 그들 속에 남아 있지 않게 된다. 인류 역사 속에서 이런 일은 무수히 벌어졌기 때문에, 우리는 그런 사례들을 정말 진지하게 연구하고 곱씹어볼 필요가 있다.

거의 모든 윤리적인 가르침들과 종교적인 신조들이 그런 일을 겪는다. 모든 교설(교리)들은 그것들을 창시한 사람들과 그 창시자들을 따르던 직계 제자들에게는 의미와 활력으로 가득하다. 다른 교설들보다 우위에 서기 위한 싸움이 계속되는 동안에는, 그 교설의 의미는 조금도 줄어들지 않고, 그 지지자들에게 한층 더 생생하게 인식된다. 그러다가 마침내 그 특정한 교설이 다른 것들과 우위를 다투는 싸움에서 이겨서 지배적인 것으로 자리를 잡기도 하고, 또는 발전을 멈추고서 지금까지 확보한 사람들만을 자신의 지지자로 소유한 채 그 이상으로 확산되지 못하게 되기도 한다. 어느 쪽으로 결말이 나든, 그런 상태가 되면, 그 교설을 둘러싼 논쟁은 수그러들고 점차 사라져간다. 그 교설은 지배적인 의견으로 받아들여지거나, 하나의 분파로 인정되어, 이미 자리를 잡고 정착하게 된 것이다.

이때부터는 그 지지자들은 일반적으로 자신의 의지와 의사로 그 교설을 받아들인 사람들이 아니라, 선대로부터 대물림 받은 사람들이다. 하나의 교설을 신봉하는 사람들이 다른 교설로 전향하거나 개종하는 일은 예나 지금이나 거의 일어나지 않는다. 하지만 그들은 제1세대가 그랬던 것과는 달리 세상과 맞서서 그들 자신을 변호하거나 세상을 그들 편으로 끌어들이기 위해 끊임없이 애쓰는 대신에 조용히 뒤로 물러나서, 자신들이 지지하는 교설을 반박하는 주장이나 논거들을 될 수 있는 한 귀 기울여 듣지도 않고, 반대자들에 맞서 치열한 논쟁을 벌이는 번거로움도 피하려고 한다. 통상적으로 이때가 그 교설의 생명력이 쇠퇴하기 시작한 때라고 할 수 있다.

어떤 교설을 가르치는 사람이든 모두 그 교설이 담고 있는 진리가 그 지지자들에게 생생하게 깨달아져서 그들의 지성과 감정 속으로 깊이 침투하여 그들의 행동을 실제로 지배하기를 바란다. 하지만 우리는 그들이 실제로는 그렇게 되기가 어렵다고 하소연하는 소리를 자주 듣는다. 어떤 교설이 탄생한 초기에 살아남기 위해서 싸우는 동안에는 그런 어려움에 대한 하소연은 들리지 않는다. 이 시기에는 그 교설을 신봉하는 자들은 세력이 약하기는 하지만, 자신들이 무엇을 위해 싸우고 있는지를 생생하게 알고, 자신들의 교설과 그 밖의 다른 교설들 간의 차이도 잘 안다. 이 시기에는 그 교설의 지지자들 중에서 상당수가 온갖 사상과 교설들 중에서 그 교설이 토대로 하고 있는 원리들이 무엇인지를 알고 있고, 그 원리들이 지닌 모든 중요한 의미들을 검토하고 숙고하며, 그 교설을 자신의 전 존재로 믿을 때에 그 교설이 그들의 인격과 성품에 미치는 영향을 경험하게 된다.

하지만 그 교설이 대물림된 것이어서 능동적으로가 아니라 수동적으로 받아들인 깃이 되고, 그 신봉사들이 제1세대와는 달리 그 교설이 제시하는 문제의식들을 이제 더 이상 심각하게 받아들이지 않게 되면, 형식적인 것들만이 남게 되고, 그 교설의 모든 알맹이들은 점점 더 잊혀지게 된다. 마치 어떤 것을 무조건적인 믿음에 의거해서 받아들이게 되면, 그것을 지성의 의식적인 작용을 통해서 깨닫거나 개인적인 경험을 통해서 확증할 필요성이 없어지는 것과 마찬가지로, 사람들은 대물림을 통해 받아들인 교설에 대해서는 별 생각 없이 막연하게 동의하는 수준에서만 받아들이게 된다. 그러다가 결국에는 그 교설은 인간 존재의 내면적인 삶과의 연결관계가 아예 거의 끊어지는 단계까지 도달하게 된다.

역사적으로 오늘날에는 그런 일들이 아주 빈번하게 일어나기 때문에, 그런 일은 이 시대의 대세인 것처럼 보인다. 이렇게 해서 선조들로부터 대물림된 그 교설은 우리의 지성의 외부에서 딱딱한 외피를 형성해서, 우리 본성의 좀 더 고귀한 부분들에 영향을 미치고자 하는 다른 온갖 교설들이 우리의 지성 속으로 들어오는 것을 막는 역할을 한다. 즉, 그 교설은 단지 아무것도 없이 텅 비어 있는 우리의 지성을 지키는 보초가 되어서, 온갖 새롭고 생명력 있는 다른 교설들이 우리의 지성

속으로 들어오지 못하게 하는 데만 힘을 발휘하고, 정작 그 교설이 지닌 진리의 내용물로 우리의 지성을 채우는 데는 아무런 힘도 발휘하지 못한다는 것이다.

죽은 신념

우리는 인간의 지성에 가장 깊이 뿌리를 내리고서 상상과 감정과 생각 속에서 실현될 수 있는 충분한 잠재력을 지닌 교설들이 그렇게 되지 못하고 죽은 신념이 되어서 얼마든지 인간의 지성의 표피에만 머물러 있을 수 있다는 것을 기독교의 대다수의 신자들이 그 교리들을 받아들이고 있는 방식에서 생생하게 볼 수 있다. 내가 여기에서 기독교의 교리들이라고 한 것은 기독교의 모든 교파들과 분파들이 공통적으로 받아들이는 교리들, 즉 기독교의 경전인 신약성경에 담겨 있는 규범들과 계명들을 의미한다. 기독교 신앙을 고백하는 모든 사람들은 그런 것들을 신성한 것으로 여기고, 그들을 규율하는 법으로 받아들인다.

하지만 기독교인들 중에서 그런 규율들과 계명들을 자신의 구체적인 행위들의 지침이나 시금석으로 삼아서 삶을 살아가는 사람은 천 명 중에서 한 명도 되지 않는다고 말해도, 결코 지나친 말이라고 할 수 없을 것이다. 그들이 자신의 삶과 행동의 기준으로 삼는 것은 그런 것들이 아니라, 자기가 속한 나라와 계층, 또는 종교 집단의 관습이다. 따라서 그들에게는 한 쪽에는 절대로 틀릴 수 없는 지혜가 그들이 따라야 할 준칙으로 주었다고 하는 신약성경에 나오는 일련의 윤리 규범들이 있고, 다른 한 쪽에는 그 규범들 중 어느 것과는 어느 정도 부합하고 어느 것과는 별로 부합하지 않으며 어느 것과는 완전히 반대되는 일련의 일상적인 판단들과 실천들, 즉 전체적으로 보아서 기독교의 신조를 세속적인 이해관계나 가치관과 적당히 버무린 것들이 있다. 그들은 자신의 삶의 기준이 되는 이 두 가지 중에서 전자에 대해 충성을 맹세하지만, 실제로는 후자를 따른다.

모든 기독교인들은 가난하고 겸손하며 세상으로부터 천대를 받는 사람들이 복 있는 사람이라고 믿는다. 낙타가 바늘 귀를 통과하는 것이 부자가 천국에 들어가는 것보다 너 쉽다고 믿는다. 비판을 받지 않기 위해서는 비판하지 말아야 한다고 믿는다. 맹세 같은 것은 절대로 해서는 안 된다고 믿는다. 이웃을 자기 자신처럼 사랑해야 한다고 믿는다. 누가 자신의 겉옷을 가져가면, 속옷도 벗어주어야 한다고 믿는다. 내일을 염려해서는 안 된다고 믿는다. 자기가 가진 모든 것을 팔아서 가난한 사람들에게 주어야만 완전해질 수 있다고 믿는다.

그들이 이런 것들을 믿는다고 말할 때, 그것은 거짓말이라고 할 수 없다. 사람들이 어떤 것을 옳다고 한결같이 칭찬하면, 그것이 왜 옳은 것인지를 들어본 적이 없어서, 그 이유나 근거를 알지 못해도, 사람들은 그것이 옳다는 것을 믿는 것처럼, 기독교인들은 신약성경에서 말하는 규범들을 그런 식으로 믿는다. 하지만 진정으로 살아 있는 믿음이 되기 위해서는 그 규범들이 그들의 행위를 규율해서, 그들이 그 규범들에 의거해서 실제로 행동을 해야 한다는 점에서, 그들은 살아 있는 믿음을 지니고 있다고 말할 수는 없다. 그런데도 그들은 자신들의 대적들을 공격하거나, 자신들이 칭찬할 만하다고 생각하는 사람들의 행위를 정당화하는 데에 그 규범들을 사용한다. 반면에, 어떤 사람이 그 규범들을 그들에게 상기시켜주면서, 그들이 결코 행할 엄두를 낼 수조차 없는 수많은 행위들을 그들에게 행하라고 말하면, 그들은 그 사람이 마치 자기가 다른 사람들보다 더 착한 것처럼 위선을 떠는 것이라고 생각해서, 정말 정나미가 떨어지는 상종못할 사람으로 치부해버린다.

기독교의 일반적인 평범한 신자들은 교리를 그렇게 중요하게 여기지 않기 때문에, 그들의 마음과 지성 속에서 교리는 아무런 힘도 발휘하지 못한다. 그들에게는 습관적으로 올바른 교리를 존중하는 마음이 있긴 하지만, 그 교리를 진심으로 받아들여 자신의 삶 속에서 적극적으로 실천하려고 하는 마음은 없고, 단지 형식적으로 그 교리의 테두리 안에 머물러 있고자 하기 때문에, 어떤 구체적인 행동을 하려고 할 때에는, 주변에 있는 신자들이 어떤 식으로 행동하는지를 살펴보고서, 그것을 기준으로 삼아서 어느 수준에서 그리스도의 가르침을 따라 행할지를 결정한다.

초기 기독교인의 경우

하지만 우리는 초기 기독교인들의 경우에는 그렇지 않았고, 이런 것과는 확연히 다른 모습을 보여주었을 것이라고 단언해도 좋을 것이다. 만일 그렇지 않았다면, 기독교는 세상으로부터 멸시받았던 유대교의 한 무명의 종파에서 로마 제국의 국교로 도약하는 일은 결코 일어나지 않았을 것이기 때문이다. 기독교를 반대한 사람들조차도 "이 기독교인들이 얼마나 서로를 사랑하는지를 보라"고 말한 것을 보면(오늘날에는 아무도 이런 말을 하지 않을 것이다), 초기 기독교인들은 이후의 그 어떤 기독교인들보다도 자신들이 믿는 신앙의 의미를 훨씬 더 생생하게 느끼고 있었음이 분명하다.

기독교가 1,800년의 세월이 지난 오늘에 있어서 그 세력을 더 이상 확장해 나가지를 못하고서, 여전히 거의 유럽인들과 유럽인들의 후손들에게만 국한되어 있는 주된 이유는 초기 기독교인들이 보여주었던 그런 모습을 상실했기 때문일 것이다. 심지어 기독교의 교리들을 일반 신자들보다 훨씬 더 진지하게 믿고, 그 교리들 중 많은 것들에 상당히 큰 의미를 부여하여 엄격하게 신앙생활을 해나가는 사람들의 경우에도, 그들의 지성 속에서 그린 식으로 비교적 활발하게 움직여서 그들에게 영향을 미치고 있는 교설은 칼뱅Calvin이나 녹스Knox,[19] 또는 그들 자신의 품성이나 성향과 비슷한 점이 많은 어떤 인물에 의해서 만들어진 교설일 뿐이다. 반면에, 그리스도의 교훈들은 그들의 지성 속에 수동적으로 공존해서, 아주 기분좋고 상쾌한 말들을 들었을 때 같은 효과만을 낼 뿐이고, 그 이상의 효과를 그들에게서 만들어내지는 못한다.

한 분파의 특징이 되는 특이한 교설들은 모든 분파에 공통되는 교설들보다 더 많은 활력을 지니고, 가르치는 자들은 바로 그 특정한 분파에 속한 교설들이 계속해서 살아 있게 하기 위해 심혈을 기울이는 데에는 여러 가지 많은 이유들이 있다는 것은 의심의 여지가 없다. 하지만 한 가지 확실한 것은 그런 특이한 교설들에 대해서는 더 많은 질문과 의문들이 제기되고, 공개적인 반대자들의 반론들에 맞서 변호해야 할 일들이 자주 일어나기 때문이라는 것이다. 반대하는 자들이 아무도 없게 되면, 가르치는 사람들이나 배우는 사람들이나 책상 앞에 앉아서 하라는

---

19 장 칼뱅(Jean Calvin, 1509-1564년)은 스위스의 제네바를 중심으로 종교개혁을 일으켜서 이후의 개신교의 발전에 지대한 기여를 한 종교개혁 시대의 대표적인 인물이었다. 존 녹스(John Knox, 1514-1572년)는 스코틀랜드 종교개혁의 선구자였다.

공부는 하지 않고 잠을 자게 될 것이 뻔하다.

일반적으로, 이것은 도덕이나 종교와 관련된 것만이 아니라 인생을 알고 지혜롭게 사는 것과 관련된 것도 포함해서 모든 전통적인 교설들에 적용된다. 온갖 언어로 씌어진 모든 문헌들 속에는 삶에 관한 전반적인 성찰들, 즉 삶이라는 것은 무엇이고, 어떻게 살아야 하는가를 논하는 내용으로 가득하다. 사람들은 모두 그런 성찰들을 읽거나 배워서 알고 있고, 자명한 진리로 받아들여서, 자신들의 말과 글에서 그런 진리들을 인용하기도 한다. 하지만 대부분의 사람들은 그 진리들의 의미를 진정으로 아는 것은 아니고, 일반적으로 고통스러운 경험을 통해서 현실의 삶에서 그 진리들이 말한 진정한 의미를 몸으로 직접 겪고 나서야, 처음으로 그 진정한 의미를 알게 된다. 사람이 어떤 예견하지 못했던 불행이나 좌절을 겪으면서 고통스러워할 때, 그가 평소에 아주 잘 알고 있었던 속담이나 격언이 갑자기 떠오르며, 그 말의 진정한 의미를 처음으로 깨닫게 되면서, 자기가 그 참된 의미를 진작에 알았다면 이런 불행이나 좌절을 겪지 않아도 되었을 것이라고 안타까워하는 일이 자주 일어난다.

이런 일이 벌어지게 된 데에는 토론의 기회가 없었다는 것 외에 다른 이유들도 있다. 진리들 중에는 사람이 직접 경험을 통해 깨닫게 될 때까지는 그 진정한 의미를 알 수 없는 것들이 많기 때문이다. 하지만 평소에 그런 진리들을 이미 잘 알고 있는 사람들이 찬성과 반대로 나뉘어 토론하고 논쟁하는 것을 자주 들을 수 있었다면, 사람들은 그 진리들이 지닌 진정한 의미에 대해 훨씬 더 많은 것들을 알았을 것이고, 그 지식은 그들의 지성에 훨씬 더 깊이 각인될 수 있었을 것이다. 사람들은 어떤 일에 대해 이제 더 이상 아무런 의심도 제기되지 않게 되는 경우에는 그 일에 대해 생각해 보는 것을 그만두는 경향이 있다. 하지만 그들이 저지르는 잘못들 중 절반은 그들의 그런 경향에서 비롯된다. 우리 시대의 한 작가가 "확정된 결론이 불러오는 깊은 잠"이라고 말한 것은 정확한 표현이다.

하지만 어떤 사람들은 다음과 같이 반문할지도 모르겠다: "참된 지식을 위해서는 누구나 똑같이 생각해서는 안 되고 반드시 이견이 있어야만 한다는 것이 도대체 말이 되는가? 어떤 사람들이 진리를 깨달을 수 있기 위해서는, 인류 중에서 어떤 사람들은 반드시 계속해서 잘못된 생각이나 의견을 고집해야 한다는 것인가? 모든 사람이 어떤 신념을 받아들이는 순간, 그 신념은 생명력을 잃어버리고 죽게 되게 된다는 것이 정말인가? 어떤 명제에 대한 의심이 여전히 존재해야만, 그 명제를 철저하게 이해하고 느끼는 것이 가능하다는 것이 정말인가? 사람들이 만장일치로 어떤 진리를 받아들이자마자, 그 진리는 진리로서의 생명력을 상실하게 된다는 것이 정말인가? 사람들은 지금까지 인류가 지성을 발전시키는 최고의 목표이자 최선의 결과는 점점 더 많은 사람들이 모든 중요한 진리들을 인정함으로써 결국에는 온 인류가 모든 진리들을 인정하게 되는 것이라고 생각해왔다. 그런데 인류가 그런 목표를 달성하지 않아야만, 인간의 지성이 존속될 수 있다는 것인가? 승리가 완성되는 순간, 그 승리의 열매는 사라진다는 것인가?"

내가 한 말은 그런 뜻이 아니다. 인류가 진보해 나갈수록, 더 이상 논란되거나 의심을 받지 않게 되는 교설들의 수는 끊임없이 늘어날 것이다. 그리고 많은 중요한 진리들 중에서 어느 정도가 더 이상 논란이 되지 않는 지점에 도달했느냐 하는 것이 인류의 복리의 수준을 결정한다고 말해도 그리 틀린 말은 아닐 것이다. 어떤 진리를 둘러싼 의문들에 관한 치열한 논란이 하나 둘씩 해결되고 확정되어가는 것은 그 진리가 공고화되어가는 데 필수적인 과정 중 하나다. 진리가 아닌 의견들이 그런 식으로 공고화되어간다면 위험하고 해로울 것이지만, 진리인 의견들이 그런 식의 과정을 거쳐 공고화되어가는 것은 유익한 일이다.

어떤 의견에 대해 제기된 의문들이 점진적으로 해결되어서 점점 더 의심과 논란이 줄어드는 것은 피할 수 없는 일임과 동시에 반드시 거쳐야 할 일이긴 하지만, 그렇다고 해서 우리는 그 모든 결과들이 인류에게 이로운 방향으로 작용할 것이라고 생각해서는 안 된다. 인간은 어떤 진리를 반대자들에게 설명하거나 그들의 반론을 반박하는 가운데 그 진리를 변호하면서, 그 진리를 지성적으로 생생하게 이해하고 파악할 수 있게 된다. 그런데 그 진리가 보편적으로 인정을 받게 되면서 아무도 반대하지 않게 되어 그런 아주 중요한 수단을 잃게 된다면, 그로 인한 손실은 보편적으로 인정받게 되면서 얻게 된 이익보다 더 크지는 않겠지만, 그래도 결코 가볍게 넘길 만한 것은 아닐 것이다. 반대를 통해 이득을 얻는 그런 수단이 더 이상 존재할 수 없게 된 경우에는, 우리는 인류의 스승들이 그 대체 수단으로 사용했던 것을 눈여겨보아야 한다. 그 스승들이 고안해낸 것은 어떤 진리를 열렬히 반대하는 자들을 상정해서, 그들로 하여금 그 스승들의 문하생을 자기 편으로 끌어들이기 위해서 그 진리의 온갖 난점들을 제시하면서 그를 설득하는 장면을 연출하는 것이었다.

소크라테스의 문답법

하지만 사람들은 가상의 반대자들을 상정해서 반대의 효과를 확보하기 위한 수단들을 찾아내려고 하지 않을 뿐만 아니라, 인류의 스승들이 이미 확립해놓았던 기존의 수단들까지도 무시해버렸다. 플라톤의 대화편 속에 아주 생생하게 나와 있는 소크라테스의 문답법은 바로 그런 수단이었다. 이 문답법의 본질은 철학과 인생의 중요한 문제들에 대한 기존의 정설을 부정하는 것으로 시작되는 토론이었다. 이 문답법은 어떤 문제에 대해 기존에 옳다고 인정된 어떤 교설을 단지 상식적으로만 알고 받아들인 사람에게 사실은 그가 그 교설을 알지 못한다는 것, 즉 그가 지지하는 그 교설의 명확한 의미를 아직 제대로 알고 있지 못하다는 것을 깨닫게 해줌으로써, 그가 자신의 무지를 인정하고서 그 교설의 의미와 그 증거를 명료하게 이해한 후에, 그러한 토대 위에서 그 교설이 옳다는 것에 대한 확고한 신념을 가질 수 있게 해주기 위한 최고의 기법이었다.

중세 시대의 학교에서 행해진 변론 수업도 이것과 어느 정도 비슷한 목표를 지니고 있었다. 그 수업의 목표는 학생으로 하여금 사신의 의견만이 아니라, 아울러 반대 의견도 반드시 숙지하게 해서, 자신의 의견의 근거들을 강화시킴과 동시에 반대 의견을 반박할 수 있게 하는 것이었다. 하지만 이러한 변론 수업은 실제로는 근본적으로 치료가 불가능한 결함을 지니고 있었는데, 그것은 학생들이 지지하도록 되어 있던 명제들이 그들의 이성으로부터 나온 것들이 아니라 권력자가 지정해준 것들이었다는 것이다. 따라서 중세 시대의 이러한 변증 수업은 인간의 지성을 훈련시키는 방법으로서는 "소크라테스의 문하생들"의 지성을 훈련시켰던 저 강력한 문답법보다 모든 면에서 열등하였다.

하지만 이 두 가지 방법은 근대적인 지성을 확립하는 데 있어서 우리가 일반적으로 인정하는 것보다 훨씬 더 큰 영향을 미쳤다. 그리고 근대 교육에서 사용하는 모든 교육방식들 중에는 이 두 가지 방법 중 어느하나를 아주 조금이라도 적용하고 있는 것은 하나도 없다. 토론 없이 교사나 책을 통해서 자신의 모든 지식을 얻는 경우에는, 온갖 지식을 닥치는 대로 주입식으로 암기해서 머릿속에 집어넣는 것으로 만족하고자 하는 유혹을 끊임없이 받게 될 뿐만 아니라, 설령 그런 유혹에 빠지지 않는다고 할지라도, 어떤 문제에 대한 찬반 양론의 의견들을 반드시 모두 들어야 한다는 압박감을 느끼지 못한다. 그 결과, 일반 사람들은 말할 것도 없고 심지어 사상가들 중에서조차도 찬반 양론을 모두 아는 사람이 별로 없게 되었고, 모든 사람들이 자신의 의견을 개진하고 옹호하는 일은 잘하는 반면에, 반대자들의 반론에 대해서는 아무런 답변도 하지 못하는 일이 벌어지게 되었다.

부정적인 논리를 펴는 것을 좋지 않게 보는 것이 오늘날의 경향이다. 즉, 적극적으로 어떤 진리들을 제시함이 없이 어떤 이론이나 실천 속에 내재하는 약점이나 오류를 지적하는 것을 보면, 오늘날의 사람들은 눈살을 찌푸리고 못마땅하게 여긴다는 것이다. 물론 그러한 부정적인 비판은 적극적으로 어떤 진리들을 만들어낸다는 측면에서는 분명히 그 결과물이 보잘것없는 것은 사실이다. 하지만 어떤 적극적인 지식이나 확신이 진정으로 가치가 있음을 확증해주고 그 토대를 더 공고하게 해주는 수단으로서는 더할 나위 없이 소중하다.

따라서 사람들이 이제라도 다시 일반적으로 인정되는 기존의 정설에 대해 부정적인 논리를 펴는 훈련을 체계적으로 받지 않는다면, 위대한 사상가들이 배출되기가 극히 어려울 것이고, 인간의 사고를 필요로 하는 분야들 중에서 수학과 물리학을 제외한 모든 분야에서 인류 지성의 수준의 평균치는 낮아지게 될 것이다. 한 사람의 어떤 의견에 대해서 다른 사람들에 의해 촉발된 것이든, 아니면 스스로 촉발시킨 것이든, 반대자들과의 활발한 논쟁을 하면서 겪게 되는 사고 과정이 없는 경우에는, 그 의견은 지식이라는 이름으로 불릴 자격이 없다.

그러한 부정적인 비판 및 반대자들과의 활발한 논쟁은 어떤 의견이 진리가 되기 위해서는 반드시 거쳐야 하는 필수불가결한 과정이지만, 그런 과정을 인위적으로 만들어내기는 아주 어렵다. 그런데 그런 기회가 저절로 생겨났는데도, 그 기회를 날려버린다면, 그것보다 더 어처구니없는 일이 어디 있겠는가! 일반적으로 받아들여지고 있는 의견에 대해 이의를 제기하거나, 법이나 여론에 의해 허용되는 경우에 실제로 나서서 그렇게 이의를 제기하는 사람들이 있다면, 우리는 그들이 그렇게 해주는 것에 대해 감사하고, 마음을 열고 그들의 의견을 경청해야 한다. 우리가 믿고 있는 것들이 분명히 옳고 생명력을 지니고 있음을 확인하고자 하는 마음이 우리 자신에게 있다면, 우리 스스로 나서서 어떻게 해서라도 그것을 검증하는 데 심혈을 기울여야 한다. 그런데 다른 사람들이 우리를 위해서 대신 그런 일을 해준다면, 우리는 기뻐해야 하는 것이 마땅하지 않겠는가.

3. 사회 통념과 반대 의견이 모두 올바를 경우

지금으로서는 헤아릴 수 없이 먼 미래의 일처럼 보이기는 하지만, 어쨌든 인류의 지성이 아주 높은 수준에 진입할 때까지는, 다양한 의견들이 제시되고 토론이 벌어지는 것이 유익하다. 그런데 우리는 그런 것이 유익한 주된 이유들 중 오직 두 가지 경우에 대해서만 고찰해왔고, 나머지 한 경우에 대해서는 아직까지도 언급하지 않았다. 즉, 지금까지 우리가 살펴본 경우 중 하나는 기존의 정설이 틀리고, 어떤 다른 의견이 옳을 가능성이 있는 경우였고, 다른 하나는 기존의 정설이 옳을 때, 반대자들의 틀린 반론들이 기존의 정설이 진리라는 것을 우리에게 더욱 명료하게 알게 해주고 우리의 지성 속에 더욱 깊이 각인될 수 있게 해주는 데 필수불가결한 것이 되는 경우였다.

하지만 두 개의 서로 상반되는 의견들 중에서 어느 한 쪽이 옳고 다른 한 쪽이 틀리는 경우보다는, 둘 모두가 부분적으로 진리를 포함하고 있는 경우가 훨씬 더 많다. 이런 경우에는 기존의 정설은 단지 부분적인 진리만을 포함하고 있기 때문에, 그 진리의 나머지 부분은 기존의 정설과 다른 의견에 의해 보완되어야 한다. 인간의 지각으로 명확하게 알 수 없는 문제들에 대한 대중의 의견들은 흔히 진리를 포함하고 있기는 하지만, 진리 전체를 포함하고 있는 경우는 거의 없거나 전혀 없다. 진리를 어느 정도 포함하고 있는지는 차이가 있기는 하지만, 그 의견들은 진리 중에서 오직 일부만을 포함하고 있을 뿐만 아니라, 자신이 대변해야 하는 진리를 과장하고 왜곡하고 있고, 그런 의미에서 진리와 상당히 분리되어 있다.

　반면에, 한 문제에 대한 이단적인 의견들은 그 문제와 관련한 진리 중에서 기존의 정설이라고 하는 의견들이 어떤 부분을 채택하고 나서 나머지 다른 부분들을 억누르고 무시해 버렸을 때, 정설이 설정한 그 족쇄를 부수고서, 정설이 제외해버린 그 부분들을 대변하는 것들인 경우가 일반적이다. 이렇게 해서 탄생한 이단들은 정설 속에 담긴 진리의 부분과 화해를 모색하기도 하고, 정설과 마찬가지로 자신들이 제시한 진리의 부분들이 마치 진리 전체인 것처럼 주장함으로써 정설을 적으로 규정하고 전면전을 벌이기도 한다. 역사적으로 인간의 지성은 언제나 진리의 한 면만을 받아들여서, 마치 그것이 진리 전체인 것처럼 여겨왔고, 진리의 다양한 면들을 모두 인정하고 받아들이는 것은 예외에 속하였기 때문에, 지금까지 이단들은 전자보다는 후자의 태도를 취하는 경우가 압도적으로 많았다.

　그래서 심지어 사상 혁명이 일어나는 시기에서조차도, 진리의 한 부분이 우세했던 기존의 정설이 와해된 자리에는, 진리 전체가 아니라 그 진리의 또 다른 한 부분이 들어서는 경우가 비일비재했다. 그리고 진보이기 위해서는 기존의 정설이 지니고 있던 진리의 부분에 또 다른 부분이 추가되어야 함에도 불구하고, 기존의 부분적이고 불완전했던 진리, 즉 진리 전체 중에서 기존에 채택되었던 한 부분이 그 진리의 또 다른 한 부분으로 대체되는 것이 보통이었다. 개선이라는 것도 마찬가지여서, 사람들은 진리 중에서 기존에 채택되었던 한 부분이 새로운 시대에는 맞지 않게 되었기 때문에 그 부분을 폐기하고서, 그 진리 전체 중에서 새로운 시대의 필요와 요구에 더 적합한 조각을 채택하고서는 그것을 개선이라고 부른다.

기존의 지배적인 정설이 바른 토대 위에 의거하고 있을 때조차도 진리 전체의 일부만을 반영하고 있는 것이라면, 그 진리 전체 중에서 그 정설이 배제해버린 여러 부분들을 반영하고 있는 온갖 의견들은, 비록 그 의견들 속에 부분적인 진리와 함께 많은 오류와 혼동을 포함하고 있다고 할지라도, 소중하게 여겨져야 하는 것이 당연하다. 인생사를 공평하게 판단할 줄 아는 사람이라면, 어떤 사람이 진리와 오류가 혼합된 의견을 말함으로써, 우리로 하여금 그의 그런 의견이 아니었다면 보지 못했을 진리의 한 부분을 볼 수 있게 해준 경우에, 사실은 우리도 그 사람처럼 진리의 일부만을 보고 진리와 오류가 혼합된 의견을 지니고 있다는 것을 알기 때문에, 그 사람이 진리에 오류를 혼합했다는 이유로, 그 사람에게 화를 내지는 않을 것이다. 도리어, 다수 의견인 정설이 진리의 한 면만을 반영하고 있는 것이라면, 소수 의견이 마찬가지로 진리의 한 면만을 반영하고 있다고 할지라도, 그런 의견이 제시되는 것이 더 바람직하다고 생각할 것이다. 소수의 의견이 진리의 일부만을 반영한 것인데도, 늘 그렇듯이 그들은 마치 자신들의 의견이 진리 전체를 반영한 것인 것처럼 열렬히 주장하겠지만, 그렇다고 할지라도 그런 기회를 통해서 사람들은 그 소수 의견에 반영된 진리의 한 부분을 주목하지 않을 수 없게 될 것이기 때문이다.

루소의 경우

18세기에는 거의 모든 지식인들과 그들이 이끈 모든 배우지 못한 사람들은 문명이라고 불린 것, 즉 근대적인 과학과 문학과 철학의 경이로운 업적들에 넋을 잃고 있었기 때문에, 근대인들과 고대인들의 차이를 지

나치게 과대평가해서, 근대가 모든 면에서 고대보다 앞섰다는 신념에
빠져 있었다. 그런데 그런 그들의 한복판에 폭탄처럼 투하되어 터진 루
소Rousseau의 역설[20]은 한 방향으로만 똘똘 뭉친 대중의 의견을 해체시켜
서, 기존의 의견에 추가적인 요소들을 더하여 더 나은 형태로 다시 조합
할 수밖에 없게 만든 대단히 유익한 충격을 주었다.

이것은 오늘날에 통용되는 의견들이 전체적으로 보아서 루소의 의
견보다 진리로부터 더 멀리 떨어져 있다는 것이 아니다. 도리어 정빈대
로 진리에 더 가까워졌다. 확실한 진리는 더 많이 담고 있고, 오류는 훨
씬 줄었다. 그럼에도 불구하고, 루소의 의견과 그의 의견과 흐름을 같이
하는 온갖 의견들 속에는 오늘날의 지배적인 의견에 결여되어 있는 상
당수의 진리가 내재되어 있다. 그런 의견들은 분명히 진리의 여러 부분
들이었지만, 현재의 지배적인 의견이 형성되는 과정에서 탈락되거나 무
시되어 바닥으로 가라앉아버린 침전물들이다.

루소가 자신의 의견을 밝힌 글을 쓴 이래로 개화된 지성인들의 생각
속에서는, 인위적인 사회의 속박들과 위선들이 사람들을 무기력하고 비
도덕적으로 만드는 효과가 있는 반면에, 단순하고 소박한 삶은 대단한
가치를 지닌다는 사상이 완전히 사라진 적은 단 한 번도 없었다. 그런
사상은 앞으로 언젠가는 그 원래의 가치를 충분히 보여주게 될 것이지

---

20 장 자크 루소(Jean Jacques Rousseau, 1712-1778년)는 18세기 프랑스의 사상가였다. 그의 철
학적 입장은 물질과 정신은 둘 다 영원한 것으로 본 이원적인 것이었고, 신학적으로는 이신론을 옹
호했으며, 인간의 도덕 관념은 타고난 것이라고 보았다. 사회와 관련해서는, 전제 정치를 비판하고
민주주의와 시민적 자유를 강조했다. 여기에서 밀은 루소가 자신의 저서들인 『예술과 학문에 관한
논고』(1750년)와 『사람들 간의 불평등의 기원과 토대에 관한 논고』(1754년)에서 계몽운동의 몇몇
이상들을 신랄하게 비판하고, 자연상태로 돌아갈 것을 주장한 것을 "루소의 역설"이라고 표현했다.

만, 오늘날에도 과거와 마찬가지로 확고하게 천명될 필요가 있다. 하지만 오늘날에는 이 문제와 관련해 말하는 것은 그 힘을 거의 상실했기 때문에, 말이 아니라 실제 행동으로 보여주어야 한다.

또한 정치 분야에서도 정당의 정신적인 역량이 확대되어서, 무엇을 보존하고 무엇을 없애야 하는지를 정확히 알아서 질서와 진보를 동시에 추구하는 정당이 출현할 때까지는, 질서나 안정을 추구하는 정당과, 진보나 개혁을 추구하는 정당이 공존하는 것이 건전한 정치 생태계를 형성하는 데 필수적이라는 것이 거의 상식처럼 되어 있다. 이 두 가지 서로 다른 사고방식을 지닌 두 정당이 모두 효용이 있는 이유는 둘 중 어느 쪽이나 완벽하지 않고 부족한 점들이 있기 때문이다. 하지만 각각의 정당이 자신의 한계를 지키고 이성적이고 건강한 상태를 유지할 수 있는 것은 상당 부분 반대 정당이 있기 때문이다. 민주주의와 귀족주의, 사유재산과 공동의 재산, 협력과 경쟁, 사치와 절약, 사회성과 개체성, 자유와 규율, 그리고 실제적인 삶 속에 존재하는 그 밖의 다른 서로 상반된 것들 중에서 어느 한 쪽을 지지하는 의견이 똑같이 자유롭게 표현되고, 똑같은 능력과 열정으로 주장되고 옹호되지 않는다면, 각각의 요소가 정당한 대우를 받을 수 없게 된다. 저울의 한 쪽이 올라가면, 다른 쪽은 내려갈 수밖에 없기 때문이다.

인간의 삶에서 실천적으로 아주 중요한 문제들과 관련된 진리는 서로 반대되는 것들을 화해시키고 결합시키는 문제인 경우가 대부분이다. 하지만 충분히 큰 포용력을 지니고서 모든 것들을 다 고려하여 공정하고 정확하게 그러한 조정 작업을 해낼 수 있는 사람은 거의 없다고 해도 과언이 아니다. 그렇기 때문에, 양 진영이 서로를 반대하는 기치를 높이 세우고서 그 기치 아래에서 치열한 싸움을 하는 거칠고 험악한 과정을 거쳐서 그런 조정 작업이 완성된다. 방금 위에서 열거한 중요한 문제들에 대한 두 의견 중에서 어느 한 쪽이 다른 쪽보다 더 나은 주장이어서, 단지 용납될 뿐만 아니라 적극적으로 장려되고 지지되어야 한다고 다수가 생각하더라도, 또 다른 때와 장소에서 그 의견은 얼마든지 소수의 생각이 될 수 있다. 왜냐하면, 둘 중의 어느 의견이든 정당한 대우를 받지 못해서 인간의 이해관계와 복리에서 소홀히 되고 결핍된 부분이 생기게 되면, 그 부분을 대변하는 그 의견이 한동안 지배적인 의견으로 출현하게 되기 때문이다.

영국에서는 이 문제들에 대해서 둘 중의 어느 의견을 개진하는 것을 금지하는 불관용이 존재하지 않는다는 것을 나는 안다. 이것을 비롯해서 많은 사례들이 오직 다양한 의견이 자유롭게 표현되고 토론될 수 있을 때에만 인간 지성이 현재의 수준을 뛰어넘어 진보해서 점점 더 진리의 모든 측면을 이해하기 위한 공정한 시합을 할 수 있는 기회를 얻게 된다는 말이 보편적인 진실이라는 것을 보여준다. 어떤 문제에 대해서 온 세상 사람들이 다 똑같은 의견을 가지고 있는데, 오직 몇몇 사람들만이 다른 의견을 가지고 있다면, 설령 다수의 의견이 옳은 경우에도, 그 소수의 다른 의견 속에는 온 세상 사람들이 들어야 할 유익한 내용이 있다는 것은 언제나 거의 틀림없다. 그러므로 그 소수가 침묵하게 되면, 인류는 진리의 일부를 잃어버리게 될 것이다.

반론 - 기독교 도덕

어떤 사람들은 이런 반론을 제기할 것이다. "그러나 어떤 일반적으로 받아들여지고 있는 정설들, 특히 가장 고귀하고 중요한 문제들에 대한 정설들은 단지 진리의 일부만을 반영하고 있는 것이 아니다. 예컨대, 기독교 도덕은 그 문제에 대한 진리 전체를 반영하고 있다. 그렇기 때문에, 누군가가 그것과 다른 도덕을 가르친다면, 그 사람은 전체적으로는 틀리지만 일부는 진리를 반영하고 있는 것이 아니라, 그 전부가 오류인 것이 된다." 이런 주장은 모든 것들 가운데서 실제적으로 가장 중요한 문제이기 때문에, 내가 이 글에서 제시한 명제를 시험해보는 데에는 이 주장을 검토해보는 것보다 더 적절한 것은 없을 것이다.

그러나 무엇이 기독교 도덕이고 무엇이 아닌지를 말하기 전에, 기독교 도덕이라는 것이 무엇을 의미하는지를 먼저 확정하는 것이 바람직할 것이다. 기독교 도덕이 신약성경의 도덕을 의미하는 것이라면, 신약성경으로부터 기독교 도덕에 관한 지식을 얻고자 하는 사람이 신약성경이 완전한 도덕률을 제시할 목적으로 인류에게 주어졌다고 전제할 수 있는지는 의문이다. 신약성경에 속한 복음서는 언제나 기존의 도덕을 기준으로 삼아서, 기존의 도덕을 좀 더 폭넓고 수준 높은 도덕으로 수정하거나 대체할 필요가 있는 경우에만 자신의 고유한 규범과 계명을 제시한다. 게다가 엄밀하고 정확한 법률 규정이라기보다는 감동적인 시나 웅변을 통해 대단히 일반적인 말들로 표현되어 있어서, 흔히 문자 그대로 해석하는 것이 불가능하다. 그래서 정교한 체계이기는 하지만, 오직 한 야만적인 민족을 위해서 씌어져서 많은 점에서 야만적인 체계인 구약성경을 참조해서 그 내용을 보충하지 않았다면, 신약성경으로부터 일련의 윤리적인 가르침을 추출해내는 것 자체가 불가능했을 것이다.

사도 바울은 사람들이 신약성경에 나오는 예수 그리스도의 가르침에 구약성경에 의거한 유대교의 가르침을 혼합해서 하나의 도덕을 제시하는 것을 극력 반대했지만, 그 자신도 마찬가지로 기존의 도덕, 즉 그리스인들과 로마인들의 도덕을 전제했다. 그가 기독교인들에게 명령하거나 충고한 것들 중 상당 부분은 예수 그리스도의 가르침을 그리스인들과 로마인들의 도덕에 맞춰서 수정한 것들이었다. 심지어는 노예제도를 인정하는 말도 했다.

신학적 도덕이라고 하는 것이 더 옳을 기독교 도덕은 예수 그리스도나 그의 사도들의 작품이 아니라, 훨씬 후대에 생겨난 것으로서, 가톨릭 교회가 처음 다섯 세기에 걸쳐 점진적으로 구축해놓은 체계였다. 오늘날의 사람들과 개신교인들은 그런 것과는 다른 기독교 도덕을 채택하고 있다고 말하지만, 그들이 새롭게 제시한 기독교 도덕이라는 것은 우리가 생각하는 것만큼 그렇게 기존의 기독교 도덕을 많이 수정한 것이 아니다. 그들은 대체로 중세 시대에 여러 분파들이 각각의 성격과 성향에 맞춰서 새롭게 추가한 것들을 잘라내는 것으로 만족했다.

나는 인류가 이 도덕과 그 초기 교사들에게 많은 빚을 지고 있다는 것을 절대로 부정하고자 하지 않는다. 하지만 이 도덕은 많은 중요한 점들에서 불완전하고 한 측면만 말하고 있어서, 이 도덕이 인정하지 않는 사상들과 정서들이 유럽인들의 삶과 인격의 형성에 기여해오지 않았더라면, 인류는 현재보다 더 나쁜 상태가 되어 있을 것이라고 거리낌 없이 말할 수 있다.

사람들이 흔히 기독교 도덕이라고 부르는 것은 모두 어떤 것들에 대한 반발로서 형성된 것이다. 이 도덕은 많은 부분 이교 사상에 대한 항변이다. 이 도덕의 이상은 선을 적극적이고 활발하게 행함으로써 고귀한 목표에 도달하는 것이라기보다는, 악을 소극적으로 피해서 죄가 없는 상태를 유지하는 것이다. 그래서 누군가가 아주 정확하게 표현했듯이, 기독교 도덕의 계명들에서는 "~을 하지 말라"는 명령이 "~을 하라"는 명령보다 훨씬 많다. 기독교 도덕에서는 사람들이 정욕에 빠져 방탕하게 살게 될 것을 우려해서 금욕주의를 이상으로 삼았는데, 이 금욕주의는 점차 율법주의로 변질되어갔다.

기독교 도덕은 사람들에게 미덕의 삶을 살게 하기 위한 적절한 동기를 부여하기 위해서 천국에 대한 소망과 지옥에 대한 경고를 제시한다. 이러한 동기에 의거한 도덕으로 말미암아 기독교인들은 고대의 가장 훌륭한 사람들에 훨씬 못 미치는 사람들이 되었다. 또한 이러한 동기로 인해서 사람들은 천국에 가기 위해 필요한 일들만을 하게 되고, 자신의 이익을 위해 이웃을 접촉하는 것을 제외하고는, 인류와 이웃들의 이익을 위한 의무들은 행하지 않게 됨으로써, 기독교 도덕은 본질적으로 이기적인 성격을 띠게 되었다.

기독교 도덕은 본질적으로 수동적으로 순종할 것을 가르친다. 이미 존재하고 있는 모든 권위에 대해 복종하라고 역설한다. 그 권위들이 신앙에서 금지하는 일을 명령할 때에는 능동적으로 복종해서는 안 되지만, 개개인에게 손해나 해악을 끼치는 일들은 아무리 큰 손실이라도 감수하고 저항해서는 안 되며, 그 권위를 타도하기 위해 반란을 일으키는 것은 더더욱 안 된다. 최고의 이교도 국가들의 도덕에서는 국가에 대한 의무를 강조하는 것이 너무 지나쳐서 개개인의 정당한 자유까지도 침해할 정도다. 하지만 순수한 기독교 윤리에서는 이 중요한 의무를 거의 찾아볼 수 없다.

"지배자가 자신이 다스리는 영토 내에 어떤 공직에 더 적합한 자격을 갖춘 사람이 있는데도 다른 사람을 그 공직에 임명하는 것은 신과 국가에 대해 죄를 짓는 것이다"라는 명언이 있다. 하지만 이 명언은 신약성경이 아니라 이슬람교의 코란에 나오는 말이다. 오늘날의 도덕에서 공적인 의무를 인정하는 사상이 존재한다면, 그러한 사상은 기독교가 아니라 그리스와 로마에서 유래한 것이다. 사적인 삶과 관련된 도덕에 존재하는 관대하고 고상한 심성을 강조하고 개인의 존엄과 명예를 존중하는 태도 같은 것들도 기독교 신앙이 아니라 순전히 세속적인 교육에서 유래한 것이다. 그런 것들은 오직 복종만을 유일하게 가치가 있는 덕목으로 공공연하게 인정하는 윤리 기준을 지닌 기독교 도덕에서는 결코 생겨날 수 없었다.

기독교 윤리는 온갖 방식으로 인식되고 제시될 수 있는데, 나는 이러한 결함들이 그 모든 형태의 기독교 윤리에 필연적으로 내재되어 있을 수밖에 없다거나, 기독교 윤리가 완벽한 도덕적인 교설이 되기 위해서는 많은 것들을 보완해야 하지만, 그런 식의 보완은 불가능하다고 말하는 것이 결코 아니다. 또한 나는 그리스도의 가르침들이 그런 결함들을 내재하고 있다고 말하고자 하는 것이 아니다. 나는 예수 그리스도가 한 말씀들만이 그의 의도를 정확하게 보여주는 증거가 될 수 있다고 믿는데, 그 말씀들이 포괄적인 도덕이 요구하는 모든 것과 양립할 수 있다고 믿는다. 그리고 지금까지 사람들이 그 말씀들로부터 어떤 실천적인 도덕 체계를 이끌어내기 위해서 그 말씀들을 왜곡시켜왔지만, 그런 왜곡을 범함이 없이 윤리와 관련해서 탁월한 규범들을 담아낸 도덕 체계를 그 말씀들로부터 이끌어낼 수 있다고 믿는다.

하지만 그렇다고 할지라도 예수 그리스도의 말씀들은 오직 진리의 한 부분만을 담고 있고, 또한 그렇게 의도되었다고 믿는 것은 내가 방금 앞에서 말한 것들과 전혀 모순되지 않는다. 이 기독교의 창시자가 전한 가르침들을 기록한 글에는 최고의 도덕이 되기 위해서 필수적인 많은 요소들이 제시되어 있지 않거나, 제시할 의도가 아예 없었다. 또한 기독 교회가 그 가르침들을 토대로 해서 세운 윤리 체계 속에도 그러한 요소들이 완전히 제외되어 있다. 사정이 이러하다면, 나는 기독교의 교리 속에서 우리가 지침으로 삼아야 할 완전한 규범을 발견해내려고 시도하는 것을 고집하는 것은 아주 잘못된 것이라고 생각한다. 기독교의 교리를 처음으로 제시한 분은 그런 규범을 시인하고 시행하기를 의도하기는 했지만, 그 규범을 단지 부분적으로만 제시하고자 했기 때문이다.

또한 나는 오직 기독교의 교리 속에서만 우리의 모든 삶을 규율하는 완전한 규범을 찾아내고자 하는 편협한 태도는 오늘날 뜻 있는 수많은 사람들이 장려하고 확산시키기 위해 심혈을 기울이고 있는 도덕 교육과 훈련의 가치를 크게 훼손함으로써 실제적으로 중대한 해악이 되어 가고 있다고 믿는다. 내가 크게 우려하는 것은 역사상 지금까지 기독교 윤리와 공존하면서 상호 간의 영향을 통해 보완하는 역할을 해왔던 세속적 기준(더 나은 이름이 없어 이렇게 부른다)을 버리고, 오로지 종교적 기준에 의거해서만 인간의 지성과 감정을 형성해 나가고자 하는 시도가 저급하고 비열하며 굴종적인 사람들만을 만들어내게 될 것이고, 심지어 현재에도 그런 결과가 나타나고 있다는 것이다. 그런 사람들은 최고의 의지the Supreme Will로 여겨지는 것에 대해서 복종할 수는 있어도, 최고의 선Supreme Goodness에 대한 인식에 도달하거나 거기에 공감할 수는 없다.

　나는 인류가 도덕적으로 계속해서 새로워지기 위해서는, 오로지 기독교를 토대로 해서만 형성된 그 어떤 윤리가 아닌 다른 윤리가 기독교 윤리와 나란히 공존하여야 한다고 믿는다. 인간의 지성이 불완전한 상태에 있는 한, 진리에 도달하기 위해서는 다양한 의견의 공존이 필수적이라는 원칙에서 기독교의 진리 체계도 예외일 수 없기 때문이다. 기독교에 담겨 있지 않은 도덕적인 진리들을 받아들인다고 해서, 그것이 꼭 기독교에 담겨 있는 도덕적인 진리들을 무시하거나 부정하는 것은 아니다. 편견이나 간과가 일어난다면, 그것은 진리에 도달하는 데 치명적인 해악이 된다. 하지만 우리에게 편견이나 간과가 절대로 없을 것이라고 말하는 것은 불가능하다. 그러므로 다양한 의견을 공존하게 하는 것은 그런 편견이나 간과를 극복하고서 이루 헤아릴 수 없이 소중한 진리에 도달하기 위해 지불해야 하는 대가로 여겨야 한다. 진리의 일부를 가지고서 진리의 전체인 것처럼 오직 그들만이 진리라고 고집하는 것은 비판을 받아야 하고, 또한 비판을 받는 것이 마땅하다. 그런데 그것을 비판하고 나선 사람들이 이번에는 자신들이 마치 유일한 진리인 것처럼 주장한다면, 그것은 통탄스러운 일이다. 하지만 그것도 용납되어야 한다.

　기독교인들이 기독교가 불신자들로부터 정당한 대우를 받게 하고자 한다면, 그들 스스로 불신자들을 정당하게 대우해주어야 한다. 인류 역사 속에서 지금까지 씌어진 명저들에 대해 약간의 지식을 갖고 있는 사람이라면 누구나 도덕적으로 가장 고귀하고 가장 소중한 가르침을 설파하는 상당수의 저작들이 기독교 신앙을 알지 못했거나, 또는 알면서도 배척했던 사람들로부터 나왔다는 사실을 안다. 그럼에도 불구하고, 그러한 사실에 눈을 감아버리는 사람들이 있다면, 그런 사람들은 진실과 진리를 추구한다고 할 수 없다.

나는 인간이 생각해낼 수 있는 온갖 의견들을 무엇이든지 다 아무런 제약 없이 공개적으로 표현하고 토론하는 자유가 허용된다고 해서, 종교적이거나 철학적인 분파주의의 해악이 완전히 사라질 것이라고 말하는 것이 결코 아니다. 인간은 능력이 제한되어 있기 때문에, 어떤 진리를 진지하게 추구해서 확신을 갖게 되는 경우에는, 마치 이 세상에 그것과 다른 진리는 존재할 수 없거나, 어떤 식으로든 그 진리를 제한할 수 있는 것은 아무것도 없다는 듯이 단언하고 가르치며, 매사에 그러한 확신 위에서 행동하기가 너무나 쉽기 때문이다. 자유로운 토론이 무제한적으로 허용된다고 해도, 그것이 어떤 의견이 분파주의적인 것이 되어서 마치 진리 전체인 양 되는 것을 막아주는 것이 아니라, 도리어 흔히 그런 경향을 더 강화시키고 악화시킨다는 것을 나도 인정한다. 다양한 의견들이 진리를 드러내주는 것이 아니라, 서로 반대자들에 의해 주장된 의견이라는 이유로 더욱더 맹렬하게 반대를 받기 쉽기 때문이다. 따라서 다양한 의견들이 제시되고 서로 충돌함으로써 생겨나는 유익한 효과는 이미 어느 분파에 경도되어 있는 사람들보다는 어느 분파에도 속하지 않고 침묵을 지키며 듣는 제3자들에게 더 크게 나타난다.

각각 진리의 어느 부분을 반영한 다양한 의견들이 제시되고 격렬하게 충돌하는 것은 해로운 것이 아니다. 도리어 진리의 절반을 담고 있는 어떤 의견들이 쥐도 새도 모르게 억압되고 있는 것이야말로 우리가 진정으로 두려워해야 할 가공할 해악이다. 사람들이 듣기 싫어도 찬반 양론을 모두 들을 수밖에 없는 곳에는 언제나 희망이 있다. 하지만 오직 한 쪽의 의견만을 들을 수 있는 곳에서는, 그 의견 속에 들어 있는 오류들이 진리로 여겨지고 굳어져서 편견으로 자리 잡게 되고, 그 의견이 마치 진리 전체인 양 과장됨으로써, 그 의견 중에서 진리인 부분은 진리로서의 효과를 지닐 수 없게 되고 만다.

인간의 정신적인 능력들 중에서, 어떤 문제에서 진리인 부분과 오류인 부분을 가려내어 정확하게 판단할 수 있는 능력은 극히 드물고, 각 사람은 진리의 오직 한 부분을 대변할 수 있기 때문에, 진리의 각각의 부분들을 담고 있는 다양한 의견들을 주장하는 사람들이 존재하고, 그들이 주장하는 진리의 각각의 부분들을 경청할 수 있는 환경이 마련되지 않는다면, 사람들이 진리에 도달할 수 있는 가능성은 없다.

결론

지금까지 우리는 어떤 의견이든 제약 없이 가질 수 있는 사상의 자유와 그 의견을 표현하고 토론할 수 있는 자유가 인간의 다른 모든 복리의 토대인 정신적인 복리에 필수적이라는 것을 네 가지 근거 위에서 살펴보았다. 이제 그 근거들을 간략하게 요약해보자.

첫째로, 우리가 어떤 의견을 틀리다고 생각해서 침묵을 강요하는 경우에도, 그 의견은 우리가 알지 못하는 어떤 이유로 인해서 옳은 것일 수 있다. 이것을 부정하는 것은 우리의 판단에는 절대로 오류가 있을 수 없다고 전제하는 것이다.

둘째로, 우리가 침묵을 강요하는 어떤 의견이 전체적으로 틀린 것이라고 할지라도, 그 의견 속에는 진리의 일부가 들어 있을 수 있고, 실제로 그런 경우가 비일비재하다. 어떤 문제에 대해서든 통념이나 지배적인 의견이 진리 전체를 담고 있는 경우는 거의 없거나 전혀 없다. 오직 서로 반대되는 의견들이 서로 충돌하게 할 때에만 진리의 나머지 부분이 드러날 기회가 생긴다.

셋째로, 설령 기존의 정설이 진리일 뿐만 아니라 진리 전체를 담고 있다고 할지라도, 격렬하고 진지하게 반대하는 목소리가 존재하지 않는 경우에는, 그 정설을 받아들인 사람들 중 대부분은 그 정설이 왜 진리인지를 보여주는 합리적인 근거들을 거의 알지 못하거나 느끼지 못한 채, 그 정설은 그들 속에 하나의 선입견으로만 자리 잡게 된다.

거기에다 넷째로, 진리 전체를 담고 있는 교설의 의미 자체가 상실되거나 약화되어서 사람들의 성품과 행동에 별 영향을 미치지 못하게 된다. 이렇게 그 진리에 걸맞은 성품과 행동을 만들어내지 못하고 단지 입으로만 외치는 교조적인 주장이 되었을 때, 그 교설은 도리어 이성이나 인격적인 경험으로부터 생겨나는 어떤 진정한 확신의 출현과 성장을 가로막게 된다.

의견을 자유롭게 표현하고 토론하는 사상의 자유를 끝마치기 전에, 의견을 표현하는 방식이 적절하게 절제되어 있어서 공정한 토론의 경계를 벗어나지 않는 조건 아래에서만 모든 의견의 자유로운 표현이 허용되어야 한다고 말하는 사람들의 주장을 검토해볼 필요가 있다. 우리는 이런저런 많은 이유들을 들어서, 이 경계선을 어느 지점에 설정해야 한다고 못박는 것은 불가능하다고 말할 수도 있을 것이다. 왜냐하면, 어떤 사람이 상대방을 공격하면, 상대방은 그 공격에 대해 반감을 갖게 되어 있기 때문이다. 게다가 경험이 증명해주듯이, 반대자가 자신의 의견에 대한 강한 확신을 보이면서 그 공격을 강하게 밀어붙이는데다가, 그 공격이 설득력이 있고 강력해서, 답변하기 어려운 것일 때마다, 상대방에게 그 반대자는 절제를 잃은 사람으로 보이게 된다.

이것은 실제적인 관점에서 중요하게 고려되어야 할 문제이긴 하지만, 그런 것보다 더 근본적인 문제가 있다. 어떤 의견을 단정적으로 말하게 되면, 비록 그것이 옳은 것이라고 할지라도, 심한 반감을 불러일으킬 수 있기 때문에, 그런 식의 의사 표현 방식을 엄격하게 규제할 필요가 있다고 말하는 것은 의심할 여지없이 옳다. 하지만 그런 식의 의사 표현 방식이 시닌 너 큰 문제는 상대방에게 확신을 심어주기가 거의 불가능하다는 점에서, 의도적인 것이 아니었다고 할지라도 자폭하는 꼴이 되고 만다는 데 있다. 그런 의사 표현 방식 중에서 최악의 것은 궤변을 일삼고, 사실들이나 근거들을 은폐하며, 자신의 주장을 구성하는 여러 요소들에 대해 거짓으로 제시하고, 반대 의견을 왜곡해서 제시하는 것이다.

하지만 그런 것들을 모를 리가 없고 얼마든지 그렇게 하지 않을 수 있는 사람들, 그리고 다른 많은 것들을 고려해 보았을 때에 의도적으로 그런 것이라고 여겨질 수밖에 없는 사람들이 이 모든 짓을 심지어 대단히 악질적으로 아무렇지도 않게 끊임없이 일상적으로 저질러왔다. 이렇게 한다 하는 사람들이 거의 모두 이런 일들을 저지르고 있기 때문에, 적절한 도덕적인 근거들 위에서 그러한 행위들을 도덕적으로 악하다고 낙인을 찍는 것이 거의 불가능할 뿐만 아니라, 이러한 논란의 여지가 있는 잘못된 행동들에 법이 개입하는 것은 더더욱 불가능하다.

절제되지 못한 토론이라고 말할 때에 그것은 보통 독설이나 야유, 인신공격 등을 말한다. 만일 그런 무기들을 사용하는 것을 논쟁의 양 당사자에게 공정하게 금지한다면, 사람들은 거기에 대해 더 많은 공감을 하게 될 것이다. 하지만 실제로 그런 금지조치를 취하게 되면, 그것은 오직 지배적인 의견을 공격하는 데 그런 무기들을 사용하는 것만을 금지하는 데만 적용된다. 그리고 소수 의견들을 공격하는 데 그런 무기들을 사용하는 것은 일반적으로 용인될 뿐만 아니라, 그런 무기들을 사용해서 소수 의견들을 공격하는 사람은 정의를 향한 열정과 분노를 그대로 드러내보인 사람으로 칭송을 받기도 한다.

이러한 무기들을 사용함으로 생겨나는 폐해는 그 무기들이 상대적으로 자신을 방어할 능력이 없는 사람들을 향해 사용될 때에 가장 크다. 그리고 이러한 무기들이 사용되었을 때에는 거의 언제나 기존의 정설이 부당한 이득을 챙기게 된다. 이런 무기들을 사용한 논쟁에서 생겨나는 최악의 상황은 정설과 반대되는 의견을 지닌 사람들을 악하고 비도덕적인 사람들로 낙인을 찍는 것이다. 언제든지 소수의 의견을 표명하는 사람들은 그런 비방과 중상모략을 받기가 특히 쉽다. 그들은 수적으로 소수여서 별 영향력이 없고, 그들을 정당하게 대우해주는 일에 관심을 가져주는 사람이 그들 외에는 없다. 따라서 그들이 지배적인 의견을 공격하는 데 그러한 무기들을 사용하는 것은 이 문제의 성격상 불가능하다.

만일 그들이 그런 무기들을 사용한다면, 그들의 안전을 장담할 수 없고, 도리어 지배적인 의견을 지닌 자들에게 그들과 그들의 의견을 악하고 비도덕적인 것으로 낙인 찍을 수 있는 빌미를 줄 뿐이기 때문이다. 지배적인 의견과 반대되는 의견들은 일반적으로 순화된 언어를 사용하여 불필요한 반감을 불러일으키지 않도록 최대한으로 주의를 기울일 때에만, 사람들은 마지못해 그 의견들을 들어준다. 따라서 지배적인 의견과 조금이라도 다른 소수 의견을 지닌 사람들은 발붙이는 것 자체가 힘

들다. 반면에, 지배적인 의견을 지닌 다수는 언어폭력을 제한 없이 사용할 수 있기 때문에, 실제로 사람들은 반대 의견을 개진할 수도 없고, 반대 의견을 표명하는 사람들의 말을 제대로 경청할 수도 없다.

따라서 진리와 정의를 세우기 위해서는 다른 어떤 것보다도 다수에 의한 언어폭력의 사용을 규제하는 것이 훨씬 더 중요하다. 예컨대, 소수의 언어폭력과 다수의 언어폭력 중에서 어느 쪽을 규제할 것인지를 선택해야 하는 상황이라면, 지배적인 종교에 대한 언어폭력보다는 소수의 무신론에 대한 언어폭력을 규제하는 것이 훨씬 더 필요하다. 물론 법과 권력이 이 둘 중 어느 쪽도 규제해서는 안 된다는 것은 분명하지만, 여론은 사안에 따라 전후 사정을 살펴서 판단을 내려야 한다.

먼저, 지배적인 의견이든 소수의 의견이든, 정직성이 결여되어 있거나 악의적이거나 자신의 주장만을 일방적으로 고집하거나 다른 사람들의 감정을 전혀 용납하지 못하는 방식으로 자신의 의견을 표명하는 모든 사람을 단죄하여야 한다. 다음으로, 어떤 문제와 관련해서 우리의 입장과 반대되는 입장에 서 있다는 이유만으로, 그 사람이 자신의 의견을 개진하는 것을 좋지 않게 바라보고서, 그와 그의 의견을 악하고 부도덕한 것으로 단정해서는 안 된다. 그리고 끝으로, 어떤 사람이 어떤 의견을 지니고 있든, 자신의 반대자들과 그들의 의견들이 진정으로 어떤 것인지를 아무런 사심 없이 경청하고서, 그들에게 불리한 것들을 부풀리거나 그들에게 유리한 것들을 은폐하지 않는 가운데, 그들의 의견에 대한 자신의 솔직한 의견을 밝히는 모든 사람에게는 경의를 표하여야 한다.

이것이 공적인 토론과 관련한 진정한 도덕률이다. 비록 이 도덕률을 어기는 일들이 종종 벌어진다고 해도, 토론을 하는 사람들 중에서 다

수가 이 도덕률을 상당한 정도로 지키고 있고, 이 도덕률을 지키기 위해
진지하게 애쓰는 훨씬 더 많은 수의 사람들이 있다고 생각하기 때문에,
나는 기쁘다.

제 3 장

❖

인류의 복리를 위해 필수적인 개성

앞에서 우리는 인간이 자신의 의견을 형성하는 데 자유로워야 하고 그 의견을 표현하는 데 제약이 없어야 하는 이유들을 살펴보았다. 그리고 그런 자유가 금지되거나, 금지된 상황 속에서도 의견이 단호하게 주장되지 않는 경우에는, 인간의 지성에 치명적인 결과를 초래하고, 결국 그로 인해 인간의 도덕성에도 치명적인 상처를 주게 된다는 것도 아울러 살펴보았다. 이제 우리가 다음으로 살펴보아야 할 것은, 바로 그 동일한 여러 이유들에서 인간은 자신의 행동으로 인한 모든 결과를 스스로 감수하는 한, 자신의 의견에 따라 행동하는 데 자유로워야 하는가, 즉 사람은 다른 사람들의 육체적이거나 도덕적인 방해 없이 자신의 의견을 삶 속에서 실행할 수 있는 자유가 있어야 하는가의 여부를 검토하는 것이다.

자신의 행동으로 인한 모든 결과를 감수한다는 이 마지막 조건이 반드시 추가되어야 함은 물론이다. 의견을 표현하는 것과 마찬가지로 행동을 하는 것도 절대적으로 자유롭게 허용되어야 한다고 말할 사람은 아무도 없을 것이다. 도리어 정반대로, 의견을 표현하는 것이 사람들에게 어떤 해로운 행동을 적극적으로 부추기는 행위가 되는 경우에는, 그러한 의견을 표현한 행위에 대해서는 책임이 면제되지 않는다. 예컨대, 곡물 거래상들은 가난한 자들을 굶주리게 하는 자들이라거나, 사적으로 재산을 소유하는 것은 강도 행위라고 의견을 신문에 발표해서 유포하는 것을 금지해서는 안 된다. 하지만 어느 곡물 거래상의 집 앞에 모여든 흥분한 군중을 향해서 그런 의견을 구두로 발표하거나, 그런 군중이 보는 앞에서 그런 의견이 담긴 플래카드를 내거는 것을 처벌하는 것은 옳다.

정당한 이유 없이 다른 사람들에게 해악을 끼치는 모든 행위는 비판적인 여론을 통해서, 그리고 필요한 경우에는 사회 전체가 적극적으로 개입해서 통제하는 것이 허용될 수 있을 뿐만 아니라, 그 사안이 좀 더 중대한 경우에는 반드시 그래야 한다. 개인의 자유는 그런 식으로 제한되어야 한다. 개인은 다른 사람들에게 피해를 끼쳐서는 안 되기 때문이다.

하지만 개인이 다른 사람들과 관련된 일을 통해 그들에게 피해를 끼치는 것이 아니라, 단지 자기 자신과만 관련된 일에서 자신의 취향과 판단에 따라 행동하는 것이라면, 자신의 의견을 자유롭게 표현할 수 있어야 한다는 것을 보여준 것과 동일한 이유들에서, 자신의 책임 아래 자신의 의견을 실천에 옮길 수 있는 자유가 제약 없이 허용되어야 한다.

인간은 절대로 틀릴 수 없는 그런 존재가 아니다. 인간이 안다고 하는 진리들은 대체로 단지 부분적으로만 옳은 진리들일 뿐이다. 인간이 지금보다 훨씬 더 역량이 발전해서, 지금처럼 진리의 한 부분만을 고집하는 것이 아니라 진리의 모든 부분들을 두루 인식할 수 있게 될 때까지는, 서로 반대되는 의견들이 완전히 자유롭고 충분히 비교되고 토론되고 나서 그 결과로 이루어진 것이 아닌 의견의 일치는 도리어 바람직하지 않고, 의견의 다양성은 인류 사회와 개개인에게 해악이 아니라 이득이다. 이러한 원칙들은 사람들의 의견만이 아니라 행동에도 그대로 적용된다.

인간이 불완전한 동안에는 서로 다른 다양한 의견들이 존재하는 것이 유익한 것과 마찬가지로, 서로 다른 다양한 삶의 실험들이 존재하는 것이 유익하다. 다른 사람들에게 해악이 되지 않는 한, 사람들이 서로 다른 다양한 개성들을 자유롭게 펼칠 수 있어야 한다. 사람들이 각자가 시도해 볼 만한 것이라고 생각하는 서로 다른 생활방식의 가치를 실천적으로 자유롭게 증명해 보일 수 있어야 한다. 요컨대, 다른 사람들에게 직접적으로 피해를 끼치지 않은 일들에서는 개성을 마음껏 발휘할 수 있게 하는 것이 바람직하다는 말이다. 개개인의 개성이 아니라 사회 전체의 전통이나 관습이 행위 규범으로 작용하는 곳에서는, 인간의 행복을 위해 가장 중요한 요소들 중의 하나임과 동시에, 개인과 사회의 발전을 위해 가장 중요한 요소가 사라지게 된다.

개성에 대한 무관심

이러한 원칙을 실현하고자 할 때에 만나게 되는 가장 큰 어려움은 사람들이 그러한 목표를 이루기 위한 수단이 무엇인지를 잘 알지 못하는 데 있지 않고, 대체로 사람들이 그 목표 자체에 대해 무관심하다는 데 있다. 만일 개성의 자유로운 발전이 인간의 행복을 위해 반드시 있어야 하는 것들 중의 하나라는 점에서, 문명이나 인격 수양이나 교육이나 문화라는 용어들로 지칭되는 모든 것들과 어깨를 나란히 하는 대등한 요소일 뿐만 아니라, 그 모든 것들의 필수적인 일부이자 조건이라는 것을 안다면, 사람들이 이 자유를 과소평가할 위험성도 없을 것이고, 이 자유를 어느 지점까지 허용하고 어디서부터 사회적 통제를 허용할 것인지를 결정하는 일도 그렇게 어렵지는 않게 될 것이다.

하지만 일반적으로 사람들의 사고방식 속에서는 개개인의 자발성이라는 것이 고유한 가치를 지니고 있어서 독자적으로 주목을 받을 필요가 있다는 것을 거의 인식하지 못하고 있다는 것이 심각한 문제다. 대다수의 사람들은 오늘날 인류가 살아가는 방식에 만족하고 있고, 그들 자신이 이 인류의 구성원들이어서, 모든 사람이 그들의 생활방식을 따라 살아가도 아무 문제가 없을 것이라고 생각하기 때문에, 그들과 다른 생활방식으로 살아가고자 하는 사람들을 이해하지 못한다. 게다가 더 심각한 문제는 도덕과 사회를 개혁하고자 하는 사람들의 대다수가 개개인의 자발성을 그들의 이상의 일부로 여기지 않고, 도리어 그들이 인류를 위해 최선이라고 생각하는 이상을 모든 사람들이 받아들이게 하는 것을 방해하고 저항하는 골치아픈 요소로 보고서 경계의 눈초리로 바라보고 있다는 것이다.

능력을 발전시키는 조건

대학자이자 정치가로서 아주 유명한 빌헬름 폰 훔볼트Wilhelm von Humboldt는 다음과 같은 명제를 주제로 삼아서 한 소논문을 썼는데도, 독일 이외의 나라들에서는 그 명제의 의미를 제대로 아는 사람이 거의 없는 실정이다. "사람의 모호하고 일시적인 욕망들이 이끄는 인간의 목표가 아니라, 이성의 영원히 변치 않는 명령들에 따라 정해진 인간의 목표는 인간의 능력들을 최고로 가장 조화롭게 발전시켜서 완전하고 일관되며 통일된 전체가 되게 하는 데 있다." 그러므로 "개개인이 쉬지 않고 자신의 노력을 경주해야 할" 목표, "특히 남들에게 영향을 미치는 사람이 되고자 하는 사람들이 한시도 잊지 않고 바라보아야 할" 목표는 "각자의 개성에 맞춰서 능력을 발전시키는 것이다." 이것을 위해서는 먼저 "자유와 다양한 상황"이라는 두 가지 조건이 반드시 갖추어져 있어야 한다. 이두 조건이 결합될 때, "개개인의 활력과 갖가지 다양성"이 생겨나고, 이둘이 합쳐져서 "독창성"을 이루게 된다.[1]

사람들은 훔볼트가 제시한 그런 명제에 별로 익숙하지 않기 때문에, 개성에 대해 그토록 높은 가치를 부여한 것에 놀랄 수도 있지만, 그럼에도 불구하고 우리는 개성이 중요하다는 것은 모든 사람이 다 알고 있다는 점에서, 이 문제는 단지 정도의 문제일 수 있다고 생각해야 한다. 어떤 사람이 다른 사람을 따라하기만 할 뿐이고 자신의 의견을 따라 살아가는 것이 전혀 없는 경우에는, 아무도 그 사람의 행위와 삶이 훌륭하다고 생각하지 않는다. 사람이 자신의 생활방식이나, 자신이 관심을 갖고 있는 분야에서의 행동에 자신의 판단이나 개성을 반영하지 않는 것이 훌륭한 삶이라고 말할 사람은 아무도 없을 것이다.

---

1 독일의 빌헬름 폰 훔볼트 남작이 쓴 『정부의 활동범위와 의무들』 11-13쪽에 나오는 말이다(저자의 원주).

하지만 다른 한편으로는, 사람이 마치 인류는 자기가 이 세상에 태어나기 전부터 존재하긴 했지만 자신의 삶이나 행위에 유익한 것에 대해 아무것도 알지 못한다는 듯이 살아가거나, 이 세상에서의 경험이 어떤 실존방식이나 행위가 다른 것들보다 더 유익하다는 것을 알게 해주는 데 아무런 기여도 하지 못한다는 듯이 살아가야 한다고 생각하는 것도 어처구니없는 일일 것이다.

사람들은 인류의 경험에 의해 확인된 결과들을 알고 거기로부터 유익을 얻도록 어릴 때부터 교육과 훈련을 받아야 한다는 것을 부정할 사람은 아무도 없다. 하지만 인류의 경험을 자기 방식으로 해석하고 사용하는 것은 인간에게 주어진 능력들을 성숙하게 발전시킨 사람들의 특권이자 인간답게 살아가기 위해 필수적인 조건이다. 기록으로 남겨진 인류의 경험 중에서 어느 부분을 자신의 환경과 개성에 적용하는 것이 적절한지를 찾아내는 것은 개개인의 몫이다. 다른 사람들의 전통들과 관습들은 그들이 자신들의 경험을 통해서 무엇을 배웠는지를 보여주는 증거로 추정될 수 있다. 그리고 증거로 추정되는 것들은 존중을 받을 자격이 있다. 하지만 다음과 같은 것들을 주의할 필요가 있다.

첫째로, 그들의 경험은 지나치게 좁은 것일 수 있다. 또한 그들이 자신들의 경험을 올바르게 해석하지 못했을 수도 있다. 둘째로, 그들이 경험한 것들에 대한 그들의 해석이 옳은 것일지라도, 그 경험이 어떤 사람에게는 적절하지 않을 수 있다. 관습은 특정한 시대와 사람들에게 일반적이었던 환경과 개성을 위해 만들어진 것이다. 그런데 어떤 사람의 환경이나 개성은 그 관습이 전제한 환경이나 개성과 일치하지 않을 수 있기 때문이다. 셋째로, 특정한 관습이 옳을 뿐만 아니라 어떤 사람에게 적절한 것이라고 할지라도, 단지 관습이라는 이유만으로 그 관습을 따라 살아가는 경우에는, 인간에게 주어진 독특한 능력들과 자질들의 교육이나 발전이 그 사람에게서는 이루어질 수 없다.

인지, 판단, 독특한 감정, 정신 활동은 물론이고 심지어 도덕적 선호 같은 인간의 능력들은 오직 선택을 행할 때에만 훈련된다. 관습이라는 이유로 어떤 일을 행한다면, 선택을 할 필요가 없다. 따라서 모든 일을 관습을 따라 행하는 사람은 무엇이 가장 좋은 것인지를 분별하는 훈련도 되지 않고, 가장 좋은 것을 원하는 훈련도 되지 않는다. 근육의 힘과 마찬가지로, 정신적이고 도덕적인 힘도 오직 사용할 때에만 커진다. 단지 다른 사람들이 어떤 것을 믿는다는 이유로 그것을 믿고, 단지 다른 사람들이 어떤 일을 한다는 이유로 그 일을 한다면, 정신적이고 도덕적인 능력들은 전혀 훈련될 수 없다.

사람이 어떤 문제에 대해서 자신의 이성을 토대로 하지 않은 의견을 갖는 경우에는, 그의 이성은 강화될 수 없고, 도리어 약화될 가능성이 있다. 다른 사람들의 감정이나 권리와 아무 상관이 없는 일에서, 사람이 자신의 감정과 성격에 맞지 않는 행동을 하게 되면, 그것은 그의 감정과 성격에 큰 타격을 주어서, 처음에는 적극적이고 활기찼던 사람도 활기를 잃고 무기력하게 되고 만다.

사람이 세계 또는 그를 직접적으로 둘러싸고 있는 세계가 정해준 대로 자신의 일생을 살아간다면, 그에게는 원숭이 같이 흉내 내는 것 이외의 다른 능력들이 있을 필요가 없다. 반면에, 자신의 일생을 스스로 선택하고 정하는 사람은 인간에게 주어진 모든 능력을 사용하게 된다. 보기 위해서 관찰력을 사용해야 하고, 미리 내다보기 위해서 추리력과 판단력을 사용해야 하며, 결정을 하기 위한 자료들을 모으기 위해서 활동력을 사용해야 하고, 결정하기 위해서 분별력을 사용해야 하며, 결정을 내린 후에는 자신이 신중하게 결정한 것을 실현해내기 위해서 확고한 의지력과 자제력을 사용해야 한다.

사람의 이러한 능력들은 어떤 사람이 자신의 행동 중에서 자신의 판단과 감정에 따라 결정하는 부분이 얼마나 큰가에 따라, 정확히 거기에 비례해서 요구되고 훈련된다. 이러한 능력들이 전혀 없어도, 해로운 길을 피해서 안전한 길로 가는 것도 가능하다. 하지만 인간으로서 좀 더 가치 있는 길은 어느 쪽일까?

사람이 어떤 일을 하는지도 중요하지만, 사실은 그 일을 하는 사람이 어떤 사람인지가 더 중요하다. 사람이 자신의 일생을 바쳐서 완성해나가고 찬란하게 꽃피워 나가는 일들 중에서 가장 중요한 일은 자기 자신을 완성해 나가고 찬란하게 꽃피워 나가는 것이기 때문이다. 인간의 모습으로 된 자동기계들이 사람들을 대신해서 집을 지어주고 곡물을 길러주며 전쟁도 해주고 재판도 해주며, 심지어 교회를 짓고 기도하는 것도 대신해주는 것이 가능하다고 가정해보자. 반면에, 오늘날 이 세계의 좀 더 개화된 지역들에서 살아가고 있는 사람들이라고 할지라도, 인간이라는 것은 자연이 만들어낼 수 있고 앞으로도 만들어낼 수많은 생물의 종들 가운데서 자신의 본성을 제대로 발휘하지 못하는 종이다. 그럼에도 불구하고, 이 세계에 살고 있는 사람들을 모두 그런 자동기계로 대체해 버린다면, 그것은 이득이 아니라, 상당한 손실이 될 것이다. 왜냐하면, 인간의 본성은 어떤 정해진 모형을 따라 만들어져서 정해진 곳에 배치되어 정해진 일을 정확히 해내는 "기계"가 아니라, 인간을 살아 있는 존재로 만들어주는 내면의 힘을 따라 사방으로 자신을 성장시키고 발전시켜 나가게 되어 있는 "나무"이기 때문이다.

욕망과 충동의 필요성

사람이 자신의 지적 판단력을 사용해서 어떤 근거들을 가지고서, 어떤 경우에는 관습을 따르고 어떤 경우에는 관습을 거부하는 것이 단지 맹목적이고 기계적으로 관습을 따르는 것보다 더 낫다는 것은 대부분의 사람들이 인정할 것이다. 또한 그러한 지적 판단은 우리 자신의 것이어야 한다는 것도 어느 정도는 인정할 것이다. 하지만 어떤 일과 관련한 욕망 충동도 마찬가지로 우리 자신의 것이어야 한다는 것, 즉 우리 자신의 충동을 지니는 것은 결코 위험한 일도 아니고 우리에게 예기치 않은 해악을 가져다줄 덫도 아니라는 것은 그렇게 기꺼이 인정하려고 하지 않는다.

하지만 욕망과 충동은 신념과 절제와 마찬가지로 완전한 인간의 한 부분이다. 강한 충동은 오직 균형이 깨졌을 때에만 위험하다. 즉, 일련의 목표들과 성향들은 발전해서 강력해진 반면에, 그것들과 공존해야 할 다른 목표들과 성향들은 발전하지 못해 여전히 약한 상태에 머물러 있어서 제대로 활동하지 못할 때에만 위험하다. 마찬가지로, 사람들이 악하게 행동하는 것은 그들의 욕망이 강하기 때문이 아니라, 그들의 양심이 약하기 때문이다. 충동이 강하면, 반드시 양심이 약할 수밖에 없다는 그런 필연적인 연결관계는 존재하지 않는다. 오히려 그 반대다.

어떤 사람의 욕망과 감정이 다른 사람들보다 더 강력하고 더 다양하다고 말하는 것은 인간으로서의 자질을 더 풍부하게 지니고 있고, 따라서 다른 사람들보다 더 많은 나쁜 짓을 할 수도 있기는 하지만 분명히 더 많은 좋은 일도 할 수 있다고 말하는 것이다. 강한 충동은 활력의 또 다른 이름일 뿐이다. 활력은 나쁘게 사용될 수 있다. 하지만 활력이 없고 무감각한 사람이 아니라, 활력이 있고 감정이 풍부한 사람이 더 많은 좋은 일을 할 수 있다는 것도 언제나 사실이다. 오직 풍부한 감정을 타고난 사람들만이 그 감정을 계발해서 아주 강력하게 만들 수 있다. 마찬가지로 예민한 감수성을 타고난 사람들만이 자신의 충동들을 생생하고 강력하게 만들어서, 대단히 열정적으로 미덕을 사랑함과 동시에 아주 단호하고 혹독하게 자기 자신을 절제할 수 있다. 그런 사람들이 마음껏 활동하고 자신의 자질들을 발전시킬 수 있는 환경을 조성해주는 것이야말로 사회가 자신의 의무를 다하고 자신의 이익을 보호하는 것이다. 사회가 그런 사람들과 그런 자질들을 배척함으로써 영웅이 탄생할 수 있는 환경을 근본적으로 봉쇄해버린다면, 그것은 영웅이 어떻게 만들어지는지에 대해 무지하기 때문이다.

어떤 사람의 타고난 본성이 그가 속한 문화 속에서 발전되고 수정되어 표현된 것인 자신만의 욕망과 충동을 가진 사람은 개성을 지닌 사람이라고 말할 수 있다. 자신만의 욕망과 충동을 갖고 있지 않은 사람은 개성을 지닌 사람이 아니기 때문에, 개성이 없는 증기기관과 다르지 않다. 어떤 사람이 자신만의 충동을 지니고 있고, 그의 충동이 강력할 뿐만 아니라, 강력한 의지의 지배 아래 있다면, 그는 활력이 뒷받침된 개성을 지니고 있는 사람이다.

개개인마다 서로 다른 욕망과 충동을 소유하고 발전시키는 것을 장려해서는 안 된다고 생각하는 사람은, 인간 사회에서는 인간으로서의 강력한 자질을 타고나서 발전시키는 사람들을 필요로 하지 않고, 개성을 지닌 사람들이 많은 것은 사회에 별로 좋지 않으며, 사람들이 전체적이고 평균적으로 높은 활력을 지니는 것은 바람직하지 않다고 주장하는 것이다.

초기 사회와 현대 사회의 차이점

초기 상태의 사회에서는 개개인의 욕망과 충동의 힘이 사회가 그런 것들을 규제하고 통제하기 위해 소유한 힘보다 훨씬 더 강할 수 있고, 또한 실제로 그러했다. 자발성과 개성이 지나치게 강해서, 사회가 그런 것들을 통제하기가 몹시 힘에 겨웠던 시기가 있었다. 그런 시기에는 신체적으로나 정신적으로 강력한 욕망과 충동을 지닌 사람들을 통제해서 사회를 유지하는 데 필요한 규범에 복종하게 하는 것이 사회의 난제였다. 그리고 그러한 난제를 해결하기 위한 다른 수단을 갖고 있지 않았던 사회는, 황제들과 싸울 때에 교황들이 그러했듯이, 법과 규율을 동원해서, 사람들의 개성을 통제할 목적으로 그들의 일생을 전인적으로 통제했다.

하지만 오늘날에는 사회가 사람들의 개성을 이전보다 훨씬 더 잘 통제하고 있다. 그래서 지금은 인간의 본성을 위험에 빠뜨리고 있는 것은 개개인의 충동과 선호가 지나치게 많고 활발하다는 사실이 아니라, 도리어 결핍되어 있다는 것이다. 사정이 아주 많이 변했다. 전에는 지위가 높거나 개인적으로 뛰어난 능력을 지닌 사람들이 법과 규범을 위반하는 일이 관행화되어 있었기 때문에, 그런 사람들을 법과 규범으로 엄격하게 묶어놓아야만, 그들의 영향력이 미치는 범위 내에 있는 사람들이 그나마 최소한의 안전을 보장받을 수 있었다. 반면에, 우리 시대에서는 사회에서 가장 지위가 높은 계층에서부터 가장 지위가 낮은 계층에 이르기까지, 모든 사람이 적대적이고 무시무시한 검열의 시선 아래에서 살아가고 있다.

개인이든 가족이든, 모든 사람들이 다른 사람들과 관련된 일들에서만이 아니라 오직 자신과만 관련된 일들에서조차도, 내가 무엇을 더 선호하고, 나의 개성과 성향에 맞는 것이 무엇이며, 나의 능력을 최고로 발전시키고 제대로 사용할 수 있는 최선의 길은 무엇인지를 자기 자신에게 묻지 않는다. 그런 것들 대신에, 그들은 나의 위치에 어울리는 것이 무엇이고, 나와 같은 지위와 경제적 수준에서 살아가는 사람들이 통상적으로 하는 것이 무엇이며, (거기에서 한 걸음 더 나아가 한심하게도) 나보다 더 나은 지위와 경제적 수준에서 살아가는 사람들이 통상적으로 무엇을 하는지를 묻는다.

나는 그들이 그들 자신의 성향에 맞는 것이 아니라 관습에 의해 정해져 있는 것을 선택한다고 말하고자 하는 것이 아니다. 그들에게는 관습에 의해 정해져 있는 것을 그대로 따라하는 것 외에, 그들 자신만의 고유한 성향이라는 것 자체를 갖고 있지 않다. 그들의 정신 자체가 노예 상태에 있기 때문이다. 그저 즐겁기 위해서 하는 일조차도, 남들이 무엇을 하며 즐겁게 노는지를 먼저 생각하고서, 사람들이 하는 것을 그대로 따라서 한다. 그들은 군중 속에 묻혀 있기를 좋아한다. 무엇인가를 선택할 때도, 사람들이 일반적으로 하는 것들 중에서 어느 하나를 선택할 뿐이다. 그들은 범죄를 꺼리는 것과 동일한 수준에서 특이한 취향이나 튀는 행동을 꺼린다.

그들 각자가 타고난 본성을 따르지 않는 것이 습관화되고, 그 결과 그들에게는 이제 그들이 따를 본성조차 사라지게 된다. 인간으로서 타고난 자질과 능력들은 시들시들해지고 결국은 굶어죽는다. 어떤 것을 강력하게 원하는 마음도 없어지고, 선천적으로 타고난 즐거움을 누릴 수 있는 힘도 없어진다. 그들 자신 속에서 생겨난 어떤 의견이나 감정, 즉 그들 자신만의 고유한 의견이나 감정이 완전히 사라진다. 그렇다면, 이것은 인간 본성의 상태로서 바람직한 것인가, 아니면 바람직하지 않은 것인가?

칼뱅주의의 이론

칼뱅의 이론에서는 이런 상태가 바람직하다고 말한다. 그의 이론에 의하면, 인간의 가장 큰 죄악은 자신의 의지대로 살아가는 것이다. 반대로, 인간이 할 수 있는 모든 선은 복종 안에 다 들어 있다. 인간에게는 선택권이 없다. 인간은 복종하기만 하면 되고, 다른 길은 없다. "인간에게 의무로 주어진 것을 행하는 것 외에는 모든 행동은 죄이다." 인간의 본성은 근본적으로 부패해 있기 때문에, 자기 자신 안에 있는 인간의 본성을 죽이기 전에는 누구에게도 구원은 없다.

인간과 인간의 삶에 대한 이런 이론을 지지하는 사람들에게는 인간의 능력과 소질과 감수성을 박멸해버리는 것은 해로운 것이 아니다. 인간에게는 자기 자신을 신의 의지에 맡기는 능력 외에는 다른 능력들은 필요하지 않기 때문이다. 인간이 신의 의지를 행하는 것 외의 다른 목적을 위해 자신의 능력을 사용하기보다는, 그런 능력들은 없는 것이 더 나았다.

이것이 칼뱅주의의 이론이다. 칼뱅주의자로 자처하지 않는 사람들 중에서도 그런 이론을 완화된 형태로 신봉하는 사람들이 적지 않다. 여기에서 완화된 형태라는 것은 그들은 이른바 신의 뜻을 그렇게 금욕적으로 해석하지 않고, 인간이 자신의 욕망을 어느 정도 충족시키는 것이 신의 뜻이라고 해석한다는 것이다. 물론, 그렇다고 해서 그들이 원하는 방식으로 그렇게 할 수 있는 것은 아니고, 권위를 지닌 기관이 모두에게 동일하게 정한 필수적인 여러 조건들을 따라 복종이라는 방식을 통해서 그들은 그렇게 한다.

인간의 삶에 대한 이러한 편협한 이론과 그 이론이 만들어내고자 하는 앞뒤로 꽉 막힌 폐쇄적이고 잔뜩 짓눌려 있는 그런 유형의 인간상을 지향하는 강력한 경향성이 오늘날 아주 은밀하고 교묘한 형태로 존재한다. 많은 사람들은 가지들이 제멋대로 이리저리 자란 나무들을 자연 그대로 두는 것보다는, 가지치기를 해서 단정하게 다듬거나 동물의 형상을 띠도록 만들어 놓는 것이 훨씬 더 세련되고 보기 좋다고 생각하는 것과 마찬가지로, 신의 뜻을 따라 인간 본성을 재단하여 만들어진 저 짓눌리고 위축된 인간상이 창조주가 원하는 인간상이라고 의심할 여지 없이 진정으로 믿는다.

하지만 인간이 선한 창조주에 의해 만들어졌다는 것을 믿는 것이 신앙의 한 부분이라면, 이 창조주는 자기가 만든 인간의 모든 능력들이 박멸되고 사멸되는 것이 아니라, 도리어 계발되고 활용되기를 바랄 것이라고 믿는 것이 그런 신앙과 더 부합한다. 또한 자신의 피조물들이 그들에게 주어진 이해하고 행동하고 누리는 능력들을 점점 더 발전시켜서, 자신이 의도한 그들의 이상적인 모습에 더 가까이 다가가는 것을 지켜볼 때, 이 창조주의 기쁨도 더 커질 것이라고 믿는 것이 그런 신앙과 더 부합한다.

인간이 자신에게 주어진 본성을 원래 정해진 것과는 다른 목적들을 위해 사용하는 것을 막기 위해서 그 본성을 말살해버리는 것이 더 낫다고 하는 사상에 의거한 칼뱅주의적인 인간상과는 다른 이상적인 유형의 인간상이 존재한다. "이교적인 자기 긍정"은 "기독교적인 자기 부정"과 마찬가지로 인간의 가치를 구성하는 요소들 중의 하나다.[2] 자기계발이라는 그리스인들의 이상은, 자기 절제라는 플라톤적이고 기독교적인 이상으로 대체되어야 하는 것이 아니라, 이 둘은 서로 결합되어야 한다. 알키비아데스Alcibiades 같은 사람이 되는 것보다는 존 녹스John Knox 같은 사람이 되는 것이 더 나을 수 있지만, 그 두 사람보다도 페리클레스Pericles 같은 사람이 되는 것이 더 낫다.[3] 하지만 오늘날 페리클레스 같은 사람이 있다고 하더라도, 그 사람은 존 녹스에게 있는 그 어떤 장점 없이는 존재하지 못할 것이다.

개성의 계발의 필요성

인간은 개개인들에게 있는 온갖 개성들을 깎고 다듬어서 획일적인 것으

---

2 존 스털링(John Sterling, 1806-1844년)의 『수필집』(Essays)에 나오는 말이다(저자의 원주).

3 알키비아데스(BC 450-404년경)는 고대 그리스 아테네의 정치가이자 장군으로서, 플라톤의 『향연』에도 등장한다. 그는 펠로폰네소스 전쟁에서 자신의 고국인 아테네를 배반하고 스파르타 편에 서서 아테네를 패배하게 만든 장본인이었다. 여기에서 밀은 자신의 야심과 사리사욕을 추구하여 배신의 아이콘이 된 그를 "이교적인 자기 긍정"의 부정적 측면을 대표하는 인물로 언급한다. 반면에, 스코틀랜드의 종교개혁자였던 존 녹스는 기독교적인 자기 부정을 대표하는 인물이었고, 페리클레스(BC 495-429년경)는 고대 아테네의 민주정치의 전성기를 이끈 정치가이자 장군으로 모든 덕을 조화롭게 갖춘 민주적인 지도자의 전형이었다. 밀은 페리클레스가 진리에 가까운 이상적인 인물이지만, 오늘날의 상황에서는 존 녹스가 지니고 있던 특성을 요구받게 되어 그런 인물이 출현하기 어려울 것이라고 탄식한다.

로 만들어버리는 것이 아니라, 다른 사람들의 권리와 이익을 해치지 않는 범위 내에서 모두 다 불러내어 계발하고 육성할 때에 누가 보아도 고귀하고 아름다운 존재가 된다. 그렇게 해서, 사람이 만든 작품 속에는 그것을 만든 사람의 개성이 녹아 있는 것처럼, 인류가 무한히 더 나아진다면, 거기에 속한 사람들의 삶에도 풍요로움과 다양함과 활기가 넘치게 될 것이고, 인간 사회에는 고귀한 생각과 고상한 감정들이 차고 넘치며, 모든 개개인을 하나의 인류로 묶어주는 유대감도 강력해질 것이다. 각 사람은 자신의 개성을 발전시킨 정도에 비례해서 그만큼 더 자기 자신에게 가치를 지니게 되고, 그 결과 다른 사람들에게도 더 가치 있게 된다. 개개인의 삶이 만개하여 풍성해지면, 그 개개인들로 이루어지는 사회도 풍성해지게 된다.

　인간 본성의 좀 더 강력한 속성들이 다른 속성들의 권리를 잠식하는 것을 막기 위해서 필요한 압박은 반드시 있어야 한다. 심지어 인간의 발전이라는 관점에서도 그런 압박은 풍성한 보상을 가져다준다. 개인이 다른 사람들에게 해악을 끼치는 것을 개의치 않고 자신을 발전시킨다면, 그러한 발전은 대체로 다른 사람들의 발전의 기회를 희생시킴으로써 얻어지는 것이다. 그러므로 개인의 본성 중에서 이기적인 부분을 억제하면, 사회적인 부분이 더 잘 발전하게 되고, 이것은 그 개인에게도 충분한 보상이 된다. 다른 사람들을 위해 엄격한 정의의 규범을 고수하게 되면, 다른 사람들을 이롭게 하는 것을 자신의 목적으로 삼아서 행동하는 감정과 능력이 발전된다.

　하지만 다른 사람들의 이익에 영향을 미치지 않는 일들에서 단지 그들이 안 좋아한다는 이유로 제한을 받는 경우에는, 가치 있는 것들은 전혀 발전하지 못하고, 오직 그런 제한에 저항하는 반항심만 더 커질 뿐이다. 또한 정당하지 않은 제한에 묵종하는 데 익숙해지면, 인간의 본성 전체가 둔해지고 무디어지고 만다. 개개인의 본성이 마음껏 꽃을 피우기 위해서는, 서로 다른 사람들이 서로 다른 삶을 살도록 허용하는 것이 필수적이다. 개개인에게 그런 삶을 허용하는 수준이 높은 시대일수록, 그 시대는 인류 역사에 뚜렷한 족적을 남기고, 후대의 주목을 받을 수 있었다. 독재가 행해지는 곳에서도, 개성이 존재하는 동안에는, 최악의 결과를 낳지는 않는다. 반면에, 개성을 짓밟고 말살하는 것은, 그것을 무슨 이름으로 부르든, 그리고 그것이 신의 뜻을 시행하는 것이라고 하거나, 인간의 명령을 집행하는 것이라고 하거나 상관 없이, 이유 여하를 막론하고 독재다.

지금까지 나는 개성은 발전과 동일한 것이고, 오직 개성을 장려하고 육성할 때에만 인간은 제대로 잘 발달할 수 있다는 것에 대해서 어느 정도 할 말을 다했기 때문에, 이제 여기에서 그러한 논증을 마쳐야 하겠지만, 현실은 그렇지가 않다. 사람들 개개인이 그들 자신을 자기의 최선의 모습에 더 가깝게 발전시킬 수 있는 그런 여건으로 인간 사회를 조성해나가는 것보다 더 중요하거나 좋은 것이 무엇이 있겠는가? 이것을 역으로 말해서, 개개인이 자신의 본성을 최고로 발전시키는 것을 방해하고 가로막는 방향으로 인간 사회의 여건을 조성해나가는 것보다 더 나쁜 것이 무엇이 있겠는가?

하지만 이러한 고찰들로는 이 사실을 깨달을 필요가 가장 절실한 사람들을 설득하는 데에는 충분하지 않을 것임은 의심의 여지가 없다. 따라서 자신의 본성을 발전시킨 사람들이 그렇지 못한 사람들에게 상당한 유익이 된다는 것, 즉 자유를 원하지도 않고 자신에게 주어진 자유를 사용하고자 하지도 않는 그런 사람들일지라도, 다른 사람들이 아무런 방해 없이 자유를 사용하게 해주는 것이 그들에게 어떤 가시적인 이득을 가져다주는지를 추가로 보여줄 필요가 있다.

독창성의 기여

먼저, 나는 그들이 자신의 본성을 발전시킨 사람들로부터 배울 것이 있을 것이라는 말을 하고 싶다. 독창성이 인간의 삶 속에서 가치 있는 요소라는 것을 부인할 사람은 아무도 없다. 인간 사회에는 새로운 진리들을 발견해서, 이전에 진리였던 것들이 이제는 더이상 진리가 아니라는 것을 보여주는 사람들만이 필요한 것이 아니다. 그런 사람들 외에도, 새로운 실천들을 처음으로 시작해서, 좀 더 개화되고 진전된 행동과 더 나은 품격과 감각으로 이루어진 인간의 삶의 예를 사람들 앞에 제시하는 선구자들도 필요하다. 인간 사회가 모든 면에서 이미 완벽한 상태에 도달했다고 믿는 사람이라면 모를까, 그렇지 않은 사람들은 이것을 부정할 수 없다.

하지만 그런 선구자로서의 역할을 행함으로써 인류에 공헌하는 일은 누구나 할 수 있는 것이 아니다. 그런 일들을 선구적으로 행함으로써, 다른 사람들이 그들이 개척해놓은 길을 받아들여서 그대로 행하기만 한다면, 인류 사회가 한 단계 더 발전하게 할 수 있는 사람은 온 인류 중에서 극소수에 불과하다. 이 극소수의 사람들은 세상의 "소금"이다. 그들이 없다면, 인간의 삶은 그대로 고여서 썩은 저수지가 되고 말 것이다. 인간의 삶 속에 이전에 존재하지 않았던 좋은 것들을 새롭게 들여오는 것도 그들이고, 인간 사회에 이미 존재하는 것들이 계속해서 생명력을 지닐 수 있게 하는 것도 그들이다.

만일 새롭게 해야 할 일이 전혀 없다면, 인간의 지성은 더이상 필요하지 않게 되어 쇠퇴해버리지 않겠는가? 과거의 것들을 그대로 따라하는 사람들이 그것들을 자신들이 왜 하는지 그 이유를 알지 못하면서도, 이성을 지닌 인간이 아니라 그저 짐승처럼 그것들을 행하는 것도 바로 그런 이유 때문이 아니겠는가? 인류 역사에서 최고의 신념이고 최고의 실천이라고 하는 것들도 그런 식으로 해서 기계적인 것들로 전락해버리기가 너무나 쉽다. 그렇기 때문에, 독창성을 지닌 사람들이 끊임없이 나타나서 그러한 신념들과 실천들이 그 근거들이 망각된 채로 기계적인 관습이나 전통으로 전락해버리는 것을 막아주지 않는다면, 아무리 최고의 것들이라고 해도 이미 죽어버린 관습이나 전통이 되어버린 것들은, 진정으로 생명력이 있는 것이 나타나서 약간의 충격만 가해도 와해되어 버리고 말 것이다. 또한 비잔틴 제국 같은 문명이 하루아침에 붕괴되어 사라져 버리는 것도 얼마든지 가능하다.

천재성을 지니고 태어난 사람들은 소수이고, 그것은 앞으로도 계속해서 그럴 것이다. 그런데 그들이 살아서 성장하기 위해서는 그럴 수 있는 토양을 만들어주고 계속해서 유지해주어야만 한다. 천재성은 오직 자유의 대기 속에서만 자유롭게 숨쉴 수 있다. 천재라는 말 자체 속에는 이미 그들이 다른 일반 사람들보다 훨씬 더 개성이 강하다는 의미가 내포되어 있다. 그래서 사회가 자신의 구성원들이 각자의 개성을 형성하는 데 어려움을 겪지 않게 하기 위해 마련해 놓은 몇 가지 정형화된 표본들은 천재들에게는 감당하기 어려운 아주 심한 억압으로 느껴지기 때문에, 거기에 적응하는 것이 그렇게 쉽지가 않다. 그런데 그들이 소심해서 그러한 표본들 중 하나를 억지로 받아들여서 거기에 적응하려고 마음을 먹음으로써, 그러한 억압 아래에서는 펼칠 수 없는 자신의 천재성을 발전시키거나 발휘하지 못하게 된다면, 인간 사회는 그들에게 주어진 천재성으로부터 그 어떤 유익도 거의 얻어낼 수 없게 될 것이다.

천재들 중에서 강한 개성을 지닌 사람들이 있어서, 자신들에게 채워진 족쇄를 부수어버리는 경우에는, 천재들은 그들을 평범한 사람들로 만드는 데 실패한 사회의 공격대상이 된다. 즉, 마치 어떤 사람이 나이아가라 강이 "네덜란드 운하"처럼 좁은 구역을 유유히 흐르지 못한다고 불평하듯이,[4] 사회는 그들을 향해 미쳤다느니 정상이 아니라느니 심한 독설을 퍼부으며 엄중한 경고를 보낸다.

내가 이렇게 천재성의 중요성, 그리고 생각과 행동 두 측면에서 천재성을 마음껏 펼칠 수 있게 해줄 필요성을 강조하고 역설하는 이유는, 이것을 이론적으로 부정하는 사람은 아무도 없지만, 실제로는 거의 모든 사람이 이것에 대해 전혀 관심이 없다는 것을 내가 잘 알고 있기 때문이다. 사람들은 어떤 사람에게 천재성이 있어서 감동적인 시를 쓰고 훌륭한 그림을 그릴 수 있는 것은 멋진 일이라고 생각한다. 생각과 행동에서 독창성이 있는 것을 대단하다고 말하지 않는 사람은 아무도 없지만, 거의 모든 사람들이 마음속으로는 자신들은 독창성이 없어도 아주 잘 살아갈 수 있다고 생각한다. 유감스럽게도 이것을 너무나 당연시하고 조

---

4 여기에 언급된 "네덜란드 운하"는 네덜란드가 17세기에 자신의 식민지였던 스리랑카에 건설한 작은 운하를 말한다.

금도 의심하지 않는다.

　독창적이지 않은 지성을 가진 사람들은 독창성의 용도를 알 수가 없다. 독창성이 그들에게 무슨 유익을 가져다줄 수 있는지를 알지 못한다. 그들이 어떻게 그것을 알 수 있겠는가? 만일 그들이 그것을 알 수 있다면, 그들은 이미 독창성을 가지고 있는 것이다. 따라서 독창성이 그들을 위해 해줄 수 있는 첫 번째 기여는 그들의 눈을 뜨게 해주는 것이다. 일단 이것이 제대로 이루어지기만 한다면, 그들도 독창적인 사람들이 될 기회를 얻게 될 것이다. 그렇게 하기 위해서 우선적으로 해야 할 것은, 만일 누군가가 어떤 것을 처음으로 하지 않았다면, 아무것도 행해지지 않았을 것임을 상기시키는 것, 즉 이 세상에 존재하는 모든 좋은 것들이 독창성의 결과물들이라는 것을 인식시키는 것이다. 이렇게 해서 독창성의 용도를 알지 못하는 사람들로 하여금 이 세상에는 독창성을 지닌 사람들이 해야 할 일들이 여전히 남아 있다는 것을 믿게 해주어야 하고, 그들이 독창적이지 않다는 것을 잘 알지 못할수록, 그들에게 독창성이 더 절실하게 필요하다는 것을 깨닫게 해주어야 한다.

대중과 개인

이 시대에는 사람들이 정신적으로 뛰어난 사람이나 그렇게 생각되는 사람에게 아무리 경의를 표할지라도, 전 세계적으로 "평범한 사람들"이 인류 가운데서 떠오르는 권력이 되고 있는 것이 일반적임은 엄연한 사실이다. 반면에, 고대 및 중세 시대에는 힘 있는 개인이 권력을 쥐었고, 이것은 봉건 시대에서 근대로 이행하기까지의 오랜 세월 동안에는 그 정도가 약해지긴 했지만 여전히 마찬가지였다. 그래서 뛰어난 능력이 있거나 사회적으로 지위가 높은 사람에게 상당한 권력이 주어졌다.

오늘날에는 대중이 부각되면서 개인은 사라졌다. 정치에서 그것은 여론이 세상을 지배한다는 말로 표현되는데, 그렇게 말하는 것은 이제 일상적인 것이 되었다. 이 시대에 권력이라고 불릴 수 있는 유일한 것은 "대중"의 권력이다. 정부의 권력도 존재하긴 하지만, 정부는 이미 대중이 원하는 것들을 따라가는 기관이 되어 있다. 이런 일은 공적인 분야만이 아니라, 개개인의 사적인 삶과 관련된 도덕적이고 사회적인 관계들에서도 벌어지고 있다. 여론이라는 이름으로 불리는 것을 만들어내는 사람들은 대중이지만, 그 대중의 실체가 언제나 동일한 것은 아니다. 미국에서는 백인 주민 전체이고, 영국에서는 주로 중산층이다. 그럼에도 불구하고, 그들은 언제나 대중, 즉 평범한 사람들의 집합체이다.

그리고 한층 더 새로운 것은 대중은 이제 교회의 고위 성직자들이나 국가의 고관들이나 저명 인사들이 제시한 의견들, 또는 유명한 사람들이 쓴 책들에 나와 있는 의견들을 따르지 않는다는 것이다. 그들의 생각은 서로 같은 처지에 있는 사람들이 그들에게 말하거나 그들의 이름으로 말한 생각, 또는 그런 사람들이 기회가 주어졌을 때에 신문 지상을 통해 밝힌 생각과 동일하다.

나는 이 모든 것들이 불만스럽다고 말하고 있는 것이 아니다. 현재의 인간 지성은 낮은 수준에 있기 때문에, 오늘날의 사회가 지금 당장 현재 상태보다 더 나은 상태가 될 수 있다고 생각하지 않는다. 하지만 평범한 사람들이 지배하는 정부는 평범한 정부가 될 수밖에 없다는 것을 부정할 수는 없다. 민주주의나 귀족주의를 기반으로 한 정부가 자신의 정치적인 행위나 의견, 그리고 그 정부에서 장려하는 지성의 수준과 기조에서 실제로 평범한 수준을 뛰어넘을 수 있었던 유일한 경우는, 그 정부의 권력을 쥐고 있던 다수가 그들보다 더 큰 재능과 학식을 갖춘 한 사람 또는 소수의 자문과 영향력 아래에서 국정을 운영했던 때뿐이었다. 그렇게 한 정부는 언제나 최고의 황금기를 누렸다.

모든 진정으로 지혜롭거나 고귀한 일들은 개인에게서 시작되고, 또한 그래야 한다. 일반적으로 그런 일들을 시작하는 것은 어떤 개인이다. 평범한 사람들이 명예와 영광을 얻을 수 있는 방법은 그 개인이 선구적으로 걸어간 길을 따라가는 것이다. 그 개인이 열어놓은 지혜롭고 고귀한 길을 직시하고 진심으로 받아들여서 그 길로 걸어가야 한다.

지금 나는 천재성을 지닌 강력한 인물이 자신의 힘으로 정부를 장악하고서 자신의 뜻대로 좌지우지하는 것을 찬양하는 이른바 "영웅숭배 사상"을 지지하고 있는 것이 아니다. 내가 요구하는 것은 천재가 평범한 사람들에게 어느 길로 가야할지를 보여줄 자유를 갖게 해달라는 것이 전부다. 만약 거기에서 더 나아가서, 천재가 다른 사람들에게 자신이 제시하는 길을 가도록 강제하는 권력을 얻게 된다면, 그것은 모든 평범한 사람들에게 있어야 할 자유, 그리고 그들로 하여금 발전하게 해야 한다는 것과 부합하지 않을 뿐만 아니라, 천재 자신을 해치는 일이기도 하다.

오늘날에는 평범하기 짝이 없는 사람들로 이루어진 대중의 여론이 어느 곳에서나 지배적인 권력이 되었거나 되어가고 있기 때문에, 그러한 경향을 견제해서 그 속에 내재된 해악을 고치고 균형을 이루기 위해서는 탁월한 지성과 훌륭한 사상을 갖춘 사람들의 개성이 마음껏 발휘될 수 있게 해주는 것이 최선인 것으로 보인다. 오늘날의 상황이 그렇기 때문에, 예외적인 개인들이 대중과 다르게 행동하는 것을 막는 것이 아니라 도리어 장려하는 것이 그 어느 때보다 절실하다.

다른 시대들에서는 천재들이라고 할지라도, 대중과 다르게 행동할 뿐만 아니라 더 낫게 행동할 때에만, 사회에 유익을 끼칠 수 있었다. 반면에, 이 시대에서는 단지 대중과 다르게 행동하고, 관습과 관행에 무릎을 꿇기를 거부한다는 것 자체만으로도 사회에 기여하는 것이다. 여론의 독단과 폭정이 너무 심해서, 그 기준에서 벗어난 엉뚱한 행동에 대해서는 가차 없는 비난이 쏟아지는 오늘날의 상황에서는, 그런 독단과 폭정을 깨뜨리기 위해서는, 사람들이 기준을 벗어나 엉뚱하게 행동하는 것이 바람직하기 때문이다. 개성이 활발하게 발휘되었던 시기나 지역에서는 언제나 엉뚱한 행동들이 차고 넘쳤다. 한 사회가 담고 있는 천재성과 정신적인 활력과 도덕적인 용기가 클수록, 엉뚱한 행동들이 많아진다. 오늘날 그런 엉뚱한 행동들이 별로 없다는 것이야말로 이 시대가 얼마나 큰 위험에 처해 있는지를 보여주는 지표다.

이제까지 나는, 관습을 벗어난 것들을 가능한 한 가장 자유롭고 폭넓게 허용하는 것이 중요한데, 끊임없이 그렇게 하다보면 그러한 것들 중에서 어떤 것들은 적절한 때를 만나 받아들여지고 관습이 된다고 말해왔다. 하지만 내가 사람들이 관습에 얽매임이 없이 독자적으로 행동하는 것을 장려하는 것이 바람직하다고 말한 것은 단지 그렇게 함으로써 더 나은 행동방식들이나 한 사회가 채택하기에 더 가치 있는 관습들을 발견해내기 위한 것이 아니다. 또한 오직 정신적으로 뛰어난 사람들만이 자신의 삶을 자신만의 고유한 방식으로 살아갈 자격이 있다는 의미도 아니다. 모든 인간이 어느 한 가지 방식, 또는 소수의 방식을 따라 자신의 삶을 살아가야 할 이유는 없다. 상식적인 수준에서의 이성과 경험

을 갖춘 사람이라면, 자신의 삶을 자기 방식대로 살아가는 것이 최선이
다. 그런 삶이 그 자체로 최선이기 때문이 아니라, 그 사람 자신의 고유
한 방식대로 살아가는 것이기 때문이다.

사람은 양㶡과 같지 않다. 아니, 양들조차도 서로 구별이 되지 않을
정도로 모두 다 똑같지는 않다. 사람은 외투나 신발이 필요한 경우에는,
자신의 치수를 재서 거기에 맞추어 만들거나, 상점에 있는 많은 것들 중
에서 자기에게 맞는 것을 선택한다. 사람이 자신에게 맞는 삶을 선택하
는 것이 외투 하나를 선택하는 것보다 더 쉽겠는가? 사람들의 신체와
정신의 상태가 그들의 발 모양보다도 더 서로 비슷하겠는가?

개인의 취향의 다양성

사람들의 취향이 다양하다면, 그것 하나만으로도 모든 사람을 하나의
틀에 맞추려고 해서는 안 되는 충분한 이유가 된다. 그런데 사람들이 자
신의 정신적인 발전을 위해 필요로 하는 조건들도 서로 다르다. 온갖 다
양한 식물들이 동일한 자연 조건과 기후에서 건강하게 자랄 수 없는 것
과 마찬가지로, 모든 사람에게 동일한 도더저 기준을 획일저으로 저용
하면, 그런 조건에서 모두가 건강하게 살아가는 것은 불가능하다. 어떤
사람에게는 그의 본성 중에서 더 고귀한 것들을 발전시키는 데 도움이
되는 것들이 다른 사람에게는 도리어 방해가 될 수 있다. 하나의 동일한
생활방식이 어떤 사람에게는 아주 건강하게 작용해서 그의 모든 능력들
을 최고로 발전시키고 유지할 수 있게 해주는 반면에, 어떤 사람에게는
도저히 감당할 수 없는 무거운 짐으로 작용해서 그의 모든 내면의 삶을
불안정하게 하거나 파괴해버릴 수 있다.

사람들마다 기쁨을 느끼게 해주는 것들, 고통을 느끼는 예민함의 정도, 그런 것들에 대해 반응하는 육체와 정신의 기제 같은 것들이 서로 다르기 때문에, 각자에게 맞게 개개인이 다양한 방식으로 삶을 살아갈 수 없다면, 자신이 본래 누릴 수 있게 되어 있던 행복을 누릴 수 없게 되고, 각자의 본성 안에서 이룰 수 있는 정신적이고 도덕적이며 미적인 최고의 발전을 달성할 수 없게 된다.

그런데 왜 오직 다수가 선호하는 취향과 생활방식만이 용납되고, 다수에 속하지 않은 사람들은 다수의 취향과 생활방식을 따라 살아가도록 강요당해야 하는 것인가? 일부 수도원을 제외하고는, 그 어디에서도 취향의 다양성을 전혀 인정하지 않는 경우는 없다. 사람들은 노를 젓는 것, 담배를 피우는 것, 음악을 듣는 것, 운동하는 것, 장기를 두는 것, 카드놀이를 하는 것, 공부하는 것을 좋아하기도 하고 좋아하지 않기도 하지만, 어느 쪽이든 사람들로부터 비난을 받지 않는다. 그 이유는 그런 것들을 좋아하는 사람들이나 싫어하는 사람들이 둘 다 수가 너무 많아서 억압해서 제거해버릴 수가 없기 때문이다.

하지만 어떤 사람이 "아무도 하지 않는 일"을 한다든지, "모두가 다 하는 일"을 하지 않는 경우에는, 마치 아주 중대한 도덕적인 의무를 어기기나 한 것처럼, 그 사람에게는 사람들의 비난과 혹평이 쏟아진다. 더구나 그 사람이 여자라면, 그 정도는 더욱 심해진다. 어떤 사람이 자신의 평판에 손상이 가게 하지 않는 가운데 자기가 하고 싶은 일을 할 수 있는 호사를 "어느 정도" 누리려고 한다면, 그런 것이 용인될 정도의 사회적 지위가 있거나, 사람들로부터 저 사람은 그럴 만하다는 인정을 받는 사람이어야 한다. 다시 한 번 말하지만, 그런 사람조차도 그런 것을

"어느 정도만" 누릴 수 있을 뿐이다. 왜냐하면, 자기가 하고 싶은 대로 하는 것이 지나치게 되면, 그가 누구이든, 비난이나 혹평은 말할 것도 없고 그 이상의 제재도 각오해야 하기 때문이다. 심지어는 법원에서 정신병자로 판결을 받아, 그의 전 재산이 몰수되어, 가족이나 친척에게 주어지는 일이 벌어지기도 한다.[5]

오늘날 대중의 여론에는, 특히 조금이라도 튀는 개성을 용납할 수 없게 만드는 한 가지 특징이 있는데, 그것은 대중을 이루고 있는 일반적이고 평범한 사람들은 지성에서만이 아니라 취향에 있어서도 무난하다는 것이다. 그들은 평범한 것에서 벗어나 어떤 특별한 것을 하고 싶어 하는

---

5   최근에는 누구라도 어떤 증거에 입각해서 법원에서 금치산 선고를 받아 자신의 재산을 자기 마음대로 처분할 수 있는 권리를 박탈당하는 일이 벌어질 수 있게 된 것은 정말 한심하기 짝이 없는 경악할 만한 일이다. 금치산 선고를 받은 사람은 자신이 죽고 난 후에 자신의 재산을 어떻게 처분할지를 결정할 수 있는 권한도 박탈당한다. 게다가, 어떤 사람에 대해 그런 판결을 법원에 청구한 사람들은 그 소송 비용을 자신들이 내지 않고, 그 사람의 재산에서 충당하도록 할 수 있다. 이런 소송이 제기된 순간부터, 그 사람의 일상생활의 모든 세세한 것들이 비밀리에 뒷조사를 받고, 그 뒷조사를 담당하는 기관에 속한 너무나 천박하고 비열한 사람들에 의해 절대적인 상식과 달라 보이는 행동이 포착되는 경우에는, 그 행동은 그 사람이 정신적으로 문제가 있다는 증거로 배심원들 앞에 제시되고, 많은 경우에 받아들여져서, 그 사람에게 금치산 선고가 내려진다. 배심원들은 증거를 제시한 증인들과 마찬가지로 천박하고 비열하며 무지한 사람들이고, 영국의 법률가들 전체가 그러하듯이 인간의 본성과 삶에 대해 너무나 무지해서 우리를 끊임없이 깜짝깜짝 놀라게 만드는 재판관들도 흔히 배심원들을 오도하는 데 일조한다. 이러한 증인들과 배심원들과 재판관들이 합작해서 만들어내는 재판들은 통속적인 일반 대중들이 인간의 자유에 대해 어떤 정서와 의견을 지니고 있는지를 아주 풍부하게 말해 준다. 재판관들과 배심원들은 개인의 개성에 대해 아무런 가치를 두지 않고, 개개인이 모든 일에서 자신의 판단과 취향에 따라 자신에게 좋아 보이는 대로 서로 다르게 행동할 권리를 지니고 있다는 것을 인정하지 않기 때문에, 지극히 정상적인 사람도 얼마든지 그렇게 행동할 자유를 원할 수 있다는 사실조차 알지 못한다. 지난날 무신론자들을 화형에 처하던 시절에, 그래도 자비로운 마음을 지니고 있다고 하는 사람들은 무신론자들을 화형에 처하지 말고 정신병원에 가두어둘 것을 주장하곤 했다. 그러니 우리가 오늘날 그런 일이 자행되고 있는 것을 보고, 또한 그렇게 하는 사람들이 칭찬을 받고 있는 현실을 본다고 해도, 그것은 새삼스러운 일이 아닐 것이다. 왜냐하면, 그들은 자신들이 기독교를 수호하기 위해 저 불온한 자들을 박해하지 않고, 그 대신에 그 자들을 아주 인도적이고 기독교적으로 대우해주고 있는 것에 대해, 자신들의 그러한 행위는 신에게서 상을 받을 만한 선행을 쌓은 것이라고 속으로 은근히 만족해하기 때문이다(저자의 원주).

성향이나 욕구가 별로 강하지 않다. 따라서 그런 성향이나 욕구를 지닌 사람들을 이해하지 못하고, 그런 사람들을 제정신이 아니고 자제력이 부족한 자들로 규정하고서 업신여기는 것이 습관화되어 있다.

대중의 여론과 관련해서 이러한 특징적인 경향성이 일반화되어 있는 가운데, 사회의 도덕을 한 단계 끌어올리는 것을 목표로 한 강력한 운동이 이미 시작되었는데, 우리가 그러한 대중 운동 속에서 무엇을 예상할 수 있는지는 너무나 분명하다. 오늘날 그러한 운동은 이미 시작되었다. 아니, 실제로는 사람들의 행동을 정형화하고, 거기에서 벗어나는 행동들을 통제하는 방식으로 이루어져온 그 운동은 벌써 상당한 효과를 거두고 있다. 박애주의적인 정신이 널리 퍼져 있고, 거기에 의거해서 인류 전체를 도덕적이고 사려 깊은 사람들로 개조하고자 하는 움직임이 확산되고 있다.

대중의 이상적 인간상

이 시대의 이러한 경향성들로 인해 대중은 과거 그 어느 때보다도 더 보편적인 행동 규범을 정해서, 모든 사람으로 하여금 그 기준에 맞춰 살아가게 하기 위해 애쓰고 있다. 그런데 대중이 정한 명시적이거나 암묵적인 기준이라는 것은 그 어떤 것도 강렬하게 원해서는 안 된다는 것이다. 거기에서 이상적인 인간상은 뚜렷한 개성이 없는 인간이다. 인간의 본성 중에서 평범한 인간에게서 볼 수 없는 특별하거나 다른 개성들은 억압해서, 중국 여자들의 전족처럼 강압적으로 그 기준에 들어맞게 만든다.

이상이라고 하는 것들이 사실은 이상적인 것들의 전부를 포함한 것이 아니라 그 절반은 배제된 반쪽짜리인 경우가 보통인 것처럼, 오늘날 사람들이 인정하는 기준도 오직 이상적인 것들의 절반만을 불완전하게 모방한 것일 뿐이다. 그 기준에 맞춰 살아갈 때에 생겨나는 결과는 활발한 이성의 지도를 받는 큰 활력과 양심적인 의지의 통제를 받는 강력한 감정이 아니라, 빈약한 감정과 허약한 활력이다. 이것이 유지될 수 있는 것은 그 어떤 강력한 의지나 이성 없이 단지 형식적으로만 규범에 맞춰 살아가기 때문이다. 강한 개성을 가지고 활력 있게 살아가던 사람들도 벌써 단지 전통과 관습을 따라 살아가는 사람들이 되어가고 있다.

지금 이 나라에서는 사업하는 것 외에는 활력을 사용할 곳이 거의 없다. 사업 분야에서 사용되고 있는 활력은 아직까지는 여전히 상당하다고 말할 수 있다. 그렇게 사용하고 남은 약간의 활력은 취미활동에 사용된다. 그러한 취미활동은 유익한 것일 수 있고, 심지어 자선사업도 그런 취미활동 중의 하나이지만, 그 범위는 언제나 작은 규모의 어느 한 가지로 제한되어 있다. 이제 영국의 위대함은 모두 집단적인 것들에 있다. 개개인들은 왜소해서, 우리는 오직 함께 결합되어서 집단을 이룰 때에만 위대한 일을 할 수 있는 것처럼 보인다. 우리의 도덕적이고 종교적인 박애주의자들은 우리의 이런 모습에 대해 완벽하게 만족한다. 하지만 오늘의 영국을 존재하게 한 것은 그런 사람들과는 다른 특성을 지닌 사람들이었다. 영국의 쇠락을 막기 위해서는 바로 그 다른 특성을 지닌 사람들이 필요하다.

자유의 정신의 필요성

관습의 독재는 도처에 상존해서, 사회 속에서 관습적인 것보다 더 나은 것을 추구하는 성향을 끊임없이 적대하는 가운데 인간의 발전을 방해하고 있다. 사회 속에 있는 그러한 성향은 그때그때 상황에 따라 자유의 정신, 또는 진보나 개혁의 정신 등으로 불린다. 하지만 개혁의 정신이 언제나 자유의 정신과 동일한 것은 아니다. 개혁의 정신은 개혁을 거부하는 사람들에 대해서는 강제력을 사용해서라도 개혁을 이루고자 하고, 자유의 정신은 그런 시도를 저지하기 위해서 부분적 및 일시적으로 개혁을 반대하는 사람들과 손을 잡을 수도 있기 때문이다. 하지만 진정한 개혁을 가능하게 해주는 유일하게 확실하고 영속적인 원천은 자유다. 자유가 존재하는 곳에서만, 한 사람 한 사람이 하나의 독립적인 개혁의 거점이 될 수 있고, 그렇게 해서 무수히 많은 개혁의 거점들이 존재할 수 있기 때문이다.

하지만 자유를 사랑하는 형태를 띠든, 아니면 개혁을 사랑하는 형태를 띠든, 진보의 원리는 관습의 전횡에 적대적이기 때문에, 적어도 관습의 멍에로부터의 해방을 포함한다. 그리고 이 둘 간의 싸움이 인류 역사의 기조를 이룬다. 아니, 제대로 말하자면, 이 세계의 많은 지역들은 그런 역사를 갖고 있지 않다. 관습의 독재가 완벽하기 때문이다. 그것은 동양 전체에 해당된다. 거기에서는 관습이 모든 일을 결정한다. 관습에 부합하는 것이 정의이고 옳은 것이다. 권력에 도취된 폭군이라면 모를까, 아무도 관습에 저항할 엄두를 내지 못한다.

우리는 그 결과를 안다. 그런 나라들에도 과거의 어느 한때에는 독창성이 존재했었을 것임에 틀림없다. 처음부터 인구가 많았고, 학문이 융성했으며, 수많은 생활의 기예들에 정통했던 것은 아니었을 것이기 때문이다. 그들은 자신들의 힘으로 그런 것들을 이루어냈다. 그때에 그 나라들은 세계에서 가장 위대하고 강력한 나라들이었다. 하지만 그 나라들의 지금의 모습은 어떠한가? 숲속에서 사냥하며 먹고살았던 조상들을 둔 부족들의 후손들이었던 그들은 웅장한 궁전들과 화려한 사원들을 짓고 살게 되었지만, 관습이 그들을 지배하게 되면서, 자유와 진보는 끝이 났다. 인류 역사 속에서 민족들은 흥망성쇠를 겪게 되는데, 상당한 기간 동안 발전하여 찬란한 문명을 꽃피우다가, 어느 때가 되면 진보와 성장이 멈춰 서게 된다. 그렇다면 언제 멈춰 서게 되는 것인가? 그것은 바로 그 민족 속에 개성이 발 붙일 곳이 없게 될 때다.

동양의 그런 나라들이 겪은 것과 비슷한 일이 유럽의 나라들에서 일어난다면, 정확히 동일한 결과가 만들어지지는 않을 것이다. 그 이유는 유럽의 나라들을 위협하고 있는 관습의 독재는 동양의 나라들처럼 그렇게 완벽하지 않아서, 너무 튀는 것들은 배척하지만, 모든 변화와 진보를 다 철저하게 가로막지는 않기 때문이다. 우리는 우리의 조상들이 고수했던 의상들을 이제 더 이상 입지 않는다. 모든 사람이 여전히 다른 사람들과 똑같은 옷을 입어야 하기는 하지만, 사람들이 입는 옷은 일 년에 한두 번은 다른 옷으로 바뀐다. 여기에서 우리는 이러한 패션의 변화는 아름다움이나 편리함으로 인한 깃이 아니라, 단지 변화를 추구하는 사람들의 성향으로부터 생겨나는 것임을 주목할 필요가 있다. 아름다움이나 편리함에 대한 어떤 생각이 갑자기 어느 순간에 모든 사람에게 동시에 생겨났다가, 얼마 후에 또 갑자기 어느 순간에 모든 사람에 의해 동시에 폐기되는 것이라고 생각하기는 어렵기 때문이다.

하지만 우리는 변화만이 아니라 진보를 추구한다. 끊임없이 새로운 기계들을 발명해내고, 어느 기간 동안 사용하다가, 또다시 더 좋은 기계를 발명해내어 이전의 것을 버리고 더 발전된 것을 사용한다. 또한 정치와 교육과 도덕에서 진보를 위해 애쓴다 – 물론, 오늘날 도덕에 있어서의 진보라는 것은 주로 다른 사람들을 설득하거나 강제해서 우리와 똑같이 선하게 만드는 것이라는 생각이 대중을 지배하고 있기는 하지만. 이 시대의 사회와 대중이 반대하는 것은 발전이나 진보가 아니다. 도리어, 오늘날 대중은 자신들이야말로 인류 역사 속에서 가장 진보적인 사람들이라고 자부한다.

대중이 반대하고 용납하지 못하는 것은 개성이다. 그들은 사람들이 서로 달라야만, 자신의 부족함이나 다른 사람들의 뛰어남을 주목하게 되고, 서로의 장점들을 결합해서 개개인이 만들어낼 수 있는 것보다 더 나은 것을 만들어낼 생각을 하게 되는 것이 보통이라는 사실을 망각해 버린다. 또한 한 사회의 구성원 전부를 모두 다 똑같은 사람들로 만들어야만, 경이로운 일들을 이루어낼 수 있을 것이라고 생각한다.

중국의 경우

우리는 그런 생각이 한 사회를 지배할 때에 어떤 결과가 빚어지는지를 경고해주는 예를 중국에서 찾아볼 수 있다. 중국은 한때 수많은 재능들, 심지어 어떤 점들에서는 지혜가 넘쳐났던 그런 나라였다. 그것은 초창기에 상당히 훌륭한 일련의 관습들이 그 나라에 만들어지는 아주 드문 행운이 주어진 덕분이었다. 그 관습들을 만들어낸 주역은 가장 개화된 유럽인들조차도, 몇몇 단서들을 달기는 했지만, 현자들과 철학자들이라고 지칭할 만하다고 여겼던 사람들이었다. 중국의 그런 현자들은 나라 안의 모든 사람들로 하여금 그 최고의 지혜를 익힐 수 있게 하고, 그 지혜를 익힌 사람들을 관리로 등용하여 명예와 권력을 누릴 수 있게 해주는 훌륭한 제도를 마련했다는 점에서도 주목할 만한 사람들이었다. 중국이 이런 일을 해낸 민족이라면, 그들은 분명히 인간의 진보와 관련된 비밀을 알아낸 사람들이었을 것이기 때문에, 당연히 지금도 여전히 이 세계의 선두에 서 있어야 한다. 하지만 우리의 그러한 예상과는 반대로, 그들은 정체되어 있다. 수천 년 동안이나 제자리에 머물러 있다. 그들은 스스로 진보해 나갈 동력을 잃어버렸기 때문에, 진보해 나가고자 한다면, 외국인들의 힘을 빌리지 않으면 안 된다.

그들은 오늘날 영국의 박애주의자들이 온 힘을 다해 심혈을 기울여서 이루어내고자 하는 일, 즉 모든 사람들을 똑같이 만들고, 그들의 생각과 행동이 하나의 동일한 도덕 원리와 규범의 지배를 받게 하는 것을, 우리가 기대하는 것 이상으로 너무나 훌륭하게 이루어냈다. 그 결과가 지금의 중국이다. 여론에 의한 오늘날의 통치 체제는 중국의 교육과 정치 제도가 조직적인 형태로 하고 있는 것을 비조직적인 형태로 하고 있다. 아무리 유럽이 지난날에 고귀한 업적들을 이루어내었고 지금도 기독교 정신 위에 서 있다고 할지라도, 하루 빨리 사람들의 개성이 이러한 멍에를 부수고 나와서 마음껏 활보힐 수 있게 되지 않는다면, 유럽이 중국처럼 되는 것은 시간 문제일 뿐이다.

유럽의 경우

유럽이 중국과 같은 운명이 되지 않게 이제까지 지켜준 것은 무엇인가? 이 세계의 수많은 민족들 중에서 유럽의 민족들이 제자리에 정체되지 않고 끊임없이 발전해 나갈 수 있게 해준 것은 무엇인가? 그것은 결코 유럽의 민족들이 뛰어나고 탁월하기 때문이 아니다. 그런 탁월함이 그들에게 존재한다고 할지라도, 그것은 원인이 아니라 결과물일 뿐이다. 개성과 문화의 두드러진 다양성이 바로 그 원인이다.

예전부터 유럽을 구성하는 개인들과 계층들과 민족들은 서로 극단적으로 달랐다. 그 개인들과 계층들과 민족들이 각자 서로 아주 다르고 다양한 길들을 개척해서, 각자가 가치 있는 결과물들을 만들어내었다. 물론, 각 시대에 서로 다른 길들을 간 사람들이 서로를 순순히 받아들인 것은 아니었고, 도리어 모든 사람이 하나의 길을 간다면, 아주 좋을 것이라고 생각해서, 자신의 특정한 길을 다른 모든 사람들에게 강요했다. 하지만 각자가 가는 길을 저지하고 자신의 특정한 길을 강요하고자 한 시도들이 영속적인 성공을 거두는 일은 거의 없었기 때문에, 각자는 결국 자신만의 길을 간 결과물을 얻을 수 있었고, 그 결과물들을 서로 공유할 수 있었다. 아주 다양한 개인과 계층과 민족들이 서로 다른 아주 다양한 길들을 잡고 수많은 방향들로 뻗어나가 진보를 이루어나간 것이 오늘의 유럽을 있게 한 모든 것이었다는 것이 나의 판단이다.

그런데도 유럽의 나라들은 오늘의 그들을 있게 해준 그 자산을 이미 상당 부분 폐기해버리고서, 모든 사람을 똑같이 만들고자 하는 중국식 이상을 향해 돌진하고 있다. 토크빌M. de Tocqueville[6]은 자신이 마지막으로

---

6 토크빌(1805-1859년)은 프랑스의 정치학자이자 정치가로서, 1827년에 베르사유 재판소의 판사로 취임하면서, 1831년에 교도소 운영실태를 조사하기 위해 미국에 다녀오고 나서, 2권으로 된 『미국의 민주주의』(1835-1840년)를 저술했는데, 이 책이 밀에게 큰 영향을 미쳤다. 그 책에서 토크빌은 근대 민주주의 사회로의 이행을 시대적인 필연으로 보았다. 그의 마지막 저작인 『구체제와 혁명』은 1856년에 프랑스에서 출간되어서 바로 그 해에 영어로 번역되었는데, "어떻게 해서 프랑스인들은 이렇게 서로 비슷해지게 되었는가"는 이 책의 제8장 2절의 제목이다.

쓴 중요한 저작에서, 오늘날의 프랑스인들이 지난 세대보다 훨씬 더 서로 비슷비슷해졌다는 사실을 지적한다. 그 말은 영국인들에게도 해당될 뿐만 아니라, 그 정도가 훨씬 더 심각하다. 훔볼트Wilhelm von Humboldt는 우리가 앞에서 언급한 인용문에서, 인간의 발전을 위해 필수적인 두 가지 조건은 "자유"와 "환경의 다양성"이라고 말했다. 이것은 사람들이 서로 달라야 인간이 발전할 수 있다고 말한 것과 같다. 그런데 이 두 가지 조건 중에서 두 번째가 이 나라에서 날마다 감소하고 있다. 서로 다른 계층들과 개인들을 둘러싸고서 그들의 개성을 형성해내는 환경들이 날마다 점점 더 비슷해져가고 있다는 말이다.

다양성의 감소

전에는 사회적 지위가 서로 다른 사람들, 서로 다른 이웃들, 직업이 서로 다른 사람들이 서로 다른 세계라고 할 수 있는 환경 속에서 살아갔다. 하지만 현재는 상당한 정도로 동일한 세계 속에서 살아가고 있다. 상대적으로 말하자면, 사람들은 이제 동일한 것들을 읽고, 동일한 것들을 들으며, 동일한 것들을 보고, 동일한 곳들을 간다. 사람들이 희망하는 것이나 염려하는 것들도 동일하다. 사람들은 동일한 권리들과 자유들을 누리고, 그런 것들을 누리기 위해 사용하는 수단들도 동일하다. 사람들 간의 사회적 지위와 신분의 차이는 아직도 크지만, 사람들 간에서 사라진 차이들에 비하면 아무것도 아니다. 그리고 사회 구성원들에 대한 이러한 동질화는 여전히 진행되고 있다.

　이 시대의 모든 정치적 변화들이 사회적으로 신분이 낮았던 사람들은 높여주고 신분이 높았던 사람들은 낮추는 경향으로 작용하는 것이 그런 동질화를 촉진시킨다. 교육의 기회가 확대되어서, 사람들이 동일한 교육 환경 속에서 동일한 사실들과 정서들을 접하게 된 것도 그런 동질화를 촉진시킨다. 교통과 통신의 발달로 서로 멀리 떨어져 있는 사람들이 손쉽게 접촉할 수 있게 되고, 많은 사람들이 한 곳에서 다른 곳으로 주거를 신속하게 옮길 수 있게 된 것도 그런 동질화를 촉진시킨다. 상업과 제조업의 발달로 편리한 환경이 주는 이점들이 널리 확산되어서, 모든 사람들이 온갖 목표, 심지어 최고의 목표를 달성하고자 하는 야심을 품고 서로 경쟁할 수 있게 됨으로써, 출세가 이제 더 이상 특정 계층이 아니라 모든 계층의 목표가 된 것도 그런 동질화를 촉진시킨다.

하지만 사람들 간의 전반적인 동질성을 촉진시킴에 있어서 이 모든 것들보다 더 강력한 요인은, 이 나라를 비롯한 여러 자유로운 나라들에서 여론이 국가를 지배하는 힘으로 완벽하게 자리를 잡았다는 것이다.

한편으로는, 전에는 사회적으로 이런저런 특권들을 지닌 사람들이 자신들의 보호막인 그러한 특권에 힘입어서 대중의 의견을 무시할 수 있었지만, 이제는 그런 특권들이 점차 사라져서, 모든 사람들이 거의 평준화되었다.

다른 한편으로는, 대중도 자신의 고유한 의지를 가지고 있다는 것이 분명하게 인식되면서, 대중의 의지에 저항하고자 하는 생각 자체가 현실 정치인들에게서 점점 더 사라졌다. 이 두 가지가 합쳐져서, 대중의 여론과 다른 것에 대한 그 어떤 사회적 지지도 존재하지 않게 되었다. 즉, 대중이 수적인 우위를 내세워서 관철하고자 하는 여론에 반대하여, 대중과 다른 의견을 제시하고 행동하는 그 어떤 사회적인 세력도 존재하지 않게 되었다는 것이다.

개성과 다양성의 회복

이 모든 요인들이 한데 결합되어서 개성에 대하여 거대한 규모의 적대적인 세력이 형성되어 있기 때문에, 어떻게 해야 개성이 입지를 확보할 수 있을지가 잘 보이지 않아서 상황이 아주 어렵다. 대중 가운데서 지식인 계층이라고 할 수 있는 사람들이 개성의 가치를 알게 되어서, 사람들 간에 존재하는 차이들이 사회를 개선시키지 못하고, 심지어 그들이 보기에 사회를 더 나빠지게 하는 것처럼 보이더라도, 사람들이 다 똑같아서 개성이 말살되어 있는 것보다 더 낫다는 것을 깨닫지 못한다면, 이러한 상황은 더욱더 어려워질 것이다.

하지만 지금은 이 사회가 사람들을 강제해서 동질성을 확보하고자 하는 시도가 완성되지 않아서, 아직은 빈 구석이 많이 남아 있다는 점에서, 개성의 가치와 중요성을 사람들에게 일깨우는 일을 하기에 적절한 때는 바로 지금이다. 모든 것은 초기에 바로잡아야 한다. 모든 사람들이 서로 비슷해져야 한다는 이 사회의 요구는 날이 갈수록 점점 더 거세지고 있다. 모든 사람의 삶이 하나의 정해진 형태로 획일화된 후에, 거기에 저항하고자 한다면, 그 획일적인 삶의 형태로부터 벗어난 모든 것들은 불경스럽고 비도덕적이며, 심지어 본성을 거스르는 기괴한 짓으로 여겨지게 될 것이다. 인간이라는 것은 다양성을 보지 않은 채로 한동안 살아가다보면, 아주 신속하게 다양성이 무엇인지를 알지 못하게 되기 때문이다.

제4장

사회가 개인에 대해 가지는 권한의 한계

개인이 자기 자신에 대해 절대적으로 주권을 행사할 수 있는 정당한 한계는 어느 지점까지인가? 개인에 대한 사회의 권한은 어느 지점에서 시작되는가? 인간의 삶 중에서 어디까지가 개인에게 속하고, 어디부터가 사회에 속하는가?

인간의 삶 중에서 개인과 더 특별한 관계가 있는 부분은 개인에게 속하고, 사회와 더 특별한 관계가 있는 부분은 사회에 속한다. 주로 개인의 이익과 관계가 있는 부분은 개인에게 속하고, 주로 사회의 이익과 관계가 있는 부분은 사회에 속한다.

사회는 계약에 의거해서 창설된 것도 아니고, 사회적 의무들을 도출해내기 위한 근거로 사회계약론을 상정하는 것도 탐탁지 않은 시도다. 하지만 사회의 보호를 받는 모든 사람은 그 혜택에 대해 보답해야 할 의무가 있다. 또한 사회 속에서 살고 있는 한, 다른 사람들을 위해 일련의 행위 규범을 지켜야 하는 것은 필수불가결하다. 그런 행위 규범을 구성하는 것은 다음과 같은 것들이다.

자유를 위한 행동의 원칙

첫 번째는, 서로의 이익을 침해해서는 안 된다는 것이다. 즉, 명시적인 법규나 암묵적인 사회적 합의에 따라 개개인의 권리로 인정된 특정한 이익들을 침해해서는 안 된다. 두 번째는, 개개인은 사회나 그 구성원들을 어떤 침해나 해코지로부터 방어하는 데 필요한 과업들과 희생들 중에서 공평한 원리에 의거해서 정해진 자신의 몫을 수행해야 한다는 것이다.

사회가 이런 의무들을 거부하는 사람들을 강제해서 어떻게 해서라도 이행하게 만드는 것은 정당하다. 사회가 개인에 대해 할 수 있는 일은 거기에서 그치지 않는다. 한 개인의 행동이 법적으로 보장된 다른 사람들의 권리를 침해한 것은 아니지만, 사람들에게 피해를 주거나, 그들의 복리를 제대로 고려하지 못한 잘못이 있는 경우가 있을 수 있다. 그런 경우에는 그 사람이 법적으로는 처벌을 받지 않는다고 할지라도, 사회가 여론을 통해 그 사람을 벌하는 것은 정당하다. 어떤 사람의 행동 중에서 어느 부분이 다른 사람들의 이익에 불리한 영향을 미치게 되면, 그 즉시 사회는 그 사람의 그 행동에 판단하고 개입할 권한을 갖게 되고, 거기에 개입하는 것이 사회 전체의 이익에 부합하는가 하는 문제를 공론에 부칠 수 있다.

하지만 어떤 사람의 행동이 오직 자기 자신의 이익에만 영향을 미치고 다른 사람들의 이익에는 아무런 영향을 미치지 않거나, 다른 사람들(그들은 모두 성인이고 평균적인 지능을 갖춘 사람들이어야 한다)에게 영향을 미칠 수 있다고 해도 그들이 원할 때에만 영향을 미칠 수 있는 경우에는, 사회가 그 행동에 개입해야 하는가 하는 문제는 처음부터 아예 제기되지 않는다. 그런 경우에 해당하는 모든 행동들과 관련해서는 법적으로나 사회적으로나 개개인에게 완벽한 자유가 주어져서, 그런 행동을 하고 그 결과를 책임지는 것은 전적으로 개개인에게 맡겨져야 한다.

누가 나의 이런 주장을 이기적인 무관심을 설파하는 것이라고 생각한다면, 그것은 너무나 큰 오해다. 나는 사람은 서로의 삶이나 행동에 개입할 권한이 전혀 없기 때문에, 자신의 이익이 관련되어 있는 경우를 제외하고는, 다른 사람이 옳게 행동하고 행복하게 살아가든 그렇지 않든 거기에 관심을 가져서는 안 된다고 말하는 것이 결코 아니다. 나의 그런 주장은 다른 사람들의 이익과 행동을 위해서 힘을 쓸 필요가 없다고 말하는 것이 아니라, 그들의 이익과 행복을 극대화시켜주어야 한다는 것이다.

다른 사람들의 행복에 관심을 가지고 사심 없이 애쓰기 위해 사용되는 수단은 문자 그대로, 또는 비유적인 의미에서 회초리로 때리고 채찍질하는 방법만 있는 것이 아니다. 사심 없이 응원하고 필요한 경우에 조언하고 설득하는 방법도 있다. 나는 개인적인 덕목들을 폄하하는 사람이 결코 아니다. 굳이 따지자면, 중요성이라는 측면에서만 사회적인 덕목들이 개인적인 덕목들보다 우선할 뿐이다. 이 두 종류의 덕목들을 똑같이 계발하는 것이 교육의 소임이다. 하지만 교육도 강제와 강압을 통해서만이 아니라, 깨우쳐주고 설득하는 것을 통해서도 이루어진다. 그리고 교육 기간이 끝난 후에는, 오직 후자의 방법을 통해서, 즉 끈기를 가지고 계속해서 설득하고 깨우쳐주는 방식으로 개인적인 덕목들을 길러내야 한다.

모든 사람은 다른 사람들이 선과 악을 분별하는 것을 돕고 선을 선택하고 악을 피하도록 서로를 격려해주어야 할 의무가 있다. 모든 사람은 다른 사람들이 그들에게 주어진 더 고귀한 능력들을 점점 더 많이 사용하고, 그들의 감정과 목표가 어리석고 저급한 쪽이 아니라 지혜롭고 고상한 쪽을 점점 더 지향하도록 계속해서 서로를 자극해야 할 의무가 있다.

하지만 어느 누구도, 아니 아무리 많은 사람도, 나이를 먹을 만큼 먹고 스스로 판단할 줄 아는 사람이 자신의 행복을 위해 자기에게 가장 좋겠다고 생각해서 스스로 선택한 삶을 살려고 하는데, 그렇게 살지 말라고 말할 권리는 없다. 자신이 행복하고 잘되는 것에 대해 가장 많이 관심을 갖고 있는 사람은 당사자다. 인격적으로 떼려야 뗄 수 없을 정도로 아주 긴밀하게 연결되어 있는 관계에 있는 경우를 제외하고는, 제3자가 어떤 사람에 대해 가질 수 있는 관심은 당사자가 자기 자신에 대해 갖고 있는 관심에 비하면 하찮은 것이다.

또한 사회가 어떤 사람이 다른 사람들에게 영향을 미치는 행동에 대해 관심을 갖는 것을 제외한다면, 그 사람 자체에 대해 갖는 관심은 단편적이고 지극히 간접적이다. 반면에, 아주 평범한 남자나 여자도 자기 자신의 감정이나 형편에 대해서는 감히 비교할 수 없을 정도로 다른 그 누구보다도 더 월등하게 잘 안다. 하지만 사회가 개입하여, 다른 사람들의 이익에는 아무 상관이 없고 오직 당사자의 이해관계에만 관련이 있는 개개인의 판단과 계획을 좌지우지 하고자 할 때에는, 개별적이고 구체적인 전제들이 아니라 일반적이고 보편적인 전제들을 근거로 해서 그렇게 할 수밖에 없다. 그런데 그러한 전제들은 어떤 구체적인 개인에게 적용되었을 때에는 완전히 잘못된 것일 수 있다. 그리고 설령 그 전제들이 올바른 것이라고 해도, 단지 제3자로서 밖에서 피상적으로 보았기 때문에 개개인의 사정과 형편에 대해 잘 모르는 사람들이 그 전제들을 개개인에게 구체적으로 적용할 때에는 얼마든지 잘못 적용할 수 있다. 따라서 인간의 삶의 그러한 부분은 각 개인의 개성이 발휘될 수 있는 고유한 영역으로 두어야 한다.

사람들 사이에서 서로에 대한 행동들에 있어서는, 사람들이 자신이 다른 사람들과 관련해서 어떻게 행동해야 하는지를 알 수 있게 하기 위해서, 일반적이고 보편적인 규범을 적용하는 것이 필수적이다. 하지만 오직 당사자와 관련된 행동들에서는 개인의 자발성이 자유롭게 발휘될 수 있게 해주어야 한다. 물론, 다른 사람들은 어떤 개인의 판단을 돕기 위해 그가 고려해야 할 것들이 어떤 것들인지를 말해줄 수 있고, 그 개인의 의지에 힘을 불어넣어주기 위해 이런저런 권면들을 할 수도 있으며, 심지어는 심리적인 압박을 가할 수도 있을 것이다. 하지만 최종적으로 판단하는 사람은 그 개인이어야 한다. 그 개인이 다른 사람들의 조언과 경고를 무시하고 자신의 뜻대로 행동해서 온갖 잘못을 저지를 수도 있지만, 그렇게 해서 저질러진 잘못들로 인한 해악보다는, 그 개인에게 이익이 된다고 생각하는 것들을 다른 사람들이 판단하고 결정해서 그 개인에게 강제했을 때의 해악이 훨씬 더 크다.

나는 다른 사람들이 그들과는 상관이 없고 오직 개별 당사자와만 관련이 있는 자질들이나 결점들에 대해서 그 어떤 감정을 가져서는 안 된다고 말하는 것이 아니다. 그런 것은 가능하지도 않고 바람직하지도 않다. 어떤 사람이 오직 자신에게만 유익한 것이라고 할지라도 뛰어난 자질들을 가지고 있다면, 그 사람은 인간 본성의 완전한 이상에 훨씬 더 가까운 사람으로서, 사람들의 칭송과 부러움의 대상이 되는 것은 당연하다. 반면에, 그런 자질들이 너무나 부족한 사람은 사람들로부터 정반대의 대우를 받게 될 것이다.

인간의 자질들 가운데는 어리석고 우둔한 것, 그리고 저급하거나 부패한 취향이라고 부를 수 있는 것(이러한 표현은 문제의 소지가 있긴 하지만)이 존재한다. 그런데 그런 자질들을 보이는 사람에게 해악을 가하는 것은 정당화될 수 없다. 하지만 다른 사람들이 그런 사람을 싫어하거나, 좀 더 심한 경우에는 심지어 경멸하고 업신여기게 되기까지 하는 것은 어쩔 수 없는 측면이 있고, 또한 잘못된 것도 아니다. 만일 사람이 그런 좋지 않은 자질들에 대해 그런 감정을 품지 않는다면, 그런 것과 정반대되는 좋은 자질들을 기르고 유지하는 데 필요한 힘을 잃을 수 있기 때문이다.

어떤 사람이 그 누구에게도 피해를 주지는 않지만, 어리석고 우둔하게 행동을 해서, 우리가 그 사람을 어리석은 사람이라거나 못난 사람으로 판단하고 느끼지 않을 수 없게 되는 경우가 있을 수 있다. 그런 경우에는 그 사람도 다른 사람들의 그러한 판단과 감정을 피하고 싶어할 것이기 때문에, 다른 사람들이 그에게 그가 그런 행동을 했을 경우에 그에게 어떤 불리하고 좋지 않은 결과들이 초래될지를 미리 경고해주는 것은 그를 돕는 일이 된다. 실제로 오늘날 정중한 언행이라고 일반적으로 생각되는 것들을 뛰어넘어서 훨씬 더 자유롭게 그런 경고와 충고를 해주고, 다른 사람들이 어떤 사람에게 그의 결점이라고 생각하는 것들을 정직하게 지적해주어도 무례하다거나 주제넘다는 말을 듣지 않을 수 있다면, 얼마나 좋겠는가.

또한 우리에게는 다른 사람의 개성을 억압하기 위해서가 아니라 우리 자신의 개성을 발휘하기 위한 목적으로, 다른 사람에 대해 우리가 품고 있는 좋지 않은 감정이나 의견에 따라서 행동할 권리가 있다. 예컨대, 우리가 좋아하지 않는 사람과 반드시 어울려야 하는 것은 아니다. 우리에게는 그것을 피할 권리가 있다(그것을 공공연히 밝히고 다닐 필요는 없지만). 우리가 좋아하는 사람들을 선택하는 것도 우리에게 주어진 권리이기 때문이다. 또한 그 사람의 언행이 그와 어울리는 사람들에게 악영향을 끼칠 가능성이 있다고 생각되는 경우에는, 그를 경계해야 한다고 다른 사람들에게 말해주는 것도 우리의 권리이고, 거기에서 더 나아가 어쩌면 우리의 의무일 수도 있다. 그의 성장과 발전에 도움이 되는 것들 외의 다른 것들에 대해서는, 우리가 먼저 나서지 않고, 다른 사람들이 그에게 충고할 수 있게 하는 것도 좋은 방법이다.

다른 사람들에게는 피해가 없고 오직 자기 자신에게만 직접적으로 피해를 끼치는 그런 잘못들에 대해서도, 개인은 다른 사람들의 손에 의해 이렇게 여러 다양한 방식으로 혹독한 제재를 받을 수 있다. 하지만 그러한 제재들은 다른 사람들이 그를 징벌하기 위해 의도적으로 가하는 것이 되어서는 안 되고, 오직 그의 잘못으로 인해 자연스럽게 저절로 생겨난 결과들이어야 한다.

경솔하고 고집스러우며 자만심이 가득한 사람, 절제하는 삶을 살지 못하는 사람, 자제력이 부족해서 해로운 일들에 빠져서 살아가는 사람, 인간다운 감정과 지성은 내팽개치고서 동물적인 쾌락만을 좇아 살아가는 사람은 다른 사람들로부터 좋지 않은 말을 듣고 좋지 않은 대접을 받을 것을 예상해야 하고, 그런 대접에 대해 불평할 권리도 없다. 그런 사람은 사회적인 관계들을 아주 뛰어나게 잘해서 사람들 사이에서 이미 좋은 평판과 호의를 얻고 있고, 그의 그러한 입지가 아주 탄탄해서, 그가 자기 자신에게 해가 되는 일들을 해도, 그런 평판에 전혀 영향을 미치지 않는 경우에만, 다른 사람들로부터 그런 대접을 받지 않을 수 있을 것이다.

내가 주장하고자 하는 것은 어떤 사람이 자신과 관련이 있는 다른 사람들의 이익은 침해하지 않고 오직 자신의 이익과만 관련이 있는 어떤 행동이나 성격으로 인해 받게 될 불이익은 오직 그에 대한 다른 사람들의 좋지 않은 평판으로 인해 필연적으로 초래될 수밖에 없는 불이익들뿐이어야 한다는 것이다. 반면에, 다른 사람들에게 피해를 주는 행동들은 완전히 다르게 다루어져야 한다.

다른 사람들에게 피해를 주는 행동들은 규제된다

다른 사람들의 권리를 침해하는 것, 정당한 권리 없이 다른 사람들에게 손해나 피해를 가하는 것, 다른 사람들에게 사기를 치거나 이중적인 태도를 보이는 것, 다른 사람들에 대해 부당한 방법이나 착취를 통해 이득을 얻는 것, 다른 사람이 해악을 입을 것을 알면서도 이기적인 동기에서 돕지 않는 것 — 이런 행동들은 도덕적으로 비난을 받아 마땅한 것들이고, 그 정도가 심한 경우에는 도덕적인 응징과 처벌을 받는 것이 마땅하다.

그리고 그러한 행동들만이 아니라, 그런 행동들을 초래하는 성향들도 본질적으로 부도덕한 것들이기 때문에, 도덕적으로 비난을 받는 것은 물론이고, 혐오의 대상이 될 수 있다. 잔인함, 악의와 악한 본성, 모든 감정 중에서 가장 반사회적이고 혐오스러운 감정인 시기심, 위선과 거짓, 사소한 일에도 걸핏 하면 화를 잘 내는 성마른 성격, 남이 조금만 심기를 불편하게 해도 적개심을 보이는 것, 다른 사람들을 고압적으로 대하는 것을 즐기는 것, 자신의 몫 이상의 이득을 챙기려고 하는 심보(그리스어로 '플레오넥시아'), 다른 사람들을 폄하함으로써 만족을 얻고자 하는 우월의식, 다른 사람들은 고려하지 않고 오직 자기 자신과 자신의 이익만을 생각해서, 모든 것을 자신에게 유리한 쪽으로 결정하는 이기주의적인 태도 — 이런 성향들은 도덕적인 악덕들로서, 도덕적으로 악하고 혐오스러운 개성을 만들어낸다.

앞에서 말한 오직 자기 자신과만 관계되는 결점들은 이런 행동들이나 성향들과는 다른 것들이다. 그러한 결점들은 본질적으로 부도덕한 것들이 아니고, 그 정도가 아무리 심하다고 할지라도, 도덕적으로 사악한 것이 되지는 않는다. 어떤 사람이 그런 결점들을 가지고 있다는 것은 그 사람이 어리석다거나 인간으로서의 존엄함과 자존감이 부족하다는 것을 보여주는 증거들일 뿐이다. 따라서 오직 그 사람이 다른 사람들에 대한 어떤 의무를 이행하기 위해서는 그 결점들을 잘 관리해야 하는데도 그것을 소홀히 해서, 자신의 그 결점들로 인해서 그가 다른 사람들에게 지고 있는 의무를 이행하지 못한 경우에만, 그 결점들은 도덕적인 비난의 대상이 된다.

우리는 흔히 "우리 자신에 대한 의무"라는 표현을 사용하지만, 이른바 그러한 의무들은 사회적인 의무가 아니고, 오직 어떤 상황이나 조건에 의해서 다른 사람들에 대한 의무가 되는 경우에만, 우리 자신에 대한 의무임과 동시에 사회적인 의무가 된다. "우리 자신에 대한 의무"라는 표현은 현명하고 지혜롭게 행동해야 한다는 것, 또는 자기 자신을 존중할 줄 알아야 한다는 것, 또는 자신의 발전을 생각해야 한다는 것을 의미할 뿐이다. 따라서 그런 말로 표현되는 의무들은 그 어느 것도 인류의 복리를 위해 우리가 책임을 져야 할 것들이 아니기 때문에, 다른 사람들에게 책임을 질 필요가 없다.

멸시와 비난의 차이

어떤 사람이 현명하고 지혜롭게 처신하지 못하거나 인간으로서의 존엄함을 나타내보이는 방식으로 행동하지 않아서 다른 사람들로부터 사람 대접을 받지 못하고 멸시를 받는 것과, 다른 사람들의 권리를 침해했기 때문에 거기에 합당한 비난과 처벌을 받는 것은 단지 명목상으로만 차이가 있는 것이 아니다. 어떤 사람이 우리가 그 책임을 물을 수 있는 권한을 갖고 있지 않은 일들에서 우리를 불쾌하게 했느냐, 아니면 우리가 그 책임을 물을 수 있는 권한을 갖고 있는 일들에서 우리를 불쾌하게 했느냐 하는 것은 그 사람에 대한 우리의 감정과 행동에서 엄청난 차이를 초래한다.

전자의 경우에 그 사람이 우리를 불쾌하게 했다면, 우리는 우리 자신의 불쾌한 심정을 드러내도 되고, 우리를 불쾌하게 만들었던 그 행동만이 아니라 그 사람 자체를 멀리해도 된다. 하지만 그렇다고 해서 의도적으로 그 사람의 삶을 불편하게 해주어야 하겠다고 생각해서는 안 된다. 그 사람은 자신의 잘못에 대한 모든 벌을 이미 받고 있거나 앞으로 받게 될 것이라는 것을 고려해야 한다. 그 사람의 삶은 자신의 잘못으로 인해서 이미 엉망이 되어가고 있는데, 우리가 그의 잘못에 대해 의도적으로 응징을 가해야 하겠다고 생각해서 그의 삶을 더욱더 망쳐놓는 것은 옳지 않다. 그를 응징하려고 하기보다는, 그의 잘못된 행동으로 인해 그 자신이 겪고 있는 해악들을 피하거나 고칠 수 있는 방법을 보여줌으로써, 그가 이미 받고 있는 벌을 덜어주려고 하는 것이 사람의 도리일 것이다. 그 사람은 우리에게 동정, 아니 아마도 혐오의 대상일 수는 있어도, 분노나 적개심의 대상이어서는 안 된다. 그를 사회의 적으로 취급해서는 안 된다. 그에게 관심을 보여줌으로써 호의적으로 개입하고자 하는 것이 아니라면, 우리가 그에게 정당하게 할 수 있는 일들 중에서 그에게 가할 수 있는 가장 혹독한 징벌은 그를 내버려 두는 것이고, 그것 이상으로 무엇인가 응징을 가하고자 하는 것은 정당화될 수 없다.

반면에, 그 사람이 다른 사람들을 개인적으로든 공동체적으로든 보호하기 위해 필요한 규범을 어긴 후자의 경우에는, 그의 그러한 행동은 완전히 다르게 취급된다. 그의 행동으로 인한 해로운 결과들이 그 자신에게만이 아니라 다른 사람들에게도 미치기 때문이다. 사회는 자신의 모든 구성원들을 보호해야 할 책무를 부여받고 있기 때문에, 그를 응징해야 하고, 명백한 징벌의 목적으로 그에게 고통을 가해야 하며, 그 징벌이 충분히 혹독하도록 주의를 기울여야 한다.

후자의 경우에는, 우리는 그 사람을 범죄자로서 법정에 세우고서 심판을 받게 해야 할 뿐만 아니라, 여론이나 사회적인 압박 등과 같은 여러 방법들을 동원해서 우리 자신이 판결을 선고하고 그 판결을 집행해야 한다. 하지만 전자의 경우에는, 사회는 그 사람에게 자신의 일을 자기 식대로 행할 수 있도록 자유를 허용한 것과 마찬가지로, 우리에게도 우리 자신의 일을 우리 식대로 행할 자유를 허용했기 때문에, 우리가 그 자유를 사용할 때, 그것이 부수적으로 그 사람에게 징벌이 되는 것을 제외하고는, 우리가 의도적으로 그 사람에게 그 어떤 징벌을 가하려고 해서는 안 된다.

나는 여기에서 한 사람의 삶 속에서 오직 자기 자신과만 관계되는 행동과 다른 사람들에게도 관계가 되는 행동을 구별하고서, 이 둘 간에는 차이가 있다고 지적했다. 하지만 이러한 구별을 인정하기를 거부할 사람이 많을 것이다. 그들은 이렇게 반문할지도 모르겠다.

반론

"한 사회의 구성원의 행동이 다른 구성원들에게 조금도 영향을 미치지 않는 것이 어떻게 가능하겠는가? 사회와는 완전히 따로 떨어져서 고립되어 살아가는 사람은 있을 수 없다. 어떤 사람이 자기 자신에게 심각하거나 영속적으로 해악을 끼치는 행동을 하는데, 그것이 적어도 그와 가까운 관계에 있는 사람들, 그리고 가끔씩은 그외는 별 관계가 없는 사람들에게조차 악영향을 미치지 않는다는 것은 불가능하다.

어떤 사람이 자신의 재산에 손해를 끼친다면, 그것은 그 재산으로부터 직간접적으로 지원을 받아온 사람들에게 피해를 끼치는 것이 되고, 정도 차이는 있겠지만, 통상적으로는 그가 속한 사회 전체의 자산이 줄어들게 하는 것이 된다. 또한 그가 자신의 신체적이거나 정신적인 능력을 손상시킨다면, 그것은 자신들의 행복의 일정 부분을 그에게 의지해온 모든 사람에게 피해를 주는 것이 될 뿐만 아니라, 그가 다른 사람들에게 행해야 할 온갖 봉사를 하지 못하게 되고, 다른 사람들의 보호를 받는 처지가 됨으로써 그들에게 부담과 폐를 끼치는 것이 될 수도 있다. 따라서 그런 행동이 비록 오직 한 개인에게만 관계된 것이라고 할지라도 아주 빈번하게 행해진다면, 사회에 피해를 주는 다른 그 어떤 행동보다도 더 사회 전체의 복리를 악화시키는 결과를 초래할 수 있다.

끝으로, 어떤 사람이 자신의 악함이나 어리석음으로 인해 다른 사람들에게 직접적인 해악을 끼치지 않는 경우에도, 다른 사람들이 그의 그런 모습을 보거나 알고서는 타락하거나 오도되는 일이 일어나서 해를 주기 때문에, 그런 사람을 통제하는 것이 마땅하다."

또한, 그들은 이런 말을 덧붙일 것이다. "잘못된 행동의 결과가 악한 성품을 지닌 한 개인 또는 사려깊지 못한 한 개인에게만 미친다고 할지라도, 그들 자신에게 맡겨두어서는 올바르게 살아갈 수 없다는 것이 분명하게 드러난 사람들을 사회가 내버려 두는 것이 과연 옳은 일인가? 사회는 어린아이들과 미성년자들을 그들의 의사와는 상관없이 보호해 줄 책무가 있다고 한다면, 비록 성인이라고 하더라도 그들 자신의 의지와 판단에 맡겨두어서는 제대로 살아갈 수 없는 사람들에 대해서도 마찬가지로 그러한 보호를 제공해주는 것이 마땅하지 않겠는가?"

또한, 그들은 이렇게 반문할지도 모르겠다. "도박하는 것, 술에 중독되어 살아가는 것, 절제하지 못하는 것, 게으른 것, 불결한 것이 법에 의해 금지된 것들 중 다수 또는 대부분의 행동들과 마찬가지로 인간의 행복을 해치고 개개인의 발전에 큰 장애가 된다면, 법은 실현가능성과 사회적 편의에 부합하는 한도 내에서 그러한 것들도 규제하려고 하는 것이 당연하지 않겠는가? 그리고 법으로 그러한 것들을 규제하는 데에는 한계가 있다고 한다면, 적어도 그 공백을 메우기 위해서 여론을 그러한 악들을 막는 강력한 경찰로 동원해서, 그런 행동들을 하는 것으로 알려진 자들에게 엄격한 사회적 제재를 가하는 것이 옳지 않겠는가?"

아울러, 그들은 이렇게 말할 것이다. "이 문제와 관련해서 개성을 제한하거나, 삶 속에서 새롭고 독창적인 실험들을 시도하는 것을 가로막아서는 안 된다는 것은 두말할 필요가 없다. 우리가 사회에 의해 통제하고 규제해야 한다고 밀하는 유일한 깃들은 오직 인류 역사가 시작된 이래로 지금까지 오랜 세월 동안 검증과정을 거쳐 단죄되어온 것들, 즉 인류의 경험을 통해서 한 사람의 개성에 전혀 유익하지 않고 해로우며 부적합한 것임이 증명되어온 것들이다. 우리의 의도는 장구한 인류 역사 동안에 수없이 반복된 경험을 통해 하나의 도덕적인 진리 또는 지혜로운 규범으로 확인된 것은 확실한 것이라고 말할 수 있기 때문에, 선조들에게 치명적인 해악을 입혔던 바로 그 절벽에서 이후의 세대들이 반복해서 떨어져서 치명상을 입는 일이 다시는 발생하지 않게 하고자 하는 것일 뿐이다."

반론에 대한 고찰

어떤 사람이 자기 자신에게 해악을 끼치게 되면, 그것은 사람들 간의 공감능력과 이해관계로 인해서 그와 가깝게 연결되어 있는 사람들에게는 큰 영향을 미치고, 사회 전체에도 어느 정도 영향을 미칠 수 있다는 것을 나도 전적으로 인정한다. 그 사람이 그런 종류의 행동을 통해 다른 사람 또는 사람들에 대한 자신의 명시적이거나 묵시적인 의무를 어기게 될 때, 그의 행동은 자기 자신과만 관련이 있는 행동의 범위를 넘어서는 것이 되어서, 진정한 의미에서 도덕적 비난의 대상으로 바뀌게 된다.

예컨대, 어떤 사람이 절제하지 못하고 낭비를 일삼아서 자신의 채무를 갚을 수 없게 되거나, 가족에 대한 도덕적인 책임을 지고 있음에도 불구하고, 가족을 부양하거나 자녀들을 교육시킬 수 없게 되었다면, 그는 도덕적으로 비난을 받는 것이 옳고, 어떤 경우에는 그를 법적으로 처벌하는 것도 정당할 수 있다. 하지만 그가 그런 제재를 받는 것은 그에게 낭비벽이 있기 때문이 아니라, 가족이나 채권자들에 대한 의무를 이행하지 않았기 때문이다. 그가 자신의 가족이나 채권자들에게 주었어야 할 돈을 낭비한 것이 아니라 아주 현명한 투자를 하는 데 전용했다고 하더라도, 결과적으로 그들에 대한 의무를 다할 수 없었다면, 그는 도덕적인 비난과 법적인 처벌을 받을 수밖에 없다. 의무를 이행하지 않았기 때문이다.

조지 반웰George Barnwell[1]이라는 사람은 자신의 애인에게 사용할 돈을 구하기 위해 삼촌을 죽인 죄로 교수형을 당했는데, 만일 자신의 사업 자금을 마련하기 위해 삼촌을 죽였더라도, 그는 똑같이 교수형을 당했을 것이다. 마찬가지로, 우리 주변에서 심심치 않게 볼 수 있는 예를 들어보자. 어떤 사람이 사회적으로 나쁜 것으로 규정된 어떤 일에 중독이 되어 오직 거기에만 탐닉해서 가족이나 가까운 사람들에 대해서 나 몰라

---

1 조지 반웰은 영국의 극작가 조지 릴로(George Lillo, 1691-1739년)가 쓴 『런던 상인: 조지 반웰의 이야기』The London Merchant, or the History of George Barnwell(1731년)에 등장하는 주인공의 이름이다. 이 희곡은 평범한 중하류 계층의 사람들을 주인공으로 등장시킨 가장비극으로서, 왕족이나 귀족이 등장하는 고전희곡과 구별된다. 주인공인 조지 반웰은 자신의 후견인인 삼촌 밑에서 도제로 일하면서 자신의 애인을 위해 삼촌을 죽이는 야비한 인물로 그려진다.

라 함으로써 그들의 근심거리가 되고 있다면, 그는 가족이나 남들을 생각하지 않고 자기밖에 모르는 사람이라는 비난을 받아도 할 말이 없을 것이다. 하지만 만약 그가 사회적으로 나쁜 것으로 규정되지 않은 어떤 일에 중독되어서 그렇게 행동한다고 할지라도, 자기와 삶을 공유하거나 개인적으로 유대관계를 맺고 서로 의지하며 살아가는 사람들에게 고통을 안겨준다면, 그는 그런 비난을 받게 될 것이고, 또한 그런 비난은 정당하다.

이것은 사회에서 일반적으로 기대하는 수준에서 다른 사람들의 이익과 감정을 고려하는 것은, 강제성을 띤 의무도 아니고, 개개인이 자신의 선택에 따라서 하든 안 하든 아무 상관이 없는 것도 아니지만, 그렇게 하지 않았을 때에는 도덕적인 비난을 받게 된다. 하지만 이때에 도덕적 비난은 그렇게 하지 않은 행동에 가해질 뿐이고, 그런 행동의 먼 원인일 뿐인 어떤 사람 자신의 잘못된 성품이나 기질에 가해지는 것은 아니다.

마찬가지로, 어떤 사람이 전적으로 자기 자신과만 관련이 있는 행동을 한 것일 뿐이지만, 그것으로 인해서 자신에게 부과되어 있던 어떤 공적인 의무를 이행할 수 없었디면, 그는 사회적인 잘못을 저지른 것이 된다. 단지 술을 마시고 취했다고 해서 처벌하는 것은 정당화될 수 없다. 하지만 군인이나 경찰이 근무 시간에 술을 마시고 취한 경우에는 처벌하는 것이 정당하다. 요컨대, 어떤 사람이 순전히 자기 자신과만 관련이 있는 행동을 했다고 할지라도, 그 행동이 다른 사람이나 사회에 명백한 해악을 입혔거나 그럴 위험이 있는 경우에는, 그런 행동은 자유의 영역에 해당되지 않고, 도덕이나 법의 규제 아래 놓이게 된다.

반면에, 개인이 어떤 행동을 통해서 특정한 공적인 의무를 어기지도 않았고, 자기 자신 외에는 누구에게도 이렇다 할 만한 해악을 끼치지도 않았지만, 사회에 어떤 해악을 끼쳤을 것이라고 막연히 추정되는 경우에는, 인간의 자유라는 좀 더 큰 이익을 위해서, 사회는 그런 불이익 정도는 충분히 감수할 수 있어야 한다. 굳이 자기 자신을 제대로 돌보지 않는다는 이유로 성인들을 처벌해야 한다면, 그것은 그 성인들 자신을 위한 것이라고 말해야 한다. 그들이 사회의 이익을 위해 사용되어야 할 자신의 능력들을 스스로 훼손하는 것을 막기 위한 것이라는 명분을 제시하는 것은 옳지 않다. 사회는 그런 권한을 갖고 있지 않기 때문이다.

이 문제와 관련해서 사회가 자신의 취약한 구성원들이 불합리한 행동을 할 때까지 기다렸다가, 그들을 법적으로나 도덕적으로나 처벌하는 것 외에는, 그들이 통상적인 수준의 합리적인 행동을 할 수 있게 해줄 다른 수단들을 가지고 있지 않은 것처럼 말하는 것에 나는 동의할 수 없다.

사회는 자신의 구성원들이 성인이 될 때까지는 그들에 대해 절대적인 권한을 행사하기 때문에, 그들이 어린아이와 미성년자인 기간 전체에 걸쳐서, 그들로 하여금 합리적인 삶과 행동을 할 수 있게 교육할 수 있다. 기성세대는 다음 세대를 훈육하는 선생임과 동시에, 그들이 성장하는 환경이다. 기성세대가 선량함과 지혜로움에서 너무나 통탄스러울 정도로 결핍되어 있다면, 다음 세대를 온전히 지혜롭고 선량한 사람들로 만들어낼 수 없다. 최고의 노력을 쏟아붓는다고 해서 현실적으로 모든 개개인들에게서 최고의 성과를 거둘 수 있는 것도 아니다. 하지만 기성세대는 다음 세대를 전체적으로 그들만큼, 또는 그들보다 좀 더 나은 수준에서 선량하게 만드는 것은 얼마든지 가능하다. 따라서 사회가 자신의 구성원들 중 상당수를 장기적인 안목에서 합리적인 계획을 따라 행동하지 않고 단지 어린아이처럼 즉흥적으로 행동하는 사람들로 만들었다면, 사회는 그런 결과에 대해서 비난을 받아 마땅하다.

사회는 이렇게 자신의 구성원들을 교육시킬 수 있는 아주 강력한 권한과 힘을 지니고 있을 뿐만 아니라, 스스로 판단해서 제대로 살아가기 힘든 사람들에게는 사회에서 일반적으로 받아들여지고 있는 정설의 권위를 통해서 그들이 어떤 식으로 자신의 언행을 형성해야 하는지를 늘 가르쳐주고, 그들이 그렇게 살아가지 않는 경우에는 그들을 아는 사람들로부터의 비난이나 멸시에 의한 자연스러운 제재를 통해서 통상적으로 합리적인 삶을 살아갈 수 있게 도울 수 있는 힘도 지니고 있다.

따라서 이렇게 막강한 권한과 힘을 이미 가지고 있는 사회가 마치 개개인의 전적으로 사적인 문제들에 대해서조차도 명령하고 복종을 요구할 권한이 필요한 것처럼 주장하는 것은 말이 되지 않는다. 어떤 사람의 어떤 행동이 전적으로 그 사람에게만 관련이 있는 경우에는, 그 행동에 의해 발생하는 모든 결과를 책임지는 그 사람에게 그 행동에 관한 것을 결정할 권한도 주어져야 한다는 것은 정의와 지혜의 모든 원칙에 부합하기 때문이다. 또한 어떤 행동이 아무리 좋은 것이라고 하더라도, 좋지 않은 수단이 동원되어 강제로 그 행동을 하게 하면, 그 행동의 가치는 떨어지게 되고, 사람들로부터 불신을 받게 되어 오히려 역효과가 나는 법이다. 따라서 활력 있고 개성 있는 인간으로 만들어주는 어떤 덕목이나 행동들을 사람들에게 강제하게 되면, 틀림없이 그들은 그러한 명에를 메지 않으려고 반발할 것이다. 그들은 자신이 다른 사람들의 사적인 문제를 통제하려고 해서는 안 된다고 느끼는 것처럼, 다른 사람들도 자신의 사적인 문제를 통제하려고 해서는 안 된다고 느낄 것이기 때문이다. 찰스 2세 시대에 청교도들의 광신적인 도덕적 불관용이 지배했던 사회처럼, 또다시 사회가 그런 식의 월권으로 폭정을 자행하는 경우에는, 거기에 정면으로 맞서서 사회가 요구하는 것과 정반대의 행동을 짐짓 행한다면, 사람들의 그러한 행동은 기개가 있고 용기가 있는 행동으로 여겨지게 되지 않겠는가.

사람들은 사악하거나 방종하다는 것이 아무리 본인 자신에게만 관련된 사적인 것이라고 해도, 그런 사람이 다른 사람들에게 나쁜 본보기가 되는 것을 막아서 사회를 보호해야 한다고 말한다. 나쁜 본보기가 사람들에게 해로운 영향을 미칠 수 있다는 것은 사실이다. 특히 다른 사람들에게 해악을 끼치고도 아무런 징벌도 받지 않는다면, 그것은 악영향을 미치게 될 것이다. 그러나 우리가 지금 여기에서 말하고 있는 것은 다른 사람들에게는 아무런 해악도 끼치지 않지만 본인 자신에게는 큰 해악을 끼치는 그런 행동이다. 게다가, 나쁜 본보기는 그 행동이 나쁘다는 것을 사람들에게 보여줄 뿐만 아니라, 그것이 진정으로 비난받아 마땅한 잘못된 행동인 경우에는 통상적으로 수반될 수밖에 없는 고통스럽거나 수치스러운 결과도 사람들에게 함께 보여준다는 점에서, 전체적으로 보았을 때에는 해롭기보다는 유익할 것임에 틀림없다. 따라서 나는 나쁜 본보기를 사회에 해롭다고만 믿는 사람들이 잘 이해되지 않는다.

사적인 행동에 개입해서는 안된다

사회가 전적으로 사적인 행동에 개입해서는 안 되는 온갖 이유들 중에서 가장 강력한 이유는 사회가 일단 그런 행동들에 개입하기 시작하면,

개입해서는 안 되는 것들에 엉뚱하게 개입하거나, 아니면 잘못된 방식으로 개입하거나, 이런저런 잘못들을 수시로 저지르게 될 가능성이 높다는 것이다.

사회 윤리 및 다른 사람들에 대한 의무와 관련된 문제들에 대해서 압도적인 다수의 의견인 여론이 틀릴 때도 있지만 옳을 경우가 더 많을 것이다. 그런 문제들에 있어서는 그들은 오직 그들 자신의 이해관계, 그리고 어떤 행동을 허용했을 경우에는 그들에게 어떤 영향이 있을지만을 판단하면 되기 때문이다. 반면에, 그런 압도적인 다수의 의견이 소수 또는 오직 개인과만 관계되는 행동과 관련해서 법으로 부과되는 경우에는, 옳을 때도 많겠지만 틀릴 때도 많을 것이다. 왜냐하면, 그런 행동들과 관련해서 여론이라는 것은 기껏해야 다른 사람들에게 무엇이 좋고 무엇이 나쁜지에 대한 제3자의 의견일 뿐이고, 심지어는 제3자로서의 의견조차도 되지 못하는 경우가 비일비재해서, 대중은 그 소수나 개인이 무엇을 싫어하고 무엇을 좋아하는지에 대해 철저하게 무관심하면서도, 오직 자신들의 선호에만 의거해서 그 소수나 개인이 전적으로 사적인 행동들에서 무엇을 어떻게 해야 하는지를 결정하는 것이기 때문이다.

대중을 구성하는 사람들 중에서는 단지 자신이 싫어하는 행동들일 뿐인데도, 그런 행동들을 자신에게 해악을 끼치고 자신의 감정을 짓밟고 모독하는 것으로 여겨서 적대감을 보이는 사람들이 많다. 이러한 경향은 어떤 종교적인 광신자가 다른 사람들의 종교 감정을 무시한다는 비난을 받자, 다른 사람들이 가증스러운 예배나 신조를 고집함으로써 자신의 종교 감정을 무시하고 있다고 반박했다는 유명한 얘기 속에서 잘 드러난다. 하지만 도둑이 어떤 사람의 지갑을 훔치려는 욕망의 가치와 주인이 그 지갑을 지키려는 욕망의 가치가 서로 대등할 수 없는 것과 같이, 어떤 사람이 자신의 의견에 대해 가지는 감정의 가치와 그가 그 의견을 갖고 있는 것으로 인해 상한 다른 사람의 감정의 가치는 서로 대등할 수 없다. 그리고 어떤 사람의 취향은 그의 의견이나 지갑과 마찬가지로 그 자신만이 관련된 사적인 문제다.

모든 문제에서 인류의 보편적인 경험을 통해 단죄되어온 것들 이외의 모든 행동 중에서 어느 것을 선택할 자유를 전적으로 개인에게 부여하는 이상적인 사회를 생각하는 것은 누구에게나 쉬운 일이다. 하지만 개개인에 대한 검열과 관련해서 그런 한계를 설정했던 사회가 인류 역사 속에서 단 한 번이라도 존재했던 적이 있었는가? 또는, 사회가 인류의 보편적인 경험이라는 것을 심각하게 생각하고서 깊이 고민해 본 적이 있었던가?

사회가 개인의 행동에 개입할 때에는, 한 개인이 사회와 다르게 행동하거나 생각한다는 것은 도저히 있을 수 없는 엄청난 일이라는 것 이외의 다른 생각을 거의 하지 않는다. 모든 도덕가들과 사상가들 가운데서 열 명 중 아홉 명은 그러한 판단 기준을 종교와 철학의 지상명령으로 은근슬쩍 포장해서 사람들에게 제시한다. 그들은 자신들은 옳기 때문에, 자신들이 옳다고 말하는 것들은 옳다고 가르친다. 그들은 우리 자신과 다른 모든 사람들을 한데 묶어줄 행위 규범을 우리 자신의 지성과 마음 속에서 찾으라고 말한다. 가련한 대중이 그런 가르침들을 받아들였을 때, 그들은 단지 자기에게 좋은 것과 나쁜 것에 관한 그들 자신의 개인적인 감정을 거기에 맞추는 것만을 할 수 있을 뿐이다.

내가 여기에서 지적한 해악은 오직 이론에서만 존재하는 것이 아니다. 아마도 독자들은 내가 이 시대에 이 나라에서 살아가는 대중이 자신의 선호를 어떤 식으로 부적절하게 투영해서 이 사회의 도덕 규범을 만들어내고 있는지, 그 구체적인 사례들을 들어주기를 바랄 것이다. 나는 이 사회의 기존의 도덕 감정이 어떤 점들에서 잘못되었는지를 논하는 글을 쓰고 있는 것이 아니다. 그것은 대단히 무게 있는 주제이기 때문에, 다른 주제를 다루면서 그 중간에 하나의 예시로 논의할 수 있는 주제가 아니다. 하지만 내가 주장하는 원칙이 실천적으로 중요한 문제이고, 여기에서 나는 허구적인 해악들을 상정하고서 그것을 막을 방도를 생각해내기 위해 애쓰고 있는 것이 아님을 보여주기 위해서는, 약간의 사례들을 제시할 필요는 있을 것이다.

풍기 경찰이라고 부를 수 있는 것이 그 활동범위를 확장해서, 한 개인의 합법적인 자유에 속한다는 것이 전혀 의심의 여지가 없는 영역까지 침범하는 것은 인간의 모든 성향들 중에서 가장 보편적인 것이라는 사실을 보여주는 사례는 차고 넘치기 때문에, 그런 사례들을 드는 것은 아주 쉬운 일이다.

이슬람교도와 힌두교도의 사례

먼저, 사람들이 오로지 자신들과 종교적 견해가 다른 사람들이 자신들의 종교적 관행을 행하지 않는다는 이유만으로, 특히 자신들이 종교적으로 금기시하는 것을 행한다는 이유만으로 그들에 대한 반감을 품는 것을 생각해보자. 다소 사소하다고 할 수도 있는 예를 들어보자면, 기독교인들의 신조나 행동 중에서 이슬람교도들의 증오심을 가장 불타오르게 하는 것은 돼지고기를 먹는다는 사실이다. 이렇게 기독교인들과 유럽인들이 돼지고기를 자신들의 배고픔을 해결하는 수단으로 사용하는 것은 이슬람교도들로 하여금 그들을 혐오스럽고 가증스러운 자들로 바라보게 만든 몇 안 되는 행위들 중 하나다. 그들이 그런 반응을 보이는 첫 번째 이유는 돼지고기를 먹는 것은 그들의 종교에 대한 모독이라는 것이다. 하지만 여러 가지 상황을 고려해보았을 때, 그런 이유로는 그들이 기독교인들에 대해 품는 지독한 반감이나 증오심이 설명되지 않는다. 왜냐하면, 이슬람교에서는 포도주도 마찬가지로 금지하고, 모든 이슬람교도들은 포도주를 마시는 것은 잘못된 일이라고 여기지만, 역겹고 가증스러운 일로 여겨서 증오심을 나타내보이지는 않기 때문이다.

반면에, 그들이 자신들의 종교에서 "부정하다고 여기는 짐승"의 고기를 먹지 않으려고 하는 것은 본능적인 반감과 비슷한 독특한 성격의 것이다. 왜냐하면, 어떤 것이 부정하다는 생각이 사람의 감정 깊숙한 곳에 일단 자리잡게 되면, 결코 세심하게 정결한 행동거지로 살아가지 않는 사람들조차도 그 부정한 것을 보게 되면 끊임없이 반감이 촉발되는 것으로 보이기 때문이다. 종교적으로 정결한 것과 부정한 것에 대한 감정이 아주 강한 힌두교도들이 그 좋은 예다.

대다수가 이슬람교도들인 어느 나라에서 다수가 그 나라의 경계 안에서 돼지고기를 먹는 것을 허용하지 않아야 한다고 주장한다고 가정해보자. 사실 이런 일은 이슬람교 국가들에서는 새로운 일이 아니다.[2] 하지만 이것은 여론의 도덕적 권한의 정당한 행사일 수 있는가? 그렇지

---

2 봄베이의 파르시교도(Bombay Parsees, 8세기에 이슬람교도들의 박해로 페르시아의 파르시에서

않다면, 그 근거는 무엇인가? 그런 상황에서 돼지고기를 먹는 것은 이 대중에게 반기를 드는 것임은 분명하다. 물론, 이 대중은 신이 그것을 금지했고 혐오한다고 진심으로 생각한다. 하지만 돼지고기를 먹는 것을 금지하는 것을 종교적인 박해라고 비난할 수는 없다. 그 기원은 종교적인 것이었을 수 있지만, 돼지고기를 먹는 것을 종교적인 의무로 규정한 그런 종교는 이 세상에 없기 때문에, 종교적인 박해라고 할 수 없기 때문이다. 따라서 이러한 금지명령을 비난하고 단죄할 수 있는 유일한 근거는 사적인 취향들이나 오직 개인 자신에게만 관련이 있는 일들에는 대중이 개입해서는 안 된다는 원칙뿐이다.

스페인 사람들의 사례

이제는 우리에게 좀 더 가까이 있는 나라들로 눈을 돌려보자. 스페인 사람들 중 대다수는 로마 가톨릭과 다른 방식으로 신을 예배하는 것은 최고의 모독으로서 큰 불경죄를 짓는 것이라고 생각한다. 그런 이유로 스페인의 영토 내에서 로마 가톨릭 이외의 방식으로 공적인 예배를 드리는 것은 불법이다. 또한 남유럽의 모든 사람들은 성직자가 결혼하는 것

쫓겨나 인도 봄베이에 정착한 조로아스터교도들에 대한 유럽인들의 호칭 - 역주)의 경우가 그 흥미로운 사례다. 이 근면하고 진취적이었던 부족은 페르시아에서 불을 숭배하던 조로아스터교도들의 자손들로서 이슬람교도들의 치하에서 조국에서 도망쳐서 인도로 와서, 힌두교도들의 종교적 관용을 통해 소고기를 먹지 않는다는 조건 하에서 봄베이에 정착하게 되었다. 그러다가 나중에 그 지역이 이슬람교도 정복자들의 지배 아래 들어가게 되었을 때에는, 이번에는 파르시교도들은 돼지고기를 먹지 않는다는 조건 하에서 자신들의 종교를 지키며 계속해서 살 수 있도록 허용되었다. 처음에는 권력에 대한 복종으로 행해졌던 이러한 관습은 세월이 지나면서 제2의 본성이 되어서, 파르시교도들은 오늘날에도 소고기와 돼지고기를 둘 다 먹지 않는다. 이 두 금기는 그들의 종교가 요구한 것은 아니었지만, 시간이 지나면서 그들 부족의 관습이 된 것이다. 동방에서 관습은 곧 종교다(저자의 원주).

을 신앙에 어긋날 뿐만 아니라, 불결하고 상스러우며 천박하고 역겨운 일로 여긴다. 그렇다면 개신교인들은 그들의 의심할 여지 없이 진실한 이러한 감정들에 대해서, 그리고 그러한 감정들을 로마 가톨릭 신자가 아닌 사람들에게 강제하고자 하는 그들의 시도에 대해서 어떻게 생각하겠는가?

다른 사람들의 이익에는 아무 관련이 없고 오직 각 개인과만 관련이 있는 일들에서 개인이 누려야 할 자유에 사회가 개입하는 것이 정당화된다면, 앞에서 예로 든 그런 일들이 벌어지는 것을 과연 어떤 원칙이나 원리에 입각해서 일관되게 막을 수 있겠는가? 또한, 사람들이 어떤 일을 신과 인간 앞에서 추악한 짓이라고 규정하고서, 모든 사람에게 그 일을 하지 못하도록 강제하고자 할 때, 어떤 근거에 입각해서 그들을 비난할 수 있겠는가?

다른 사람들의 이익에는 아무 관련이 없는 한 개인의 부도덕한 행동들을 억압하고 금지하고자 하는 경우에 사용할 수 있는 이런저런 근거들 중에서, 그런 행동들을 신 앞에서 불경스러운 행위로 몰아가는 것보다 더 강력한 것은 없다. 박해자들이 사용하는 논리, 즉 우리는 옳기 때문에 다른 사람들을 박해해도 되지만, 다른 사람들은 틀렸기 때문에 우리를 박해해서는 안 된다는 논리를 기꺼이 사용하고자 하는 것이 아니라면, 다른 사람들이 우리에게 적용하면 분개할 것이 분명한 그런 터무니없이 부당한 논리를 우리가 다른 사람들에 적용하지 않도록 주의하여야 하는 것은 너무나 당연한 일이다.

어떤 사람들은 앞에서 든 사례들은 비이성적인 일들이기는 하지만,

이 나라에서는 일어날 수 없는 일들이라고 말하며 반론을 제기할지도 모르겠다. 이 나라에서 대중의 여론이 어떤 짐승의 고기를 먹지 못하게 한다든가, 다른 사람들이 자신들이 믿는 종교나 취향에 따라 예배를 드리거나, 결혼하기도 하고 결혼하지 않기도 하는 것에 대해 간섭할 가능성은 없어 보이기 때문이다. 하지만 지금까지 이 나라에서 벌어진 일들을 생각해보면, 대중이 전적으로 사적인 자유에 개입할 위험이 전혀 없다고 말할 수 없게 될 것이다.

뉴잉글랜드와 공화국 시기의 영국의 사례

미국의 뉴잉글랜드 지역과 공화국 시기의 영국[3]에서처럼, 청교도들에게 충분한 힘이 주어져 있었던 곳에서는 어디에서나, 모든 공공의 오락들, 그리고 거의 모든 사적인 오락들을 없애기 위해 애썼고, 실제로 상당한 성공을 거두었다. 그들이 없애고자 했던 것들은 특히 음악과 춤, 사람들이 모여서 하는 여러 가지 시합들과 기분전환을 위한 이런저런 모임들, 극장 같은 것들이었다. 이 나라에는 여전히 상당수의 사람들이 자신들이 지닌 도덕관과 종교관으로 인해 그러한 오락들을 죄악시한다. 그런 사람들은 주로 중산층에 속한 사람들이다. 그런데 그들은 오늘날 이 나라의 사회적이고 정치적인 상황 속에서 신흥세력으로 떠오르고 있어서,

---

3 "공화국 시기의 영국"은 1649년에 시작되어 1653년까지 계속된 크롬웰 치하의 공화국 시기를 말한다. 영국에서는 1642년에 왕당파와 의회파 간에 내전이 시작되어 1651년까지 지속되었다. 의회파를 이끌었던 크롬웰은 1649년 1월 30일에 찰스 1세를 처형하고 잉글랜드 공화국을 세우고 자신은 국무회의의 의장이 되었다. 1651년 10월에 찰스 2세가 프랑스로 망명하면서 영국의 내전이 끝나자, 크롬웰은 1651년에 의회를 해산하고 호국경이 되었고, 1653년에는 잉글랜드와 스코틀랜드와 아일랜드를 모두 통치하는 호국경이 됨으로써, 잉글랜드 공화국은 끝이 났다.

그러한 정서를 지닌 사람들이 머지않아 의회의 다수파가 되어 정치권력을 장악하는 것도 결코 불가능한 일이 아니다.

그랬을 경우에, 강경파 칼뱅주의자들과 감리교도들이 자신들의 종교적이고 도덕적인 정서의 기준을 통과한 오락들만을 사람들에게 허용한다면, 그들을 제외한 나머지 사람들은 과연 어떤 반응을 보이겠는가? 그들은 이 사회의 그러한 경건한 구성원들이 그들의 오락에 간섭하는 것을 강하게 거부하면서, 남이야 어떤 오락을 즐기든 상관하지 말고, 오직 그들 자신들의 오락에만 마음을 쓰라고 말해주고 싶지 않겠는가? 어떤 정부나 대중이 자신이 싫어하는 것들은 그 누구도 해서는 안 된다고 명령할 자격이 있다고 착각한다면, 이것이 바로 그런 정부나 대중을 향해 우리가 해주어야 할 말이다.

하지만 만일 그런 착각의 근거가 되는 원칙을 인정하는 경우에는, 이 나라에서 그런 정부나 대중이 등장해서 다수의 이름으로, 또는 지배적인 권력의 이름으로 그렇게 행동한다고 해도, 그들의 그러한 행동을 반대할 수 있는 합리적인 논리를 제시할 수 없게 된다. 그렇게 된다면, 사양길에 있는 종교를 신봉하는 자들이 흔히 그러하듯이, 그런 정부나 대중은 기독교가 그동안 잃어버렸던 입지를 되찾고 과거의 영화를 다시 누리기 위해, 미국의 뉴잉글랜드 주에 초기에 정착한 사람들이 그랬던 것처럼, 이 나라를 기독교 공화국으로 만들려고 할 것이고, 이 나라의 모든 사람들은 그 이념을 기꺼이 받들지 않을 수 없게 될 것이다.

미국의 대중의 사례

방금 말한 것보다 더 실현될 가능성이 있어 보이는 또 다른 예를 생각해보자. 오늘날의 세계에는 대중의 정치 참여를 보장하는 제도가 실제로 마련되어 있느냐 없느냐를 떠나서 민주적인 사회 질서를 지향하는 강력한 경향성이 존재한다는 것은 분명한 사실이다. 그러한 경향성이 가장 완벽하게 실현되어서, 사회와 정부가 가장 민주적인 나라인 미국이 그것을 증명해준다.

미국에서는 다수의 대중이 자신들이 따라잡을 수 있는 정도 이상으로 사치스럽거나 호화롭게 살아가는 사람들을 보면 반감을 품기 때문에, 대중의 그러한 반감이 사회 구성원들로 하여금 검소하게 살아가게 만드는 일종의 실질적인 법으로서의 역할을 한다. 그래서 미국의 많은 지역들에서는 아무리 많은 돈을 버는 사람도 대중의 반감을 의식해서 자신의 돈을 마음대로 쓰기가 현실적으로 어렵다. 이렇게 말하는 것은 현실을 많이 과장해서 표현한 것임은 틀림없다. 하지만 그런 일은 얼마든지 생각해 볼 수 있는 일이고 현실에서 일어날 수 있는 일일 뿐만 아니라, 대중은 개개인이 자신의 돈을 쓰는 방식에 대해 거부권을 행사할 권리를 가지고 있다는 사상에 의거한 대중의 민주적인 감정의 표출이기도 하다.

거기에서 한 발자국만 더 나아가면, 다수의 대중은 얼마든지 사회주의적인 생각에 입각해서, 먹고 살아가는 데 필요한 정도 이상의 재산을 소유하는 것이나, 육체노동이 아닌 다른 방식으로 돈을 버는 것을 좋지 않게 보는 감정을 지닐 수 있게 된다. 이런 것들과 원리적으로 비슷한 생각들이 이미 수공업자 계층에 널리 퍼져 있어서, 주로 그 계층의 의견을 따를 수밖에 없는 사람들, 즉 자신의 구성원들에게 큰 압박으로 작용하고 있다. 산업의 많은 분야들에서 일하는 사람들 중에서 대다수를 형성하고 있는 미숙련 노동자들 사이에서는, 자신들이 숙련 노동자들과 동일한 임금을 받아야 하고, 성과급으로든 그 밖의 다른 방식으로든, 숙련된 기술을 사용하거나 더 열심히 일하더라도 아무도 더 많은 임금을 받아서는 안 된다는 생각이 지배적이다. 그래서 그들은 감찰반을 운영해서, 숙련 노동자들과 고용주들이 더 많은 일을 한 대가로 더 높은 임금을 주고받는 것을 감시하고, 때로는 물리적인 폭력을 사용하기도 한다.

그런데 대중이 오직 사적일 뿐인 문제들을 통제할 권한을 갖고 있다는 것이 인정된다면, 우리는 이 사람들이 하는 일이 잘못된 것이라고 말할 수 없다. 또한 한 사회가 그 구성원들에 대해서 그러한 통제권을 행사하는 것은 물론이고, 개개인들이 만든 단체들이 그 구성원들에 대해 그러한 통제권을 행사하는 것도 잘못된 일이라고 비난할 수 있는 근거가 없게 될 것이다.

지금 우리는 상상 속에서나 가능한 일들을 가정해서 말하고 있는 것이 아니다. 다름아닌 바로 우리 시대에 사적인 자유가 실제로 심각하게 침해당하는 일들이 진행되고 있고, 한층 더 심각한 침해들이 현실화될 가능성이 높아지고 있다. 왜냐하면, 대중에게 무제한적인 권한을 부여해서, 대중이 잘못된 것이라고 생각하는 모든 것들은 법으로 금지할 수 있을 뿐만 아니라, 그런 것들을 막기 위한 목적인 경우에는 일반적으로 잘못된 것이 아님이 인정된 것들도 얼마든지 무차별적으로 금지할 수 있다는 여론이 확산되고 있기 때문이다.

금주법의 사례

영국의 한 식민지와 미국의 거의 절반에 해당하는 지역에서는, 폭음으로 인한 사람들의 무절제한 삶을 막기 위한 것이라는 명분으로, 의료용 외에는 발효 음료를 사용하는 것을 금지하는 법이 시행되어왔다. 이 법은 판매를 금지하고 있는 것이지만, 실제로는 사용을 금지하기 위한 것이다. 하지만 이 금주법을 실제로 시행하는 것은 현실적으로 불가능했기 때문에, 이 법의 명칭을 그대로 주의 명칭으로 채택했던 주를 포함한 미국의 여러 주들에서는 이 법을 폐기하기에 이르렀다.[4]

그럼에도 불구하고, 이 나라에서는 박애주의자라고 하는 많은 사람들이 그것과 비슷한 법을 제정하고자 하는 운동을 이미 시작해서, 지금도 상당히 열정적으로 추진해 나가고 있다. 그러한 목적을 위해서 스스로 "동맹"이라고 명명된 단체가 만들어졌다.[5] 그런데 정치인은 언제나 어떤 원칙에 입각해서 의견을 제시해야 한다는 입장을 지니고 있는 영국에서 몇 안 되는 공인들 중 한 사람과 이 단체의 사무총장 사이에 오간 서신의 내용이 세간에 알려지면서, 이 단체는 상당한 악평을 들어왔다. 반면에, 스탠리E. H. Stanley 경이 자신의 서신에서 밝힌 생각들은 그가 몇몇 정치적인 현안들에서 보여준 자질들이 정계에 몸담고 있는 사람들

---

4 미국에서 금주법을 최초로 통과시킨 주는 메인 주였기 때문에, 이 법은 "메인법"(Maine Law)이라 불렸다. 메인 주에서는 1851년에 금주운동가 닐 도우(Neal Dow)의 주도로 금주법을 제정했다. 이 법은 "의학적인 목적, 기계를 위한 사용, 상품 제조를 위한 목적"을 제외한 모든 알콜 음료의 매매를 금지했다. 이러한 금주법은 1855년까지 미국의 12개 주에서 제정되었다. 사람들은 금주법을 시행한 주들을 "건조한(dry)" 주, 주류 판매를 허용한 주들을 "젖은(wet)" 주라고 불렀다. 1855년 6월 2일 메인 주 포틀랜드 시에서 "메인 법 폭동"이라 불리는 사태가 발생했고, 이것은 1856년에 메인 법이 폐지되게 한 결정적인 요인이 되었다.

5 "영국 동맹"(United Kingdom Alliance)이라 불린 이 단체는 1853년에 너새니얼 카드(Nathaniel Card)가 당시에 왕성한 활동을 벌이고 있던 미국의 절주 협회들을 모델로 삼아서, 절주와 금주 운동을 위해 맨체스터에서 설립하고, 사무총장을 맡았다. 스탠리(1826-1893년)는 보수당 소속의 하원의원으로서 외무장관과 인도장관 등을 역임한 인물이다.

에게서는 거의 보기 힘든 것들이라는 것을 잘 알고 있는 사람들이 이미 그에게 걸고 있던 희망을 강화시켜주는 것이었다.

"동맹"을 대표하는 사무총장은 이 단체는 "종교적인 편협한 신념과 박해를 정당화하는 데 악용될 수 있는 원칙은 무엇이든지 철저하게 배격하기" 때문에, 그러한 원칙들과 이 단체 사이에는 "결코 넘을 수 없는 광범위한 장벽"이 설치되어 있다는 점을 지적하면서, 이렇게 말한다. "나는 사상, 의견, 양심과 관련된 모든 문제는 법으로 규제하려고 해서는 안 되는 영역이라고 본다. 반면에, 사회적인 행동과 습관과 관계에 속한 모든 것은 개인이 아니라 오직 국가에 부여된 자유재량권에 속하기 때문에 법의 규제 대상이 된다."

하지만 이 둘 중의 어느 쪽에도 속하지 않는 제3의 영역, 즉 사회적이지 않고 사적인 행동과 습관에 속한 영역이 있다. 그리고 발효 음료를 마시는 행동은 이 영역에 속한다는 것이 분명한데도, 그는 이 영역에 대해서는 아무런 언급도 하지 않는다. 물론, 발효 음료를 파는 것은 거래하는 것이고, 거래하는 것은 사회적인 행동이다. 하지만 발효 음료와 관련해서 문제가 되는 것은 판매자의 자유에 대한 침해가 아니라, 구매자와 소비자의 자유에 대한 침해다. 국가가 사람들에게 술을 구할 수 없게 하는 것은 술을 마시지 못하게 하기 위한 것이기 때문이다. 그런데 이 사무총장이라는 사람은 "나의 사회적 권리가 다른 사람의 사회적 권리에 의해 침해당할 때, 나는 한 사람의 시민으로서 그러한 침해를 방지하기 위한 입법을 요구할 권리가 있다"고 말한 후에, "사회적 권리"라는 것이 무엇인지를 다음과 같이 정의해 나간다.

"나의 사회적 권리를 침해하는 것이 있다고 한다면, 술을 거래하는 것이 바로 그런 것임은 분명하다. 그것은 사회적인 무질서를 끊임없이 만들어내고 촉진시킴으로써, 안전과 관련된 나의 기본적인 권리를 침해한다. 또한 술을 판매하는 사람은 알콜중독자를 만들어내어서 이득을 얻고, 나는 내가 낸 세금으로 그 알콜중독자를 부양하여야 한다는 점에서, 나의 평등권이 침해된다. 또한 사회를 위험하게 하고 약화시키며 타락시킴으로써, 내가 몸담고 있는 사회 속에서 사람들끼리 서로 돕고 교류하면서 자유롭게 내 자신의 도덕적이고 지적인 발전을 추구해 나갈 나의 권리가 침해된다."

"사회적 권리"를 이런 식으로 분명하게 정의한 사람은 아마도 지금까지 단 한 사람도 없었을 것이다. 그가 말한 사회적 권리라는 것은 한 사회에 속한 모든 개인은 모든 점에서 정확히 자신이 마땅히 해야 하는 것을 해야 하고, 조금이라도 거기에서 어긋나는 경우에는 그것은 나의 사회적 권리를 침해하는 것이기 때문에, 내게는 모든 사람이 갖고 있는 절대적인 사회적 권리에 의거해서, 그런 것을 방지하기 위한 입법을 요구할 권리가 있다는 것이다.

이러한 너무나 괴물 같은 하나의 원칙을 세우는 것은 개별적으로 자유를 침해하는 일보다 훨씬 더 위험하다. 그 원칙 아래에서는 그 어떤 자유를 침해하든 다 정당화될 수 있기 때문이다. 사람들이 자신의 의견을 외부로 드러내지 않고 마음속으로만 은밀하게 간직해둘 자유를 제외하고는, 그 어떤 자유도 인정되지 않는다. 내가 해롭다고 여기는 어떤 의견이 누군가의 입에서 나오는 바로 그 순간, "동맹"이 내게 부여한 온갖 "사회적 권리들"이 침해되기 때문이다. 이 동맹이 내세우는 원칙은, 모든 사람은 자신이 세운 기준에 따라 모든 개인에게 도덕적이고 지적이며 심지어 신체적으로 완전할 것을 요구할 권리를 가지고, 그 권리가 침해되었을 경우에는 언제든지 그러한 침해를 막고 그 권리를 보호해줄 입법을 요구할 수 있게 된다.

안식일 준수법

개인의 정당한 자유를 단지 위협만 하는 것이 아니라, 이미 오래 전부터 부당하게 침해해왔으면서도 성공적인 성과를 거두어왔던 또 하나의 중요한 사례는 안식일을 지키도록 규정한 법이다. 일주일에 하루를 매일의 직업적인 노동에서 쉬는 것이 유대인이 아닌 모든 사람들에게 종교적인 의무가 전혀 아니지만, 생활 여건이 허락하기만 한다면, 아주 유익한 관습이라는 것은 의심의 여지가 없다. 그런데 산업 노동자 계층의 전반적인 동의 없이는 그런 관습은 지켜질 수 없다. 만약 그 중에서 일부 노동자들이 일주일에 하루도 쉬지 않고 일을 한다면, 다른 노동자들도 어쩔 수 없이 그렇게 할 수밖에 없게 될 것이기 때문에, 산업 노동자들이 일주일에 하루는 반드시 쉬게 하는 법을 제정해서, 모든 노동자들이 이 관습의 유익을 누릴 수 있도록 보장해주는 것은 정당하고 옳을 것이다.

하지만 개개인이 이 관습을 지키는 것이 다른 사람들의 이해관계에 직접적으로 관련되어 있다는 것을 근거로 해서 그러한 입법이 정당성을 얻는다고 할지라도, 자신의 시간을 자기 뜻대로 사용해서 자영업을 하는 사람들에게 법으로 정한 휴일을 지키도록 강제하거나, 그 휴일에 오락을 하는 것을 규제하는 것은 정당하지도 않고 옳지도 않다. 물론, 사람들이 휴일에 오락을 즐기기 위해서는, 어떤 사람들은 휴일에 일할 수밖에 없는 것은 사실이다. 그러나 다수의 사람들이 오락을 즐기며 새로운 힘을 충전하여 유익을 얻는 것은 말할 것도 없고 즐거움을 얻는 것만으로도 휴일에 이루어지는 소수의 노동은 가치가 있기 때문에, 그 노동이 자유롭게 선택된 것이고 자유롭게 그만둘 수 있는 것이라면 아무런 문제가 없다.

노동자들이 법적으로 휴일에 의무적으로 쉬게 되어 있는 경우에는, 일주일에 6일 동안 일한다고 해도, 7일의 임금을 받아야 한다고 생각하는 것은 지극히 옳다. 하지만 대부분의 노동자들이 법정 휴일에 쉬는 현실에서는, 다른 사람들이 그 휴일을 즐기도록 해주기 위해 휴일에도 계속해서 일하는 소수의 사람들은 그렇지 않은 사람들보다 더 많은 돈을 받는 것이 당연하다. 그런 경우에, 그 소수가 돈을 버는 것보다도 휴일에 쉬는 쪽을 원한다면, 그들이 그렇게 할 수 있도록 보장되어야 한다. 거기에 한 가지 보완책을 추가할 수 있는데, 그것은 그런 일을 하는 특별한 계층에 속한 사람들에게는 일주일 중에서 법정 휴일이 아닌 다른 날을 휴일로 보장해주는 관습을 정착시키는 것이다.

따라서 일요일에 오락을 즐기는 것을 법적으로 규제하는 유일한 이유는 그것이 종교적으로 잘못된 것이라는 판난 때문임에 틀림없고, 그러한 입법 동기는 결코 용납될 수 없다. "신들에게 잘못한 일들은 신들이 알아서 처리하게 해야 한다"Deorum injuriae Diis curae. 한 사회 또는 그 사회의 공직자가 어떤 사람이 다른 사람들에게는 전혀 잘못한 것이 아닌데도 신에게 잘못을 저질렀다고 판단해서 신으로부터 위임받은 권한을 따라 그 사람을 처벌하는 것이 과연 정당한지는 아직 증명되지 않고 있다. 모든 사람에게는 자신이 종교적으로 옳다고 생각하는 행동들을 다른 사람들도 하게 할 의무가 부여되어 있다는 신념은 인류 역사 속에서 지금까지 저질러진 온갖 종교적인 박해의 토대였다. 만일 그것이 인정된다면, 그 모든 박해들은 완벽하게 정당화될 것이다.

일요일에 기차 여행을 하는 것을 금지시키고자 하는 반복적인 시도들이나, 일요일에 박물관을 열지 못하게 하려는 끊임없는 시도 등과 같은 행동들을 통해서 표출되고 있는 감정 속에는, 지난날에 종교를 박해했던 자들의 잔혹함은 없지만, 그런 행동들이 보여주는 정신 상태는 그러한 종교적인 박해를 불러왔던 정신 상태와 근본적으로 동일하다. 그것은 다른 사람들이 자신들의 종교와 신앙을 따라 행하는 일들이라고 할지라도, 그 일들이 우리의 종교가 허용하지 않는 것들인 경우에는, 그 일들을 절대로 용납할 수 없다고 단단히 벼르는 정신 상태다. 또한 그것은, 신이 그 일들을 가증스럽게 여길 뿐만 아니라, 우리가 그 일들을 방관한 채로 내버려 둔다면, 우리에게도 죄를 물을 것이라고 믿는 정신 상태다.

모르몬교의 사례

내가 인간의 자유가 일상적으로 적지 않게 유린되고 있는 그러한 예들 중의 하나로 덧붙이지 않을 수 없는 것은, 이 나라의 언론이 모르몬교를 언급할 때마다, 그들이 눈에 거슬리는 그 종교의 한 가지 독특한 교리와 실천을 집중적으로 비난하는 말들을 쏟아내며 박해를 일삼고 있다는 것이다. 신문과 철도와 전보가 일상이 된 이 시대에, 그 창시자가 특별한 자질을 지니고 있음이 밝혀진 것도 아닌 상황에서, 이른바 새로운 계시를 들고나와 하나의 종교를 세운 것이 순전히 사기 행각의 산물임이 분명한 데도, 모르몬교가 수십만 명의 사람들을 신자로 끌어모아서 한 사회를 구성하는 무시할 수 없는 일부가 되었다는 것은 예기치 않은 일이자 시사해주는 바가 많은 일이기 때문에, 우리는 거기에 대해서 할 말이 많을 수밖에 없다.

하지만 여기에서 지금 우리가 다루는 주제와 관련하여 관심을 끄는 것은 이 종교에도 다른 종교들, 그리고 더 나은 종교들과 마찬가지로 순교자들이 있다는 것이다. 예언자로 자처하며 이 종교를 창시했던 사람은 자신이 설파한 교설로 인해 폭도에 의해 죽임을 당해 순교자가 되었다. 이 종교를 신봉하던 다른 사람들도 그 동일한 불법적인 폭력에 의해 죽임을 당하고 순교자들이 되었다. 또한 그들은 자신들이 나고 자란 이 나라로부터 집단적으로 강제로 추방당했다. 그래서 그들은 지금 아무도 살지 않는 사막 한가운데로 쫓겨나 있는데, 이 나라에서는 많은 사람들이, 좀 귀찮은 일이긴 하지만, 그들에게 토벌대를 보내어 무력으로 그들로 하여금 자신들의 생각을 버리고 이 나라의 다수 대중의 생각을 받아들이게 하는 것이 옳다고 공개적으로 떠들고 다닌다.

모르몬교의 교리 중에서 이렇게 사람들의 반감과 분노를 불러일으켜서, 통상적인 경우에 적용되는 종교적 관용 원칙을 철회하고, 이 종교를 탄압하게 만든 빌미가 된 것은 일부다처제의 허용이었다. 일부다처제는 이슬람교도들, 힌두교도들, 중국인들 사이에서 이미 허용되고 있던 것이어서, 어떻게 보면 새로운 것도 아니었지만, 유독 모르몬교도들이 허용한 일부다처제가 사람들에게 도저히 억누를 수 없는 적개심을 불러일으킨 것은, 아마도 영어를 사용하고 일견 기독교인처럼 보였던 사람들이 기독교에서 금기로 여기는 것을 받아들여 실행했다는 사실이었던 것으로 보인다.

　　모르몬교의 일부다처제에 대해 나보다 더 깊은 반감을 지닌 사람은 없을 것이다. 나의 반감을 초래한 이유는 여러 가지가 있지만, 그 중에서 한 가지만 들어보자면, 인류의 절반을 차지하는 여자들에게는 오직 한 남편만을 섬겨야 한다는 의무를 부과하여 반드시 지키게 한 반면에, 나머지 절반을 차지하는 남자들에게는 오직 한 아내만을 맞아야 한다는 의무를 면제해주고 해방시켜준다는 것은, 서로가 동등한 의무를 져야 한다는 자유의 원리를 정면으로 깨뜨리는 것이기 때문에, 자유의 원리에 비추어보았을 때에 일부다처제는 결코 허용될 수 없다는 것이다.

　　그럼에도 불구하고 우리가 기억해야 할 것은, 다른 여자들이 이것과는 다른 결혼제도를 받아들이는 것과 마찬가지로, 일부다처제의 피해자로 여겨질 수도 있는 여자들도 똑같이 자발적으로 이 결혼제도를 받아들이고 있다는 것이다. 그리고 우리에게는 상당히 의외의 사실로 보일 수도 있겠지만, 모르몬교에서 제시하는 일부다처제는 결혼에 대한 인류 전체의 공통된 생각과 관습에 근거를 두고 있다는 것이다. 즉, 모르몬교에서는 여자들에게 결혼이 꼭 필요한 것이기 때문에, 여자가 아예 결혼을 하지 않는 것보다는 여러 아내 중의 하나가 되더라도 결혼하는 쪽을 택하여야 한다고 가르친다.

　　모르몬교도들은 자신들이 거주하는 나라들에서 그들의 그러한 결혼제도를 인정해 달라고 요구하거나, 그들만이라도 일부다처제를 허용해 달라고 요구하지도 않는다. 그런데도 그들이 자신들의 교리를 용납하지 않는 나라들을 떠나서, 지구의 가장 후미진 곳으로 가서, 거기에서 최초로 정착하여 살아가는 주민이 된 이유는 오직 그들에 대한 다른 사람들의 적대적인 감정이 그들이 도저히 감내할 수 있는 정도를 훨씬 넘어섰기 때문이었다. 그들은 거기에서 살아가면서 다른 나라들에 적대적으로 행동하는 것이 전혀 없고, 그들이 살아가는 방식에 불만이 있는 사람들에게는 언제든지 떠날 수 있는 완벽한 자유를 허용하고 있다. 그런데도 그들이 거기에서 자신들이 정한 법 아래에서 살아가는 것을 막는다면, 그것은 그 어떤 정당한 원리나 원칙으로도 설명될 수 없기 때문에, 독단적인 횡포라고 말할 수밖에 없다.

최근의 한 작가[6]가 모르몬교의 일부다처제를 문명의 퇴행으로 규정하고서, "십자군"crusade이 아니라 "문명군"civilizade을 보내어, 일부다처제로 이루어진 이 집단을 공략해서 일부 사람들의 그러한 퇴행적인 행보를 끝장내야 한다고 제안한 것은 몇 가지 점에서 꽤 일리가 있고, 나도 그렇게 본다. 하지만 문명화된 한 사회가 미개한 다른 사회를 강제적으로 문명화시킬 권한을 갖고 있다는 것을 나는 알지 못한다. 악법으로 인해 고통당하는 한 사회에 속한 다수의 사람들이 다른 사회에 도움을 요청한 것이 아닌데도, 직접적으로 이해관계가 있는 다수의 사람들이 만족해하는 것으로 보이는 제도를, 그들과 아무런 관계도 없고 그들에게서 수천 마일이나 떨어져 있는 사람들이 개입해서, 그 제도가 자신들의 마음에 들지 않는다는 이유로 폐기할 것을 요구할 권한이 있다는 것을 나는 인정할 수 없다.

그들의 제도가 그렇게도 마음에 들지 않는다면, 그 곳에 선교사들을

6　이 작가는 매튜 아놀드(Matthew Arnold, 1822-88)이다. 그는 영국의 시인이자 비평가이며 교육자였다. 영국의 근대적 대중교육을 위해 사립중고등학교의 창시자로 유명한 토머스 아놀드의 아들이다. 교육제도의 개혁에 힘써 근대적인 국민교육의 건설에 크게 공헌하였다. 시인으로도 높은 평가를 받았고, 10년간 옥스퍼드 대학교에서 교수를 역임하기도 했다.

보내어 그 제도가 악한 것이니 폐기해야 한다고 그 곳 사람들에게 설파하는 것은 얼마든지 가능하다. 그리고 정당한 수단들을 사용해서, 그러한 제도를 지지하는 교리가 자기 나라 사람들 사이에서 유포되는 것을 막기 위해 애쓰는 것도 얼마든지 가능하다(하지만 그 교리를 전파하는 자들의 입을 강제로 막는 것은 정당한 수단 중 하나가 아니다). 야만이 판을 치던 사회에 문명이 들어가서 이미 야만을 제압했다면, 이미 제압된 야만이 다시 부활해서 문명을 무너뜨리지는 않을지 우려된다고 공공연히 말하고 다니는 것은 도가 지나치다.

어떤 문명이 자신이 이미 제압한 적에게 그런 식으로 다시 굴복당할 수 있다면, 그 문명은 이미 너무나 부패해서 스스로 자멸하고 있어서, 그 문명을 지탱하는 세력들인 사제들과 선생들은 말할 것도 없고 아무도 그 문명을 위해 나설 수 있는 힘도 없고 나서려고 하지도 않는 상태가 되어 있을 것이다. 만약 문명이 그런 지경에 이르렀다면, 그런 문명은 사망 통지를 하루라도 빨리 접수하는 편이 더 낫다. 왜냐하면, 서로마제국의 멸망이 보여주듯이, 그런 문명은 점점 더 썩을 대로 썩어 문드러져서, 결국에는 활력이 넘치는 야만인들에 의해 파괴되고 개조될 수밖에 없기 때문이다.

제 5 장

적용

이 글에서 내가 제시한 원칙들이 정부와 도덕의 온갖 다양한 분야에 일관되게 적용되어서 성과를 거두기 위해서는, 많은 사람들이 좀 더 일반적으로 이 원칙들을 현실의 구체적인 문제들을 토론하기 위한 토대로 인정하고 받아들이는 것이 선결요건이다. 내가 몇 가지 현실의 구체적인 문제들에 이 원칙들을 적용해 보고자 하는 것은 그렇게 했을 경우에 그 결과가 어떠할지를 추적해 보기 위한 것이 아니라, 이 원리들이 어떤 식으로 적용되는지를 예시해 보이기 위한 것이다. 이런 목적으로 나는 많은 예를 들지 않고, 적용의 표본이라고 할 만한 몇 가지 예들만을 들어보고자 한다. 이 예들은 이 글 전체에서 내가 제시한 것을 집약한 두 개의 명제가 지닌 의미와 그 한계를 한층 더 명료하게 해주어서, 이 둘 중에서 어느 쪽을 적용해야 하는지가 의심스러워 보이는 경우에, 이 둘 사이에서 어떤 식으로 균형을 잡아야 할 것인지를 판단하는 데 도움을 줄 것이다.

두 가지 명제

첫 번째 명제는, 개인은 자기 자신 이외의 다른 사람들의 이해관계에는 아무런 상관이 없는 자신의 행동들에 대해서는 사회에 책임을 지지 않는다는 것이다. 그런 경우에 사회가 개인의 그런 행동에 대해서 반감이나 비난을 표현할 수 있는 유일하게 정당한 수단은, 다른 사람들이 자신들의 유익을 위해 필요하다고 생각했을 때에 충고하거나 훈계하거나 설득하거나 상종하지 않는 것뿐이다.

두 번째 명제는, 개인이 다른 사람들의 이익을 침해하는 행동들을 했을 때에는 사회에 책임을 져야 하고, 사회가 자신을 보호하기 위해서 불가피하다고 생각한 경우에는, 사회적 또는 법적 처벌을 부과할 수 있다는 것이다.

사회의 개입이 정당화될 수 있는 경우

먼저, 개인의 어떤 행동이 다른 사람들의 이익을 침해하거나 침해할 가능성이 있을 때에는 사회의 개입이 정당화될 수 있다고 해서, 그런 모든 경우에 사회의 개입이 언제나 정당하다고 생각해서는 절대로 안 된다. 개인이 합법적이고 정당한 목표를 추구하는 과정에서, 다른 사람들에게 고통이나 손실을 안겨주기도 하고, 다른 사람들이 통상적으로 기대하고 있던 이득을 가로채기도 하는 일이 필연적으로 빈번하게 일어날 수밖에 없지만, 개인의 그런 행동들은 정당하기 때문이다.

개인들 간의 그러한 이해관계의 충돌은 종종 잘못된 사회제도들로 인해 생겨나지만, 그러한 제도들이 존속하는 한 불가피할 뿐만 아니라, 그 중 어떤 것들은 어떤 사회제도 아래에서도 불가피하다. 많은 사람들이 종사하는 직업이나 시험을 통한 경쟁에서 성공을 거둔 사람들, 그리고 둘 다 원하는 것을 놓고 벌인 경쟁에서 상대방을 이긴 사람은 누구든지 그로 인해 다른 사람들이 입게 된 손실과 허비된 노력과 실망을 대가로 해서 자신들이 얻은 혜택을 누리게 된다.

하지만 사람들이 그러한 결과에 구애받지 않고 자신의 목표를 추구하는 것이 인류의 전체적인 이익에 더 부합한다는 것에 대해서는 모든 사람이 동의한다. 이것을 다른 식으로 말하자면, 사회는 그러한 경쟁에서 진 사람들에게 자신들이 입게 된 그런 종류의 피해를 구제해 달라고 요구할 수 있는 그 어떤 법적 또는 도덕적 권리도 인정하지 않는다는 것이다. 오직 사회의 전체적인 이익에 반하기 때문에 허용될 수 없는 사기 또는 기만, 그리고 강제력 같은 수단들을 사용한 경우에만, 사회는 거기에 개입할 수 있다.

앞에서 이미 말했듯이, 상거래는 사회적인 행위이다. 어떤 종류의 물건이냐와는 상관없이 대중에게 어떤 물건을 파는 행위는 다른 사람들, 그리고 사회 전체의 이해관계에 영향을 미친다. 따라서 개인의 그러한 행위는 원칙적으로 사회의 관할권 안에 들어오게 된다. 그런 이유로, 전에 사람들은 대중의 삶에 중요하다고 판단되는 모든 경우에 상품의 적정 가격을 정하고 제조 과정을 규제하는 것이 정부의 의무라고 여긴 적도 있었다. 하지만 오랫동안 우여곡절을 겪은 끝에, 지금은 그런 일들을 생산자들과 판매자들에게 완전히 맡기고서, 정부는 오직 모든 생산자와 판매자가 어디에서나 자유롭게 구매자들에게 물건을 공급하고 판매할 수 있는 자유를 서로 동등하게 누릴 수 있게 해주기만 하면, 값싸고 좋은 품질의 물건들이 가장 효과적으로 거래될 수 있다는 것이 잘 알려져 있다.

이것이 소위 "자유로운 상거래"Free Trade의 원칙이다.[1] 이 원칙은 이 글에서 제시한 "개인의 자유"라는 원칙과는 다른 근거들에 입각한 것이긴 하지만, 확고하기는 마찬가지다. 상거래, 또는 상거래를 위해 제조한 상품에 대한 규제는 자유에 대한 제한이다. 그리고 자유에 대한 모든 제한은 그 자체로 나쁜 해악이다. 그 이유는 어떤 대상을 제한할 때, 그 제한은 그 대상 중에서 오직 사회가 제한할 수 있는 부분에만 영향을 미치는 까닭에, 실제로는 원래 의도한 결과를 만들어낼 수 없기 때문이다.

개인의 자유라는 원칙이 자유로운 상거래라는 원칙과 직접적인 관련이 없는 것과 마찬가지로, 자유로운 상거래라는 원칙의 한계와 관련해서 생겨나는 대부분의 문제들도 마찬가지다. 예컨대, 불량품에 의한 사기를 막기 위해서 사회는 어느 정도까지 공권력을 동원해서 규제할 수 있는가? 위험한 직종에서 일하는 노동자들을 보호하기 위해서 사회는 그들의 안전이나 위생을 위한 조치를 고용주들에게 어느 정도까지 강제할 수 있는가? 이런 문제들은 모든 조건이 동일한 경우에는 사람들을 통제하기보다는 사람들에게 맡겨두는 것이 언제나 더 낫다는 의미에서만 개인의 자유와 관련이 있을 뿐이다. 하지만 방금 말한 이런저런 목적을 위해서 그런 문제들을 통제하는 것이 정당할 수 있다는 것도 원칙적으로 부정할 수 없다.

반면에, 상거래에 대한 사회의 개입과 관련된 어떤 문제들은 본질적으로 자유의 문제들이다. 앞에서 이미 다룬 바 있는 금주법Maine Law, 중

---

1 밀은 정부가 상거래에 전혀 개입하지 않는 자유방임주의(laissez-faire)를 거부한다. 그의 견해는 상거래는 사회적 행위이기 때문에, 특정한 상거래가 미칠 사회적 영향을 판단하고 적절한 제한을 가해야 한다는 것이다.

국에서 아편 수입을 금지한 것, 독약의 판매를 규제하는 것 같은 것들이 바로 그런 문제들이다. 요컨대, 사회가 개입해서 특정한 물건을 구입하기가 불가능하거나 어렵게 만드는 모든 경우가 그런 문제들이다. 이러한 개입들은 생산자나 판매자의 자유가 아니라 구매자의 자유를 침해하는 것이기 때문에, 과연 허용될 수 있는 것인지에 대해 의문이 있을 수 있다.

독약을 판매하는 경우

그러한 예들 중에서 하나, 곧 독약을 판매하는 것은 새로운 문제를 야기시킨다. 치안 기능이라고 부를 수 있는 것의 고유한 한계는 어디까지인가? 정부가 범죄나 사고를 방지하기 위해 개인의 자유를 침해하는 것은 어느 정도까지가 정당한가?

이미 저질러진 범죄를 찾아내어 처벌하는 것만이 아니라, 사전에 범죄를 예방하는 조치를 취하는 것도 정부의 역할 중 하나라는 것은 논란의 여지가 없다. 하지만 정부의 사전 예방 기능은 사후 처벌 기능보다 권한을 남용하고 개인의 자유를 침해힐 가능성이 훨씬 더 높다. 왜냐하면, 정부가 범죄를 사전에 예방하는 조치를 취할 수 있는 권한을 갖게 되는 경우에는, 개인에게 정당하게 주어진 거의 모든 자유들을 이런저런 이유로 침해할 소지가 대단히 높아지기 때문이다. 그럼에도 불구하고, 공권력, 아니 심지어 사사로운 한 개인이라고 할지라도, 어떤 사람이 범죄를 준비하고 있음이 분명하다는 것을 알게 되었을 때에는, 그 범죄가 실제로 실행될 때까지 수수방관하고 있어서는 안 되고, 그 범죄를 예방하기 위해서 어떤 조치를 취해야 한다는 것은 분명하다.

만일 독약이 사람을 죽이는 것 외의 다른 목적으로는 구매되거나 사용되지 않는 것이라면, 독약의 제조와 판매를 금지하는 것이 옳을 것이다. 하지만 독약은 살인 이외의 목적으로, 게다가 어떤 경우에는 유용한 목적으로도 사용될 수 있기 때문에, 용도에 따라 규제를 달리하지 않고, 독약의 제조와 판매를 법으로 일절 금지시키는 것은 옳지 않다. 그런데도 다시 한 번 말하지만, 사고를 미연에 막는 것은 공권력의 고유한 직무다.

어느 사람이 안전하지 않다는 것이 확실한 다리를 건너려고 하고 있고, 그 사람에게 그 위험성을 알려줄 시간도 없는 상황에서, 어떤 공직자, 아니 어떤 개인이라도 그것을 보고서 그 사람을 붙잡아서 강제로 돌이켜세웠다면, 그런 행동은 그 사람의 개인적인 자유를 진정으로 침해한 것이라고 할 수 없을 것이다. 한 개인의 자유라는 것은 자기가 원하는 것을 아무런 제약 없이 하는 것인데, 그 사람이 다리가 무너져서 강물 속으로 떨어지는 것을 원했다고 할 수 없기 때문이다.

반면에, 그 다리가 정말 무너질 것이라는 확실성은 없고 단지 그럴 위험성만 존재하는 경우에는, 그 위험을 감수하고서라도 그 다리를 건널 것인지를 판단하고, 그 결과에 스스로 책임을 질 수 있는 사람은 오직 당사자뿐이다. 따라서 그런 경우에는, 그 사람이 어린아이이거나, 제정신이 아니거나, 너무나 흥분했거나, 어떤 일에 몰두하느라 정신이 팔려 있어서, 정상적인 판단을 할 수 없는 경우를 제외하고는, 오직 그 위험성을 경고해주는 것에서 그치고, 강제적으로 그가 그 다리를 건너지 못하게 해서는 안 된다.

이런 논리를 독약 판매와 같은 문제에 적용하면, 어떤 형태의 규제가 개인의 자유라는 원칙을 해치지 않는지를 결정할 수 있을 것이다. 예컨 대, 어떤 약품의 포장 겉면에 그 위험성을 경고하는 내용의 글을 표기해 서 그 약품을 구입해서 사용하고자 하는 사람들로 하여금 그러한 사실 을 미리 알게 해주도록 강제하는 것은 개인의 자유를 침해하는 것일 수 없다. 구매자가 자신이 구입하고자 하는 그 약품에 독성 물질이 들어 있 는지의 여부를 알고 싶어 하지 않는다고 할 수 없기 때문이다. 반면에, 그 약품을 구입하기 위해서는 언제나 의사의 확인서를 받도록 강제한다 면, 합법적인 용도로 사용하기 위한 경우에도 그 약품을 구입하는 것이 언제나 돈이 많이 들고, 때로는 구입할 수 없는 일까지 벌어지게 될 것 이다. 내가 보기에, 그런 독성 물질을 범죄의 용도로 사용하기 위해 구 입하는 것을 방지해야 하는 한편, 그 밖의 다른 용도로 사용하기 위해 구입하고자 하는 사람들의 자유를 침해하지 않아야 한다는 난점을 해결 하기 위한 유일한 방법은, 벤담Bentham이 아주 적절하게 표현했듯이, "법 으로 미리 정해놓은 증거"를 제시하도록 강제하는 것이다.[2]

이러한 방법은 계약을 맺는 것과 관련해서 누구나 친숙하게 잘 알고 있다. 유효한 계약을 체결하기 위해서는 계약 당사자들의 서명, 증인들 의 서명 등과 같은 미리 정해진 형식 요건들을 충족시켜야 한다고 법으 로 강제하는 것은 옳고, 실제로 그렇게 하는 것이 보통이다. 왜냐하면, 그런 규제가 있어야만, 한편으로는 나중에 계약을 둘러싸고 분쟁이 생 겼을 때, 그 계약이 실제로 체결되었다는 것과 그 계약을 법적으로 무효

---

2 제러미 벤담(1748-1832년)이 『사법적 증거의 존재 이유』Rationale of Judicial Evidence에서 한 말이다. 공리주의의 창시자였던 벤담은 밀의 아버지와 친분이 두터웠기 때문에, 밀에게 많은 영향을 끼쳤다. 밀은 1827년에 5권으로 출간된 이 책을 퇴고하는 작업을 맡기도 했다.

화할 수 있는 그 어떤 문제도 존재하지 않았다는 것을 분명하게 증명할 수 있고, 다른 한편으로는 허위 계약이 체결되거나, 나중에 무효화될 수 있는 계약이 체결되는 것을 어렵게 만들 수 있기 때문이다.

범죄의 도구로 사용될 수 있는 소지가 큰 물건들을 판매하는 것과 관련해서도 비슷한 방식의 강제적인 규제를 적용하는 것이 가능하다. 예컨대, 그런 물건들을 판매하는 사람들에게 정확한 거래 일시, 구매자의 이름과 주소, 판매한 물건의 정확한 품목과 수량을 장부에 기록하게 하고, 아울러 구매자가 그 물건을 구입하는 목적을 물어서 그 대답도 기재하도록 강제하는 것이다. 또한 의사의 처방전이나 확인서가 없는 경우에는, 제3자를 입회시켜서, 나중에 구매자가 구입한 물건이 범죄 목적으로 사용된 경우에는 그것이 분명하게 드러나게 될 것이라는 사실을 구매자에게 똑똑히 주지시키는 방법도 있다. 이러한 규제들은 일반적으로 사람들이 그런 물건들을 구매하는 데는 실질적인 장애가 되지 않으면서도, 그런 물건들이 들키지 않고 은밀하게 범죄 같은 불법적인 용도로 사용되는 것을 막는 상당히 현명한 방법이다.

사회의 개입 금지 원리의 한계

사회가 범죄로부터 자신을 보호하기 위해서 미리 어떤 조치들을 취할 수 있는 권리를 지니고 있다는 것은, 순전히 한 개인 자신에게만 영향을 미치는 행동에 사회가 개입해서 가로막거나 처벌하는 것은 정당화될 수 없다는 명제는 절대적인 것이 아니라, 거기에는 분명한 한계들이 존재한다는 것을 보여준다.

예컨대, 술을 마시고 취하는 것은 통상적인 경우들에는 법으로 개입하는 것이 정당한 그런 일이 아니다. 하지만 술에 취해서 다른 사람들에게 폭력을 행사해서 재판에 넘겨져 유죄 판결을 받은 전력이 있는 사람에게 오직 그 자신에게만 한정된 특별한 법적 규제를 적용하는 것은 지극히 정당하다. 즉, 그런 사람이 또다시 술을 마시고 취했을 경우에는, 어떤 처벌을 가할 수 있고, 그렇게 술에 취한 상태에서 또다시 범죄를 저지른 경우에는, 그 범죄에 대해 가중처벌도 가능하다는 것이다. 왜냐하면, 술에 취했을 때에 범죄를 저질러서 다른 사람들에게 해악을 끼칠 가능성이 농후한 사람인 경우에는, 그가 스스로 술을 마시고 취한 행위 자체가 다른 사람들에 대한 범죄나 마찬가지이기 때문이다.

한 가지 예를 더 들어보자. 어떤 사람이 사회로부터 지원을 받고 있거나, 그가 게으름을 피우는 것이 계약 위반이 되는 경우를 제외한다면, 게으름을 법적으로 처벌하는 것은 독재 치하가 아니라면 있을 수 없는 일이다. 하지만 어떤 사람이 게으름, 또는 마음만 먹는다면 얼마든지 피할 수 있는 어떤 이유 때문에 자녀를 양육할 의무 같은 다른 사람들에 대한 자신의 법적 의무를 이행하지 않고 있고, 그로 하여금 그 의무를 이행히게 할 수 있는 다른 적절한 수단들이 존재히지 않는 경우에는, 강제적으로 그 의무를 이행하게 하는 것은 독재가 아니다.

다시 한 번 말하지만, 오직 한 개인 본인에게만 직접적인 해악이 돌아가는 많은 행동들을 법적으로 금지하거나 규제하는 것은 정당하지 않다. 그러나 그런 행동들 중에서 공공연하게 행해지는 경우에는 사회의 미풍양속을 해치는 결과를 초래하는 것들은 다른 사람들에게 해악을 끼치는 행동들의 범주에 속하게 되기 때문에, 그런 행동들을 법으로 금지하는 것은 정당하다. 예의범절에 어긋난 행동을 하는 것이 그 예다. 이 문제는 우리가 다루는 주제와는 오직 간접적으로만 연관되어 있기 때문에, 군이 자세하게 살펴볼 필요는 없다. 하지만 개인이 사적인 공간에서 행했을 때에는 그 자체로 그 어떤 사회적 비난의 대상이 되지 않는 행동들 중에도, 공공연하게 행해진 경우에는 사회에 의해 규제를 받을 수 있는 것들이 많다.

부추기는 자유도 보장되어야 하는 것인가?

우리가 지금까지 살펴본 원칙들의 연장선 상에서 반드시 대답을 찾아내야 하는 또 하나의 질문이 있다. 한 개인의 행동이 잘못된 것이라고 해도, 그 결과로 생겨난 해악이 순전히 그 개인에게만 미친다면, 개인의 자유를 보장하는 사회는 그런 행동을 막거나 처벌할 수 없다. 그렇다면, 한 개인이 자유롭게 할 수 있는 행동을 다른 사람들이 개개인에게 조언하거나 부추기는 자유도 보장되어야 하는 것인가? 이 문제는 대답하기가 어렵다.

　어떤 사람이 다른 사람에게 어떤 것을 하라고 부추기는 것은 엄밀하게 말해서 자기 자신과만 관련이 있는 행동이 아니다. 다른 사람에게 조언하거나 권유하는 것은 사회적 행동이다. 따라서 그런 행동은 다른 사람들에게 영향을 미치는 모든 사회적 행동들과 마찬가지로 사회적 통제를 받는 것이 당연한 것처럼 보일 수 있다. 하지만 조금 더 깊이 성찰해보면, 그러한 최초의 생각이 잘못된 것임이 드러난다. 왜냐하면, 그런 행동은 엄밀하게 말해서 개인의 자유의 영역에 속해 있는 것은 아니지만, 개인의 자유라는 원칙의 토대가 된 근거들이 그런 행동에도 적용될 수 있기 때문이다. 즉, 사람들이 오직 자기 자신과만 관계가 있는 일들에서 위험부담을 스스로 감수한 채로 자신의 이익에 최선인 것으로 보이는 행동을 하는 것이 허용되어야 한다면, 어떻게 하는 것이 최선인지를 놓고 자유롭게 서로 의견이나 제안을 주고 받는 것도 마찬가지로 허용되어야 한다는 것이다. 따라서 어떤 행동을 하는 것이 허용되어 있다면, 그 행동을 할 것인지 말 것인지, 그리고 그 행동을 어떻게 해야 할 것인지에 대해 조언하고 권유하는 것도 허용되어야 한다.

하지만 사적인 이득을 취하기 위해서 조언을 하는 경우, 특히 사회와 국가가 해악이라고 여기는 것들을 부추기는 일을 자신의 생계나 금전적인 이득을 위해서 직업적으로 행하는 경우도 허용해야 하는가 하는 것은 또 다른 문제다. 그런 경우에는 이 문제를 좀 더 복잡하게 만드는 새로운 요소, 즉 공공의 이익으로 여겨지는 것과 반대되는 이익을 추구함으로써 공공의 이익을 정면으로 해치는 생활방식을 따르는 사람들로 이루어진 하나의 사회 계층의 존재를 허용해야 하는가, 아니면 규제해야 하는가 하는 새로운 문제가 추가되기 때문이다.

포주가 되거나 도박장을 개설하는 경우

예를 들어보자. 사적인 매춘은 허용되어야 하고, 도박도 마찬가지다. 그러나 사람들이 그런 목적으로 포주가 되거나 도박장을 개설하는 것도 허용해야 하는가? 이 문제는 강제적인 개입이 필요한 사회적 행위와 관련된 원칙과, 사회가 개입해서는 안 되는 개인의 자유라는 원칙이 서로 정확히 만나는 경계선 상에 놓여 있는 문제들 중 하나다. 따라서 어느 쪽이든 다 근거가 존재한다.

허용해야 한다는 입장에 서 있는 사람들은 이렇게 말할 수 있다. 개인적으로 하는 경우에 불법이 아닌 일들을 직업으로 삼아서 생계를 유지하거나 이득을 얻는 것은 범죄일 수 없다. 그런 일들은 개인적으로 하느냐, 아니면 직업적으로 하느냐와는 상관없이 일관되게 허용되든지, 아니면 금지되어야 한다. 우리가 지금까지 옹호해온 원칙들이 옳다면, 사회는 말 그대로 사회이기 때문에, 오직 개인에게만 관련된 일들을 잘못되었다고 결정할 권한이 없다. 오직 공공의 이익에 어긋나는 것이기 때문에, 그런 일들을 하지 않았으면 좋겠다고 설득하는 것만을 할 수 있고, 그 이상으로 개입하는 것은 정당할 수 없다. 그렇다면, 사람들에게도 그 일들을 하도록 권유하거나, 하지 않도록 충고할 자유가 똑같이 주어져야 한다.

반면에, 허용해서는 안 된다는 입장에 서 있는 사람들은 이렇게 주장할 수 있다. 사회나 국가는, 탄압하거나 처벌할 목적으로, 오직 개인의 이해관계에만 영향이 있는 이런저런 행동을 좋다거나 나쁘다고 결정할 권한을 갖고 있지 않지만, 자신이 공공의 이익에 나쁘다고 여기는 행동이 적어도 그런지 아닌지가 충분히 논란이 될 수 있는 문제라고 간주하는 것은 지극히 정당하다. 그런 경우에, 어떤 사람이 사회나 국가가 해롭고 옳지 않은 것으로 여기는 행동을 오직 사적인 이득만을 위해 공공연하게 조장한다면, 그러한 조장행위는 공공의 이익에 아무런 영향을 미치지 않는 것이 아니기 때문에, 사회나 국가가 그러한 행위로 인한 악영향을 배제하고자 애쓰는 것은 잘못된 것이라고 말할 수 없다.

또한, 자신들의 사익 추구를 목적으로 개개인에게 해로운 행동들을 부추기는 사람들의 술책으로부터 가능한 한 벗어나서, 개개인이 지혜롭게든 어리석게든 오직 자신의 판단에만 의거해서 그런 행동들을 할 것이냐 말 것이냐를 선택하게 한다고 해도, 그것이 특별히 개개인의 이익을 침해하는 것이 되지는 않을 것이라는 논리를 펴는 것도 가능할 것이다.

따라서 온갖 종류의 도박을 법으로 금지하는 것은 정당화될 수 없기 때문에, 자신이나 서로의 집에서, 또는 회원제로 해서 그 회원들과 그들이 초청한 사람들만이 입장할 수 있는 도박장을 만들어서 도박을 하는 자유는 모든 사람에게 허용하고, 단지 누구나 이용할 수 있는 대중 도박장은 허용해서는 안 된다고 말할 수 있을 것이다. 물론, 대중 도박장을 금지한다고 해도 실효성이 별로 없다는 것은 사실이다. 아무리 막강한 단속 권한이 경찰에 주어져 있더라도, 대중 도박장은 언제나 이런저런 편법을 사용해서 유지되어왔다. 하지만 대중 도박장들이 어느 정도는 겉으로 드러나지 않은 채로 은밀하게 운영이 되게 함으로써, 도박장을 애써서 찾는 사람들 외에는 일반 사람들이 알 수 없도록 강제하는 것은 가능하다. 사회는 그런 정도의 규제만을 목표로 하고, 그 이상을 넘어선 규제를 하려고 해서는 안 된다.

이런 주장들과 논리들은 상당한 정도의 설득력을 지닌다. 이런 주장들과 논리들이 이런 일들과 관련해서 주범에 해당하는 매춘이나 도박을 하는 사람들은 처벌하지 않을 뿐만 아니라, 도리어 그런 일들을 자유롭게 할 수 있도록 허용하는 반면에, 종범[3]이라고 할 수 있는 포주와 도박장 운영자만을 처벌하는 비정상적인 도덕 개념을 정당화하기에 충분한 것인가 하는 문제에 대해서는 논하지 않고자 한다.

---

3 "정범"은 형법상으로 범죄를 주도한 자를 가리킨다. "종범"은 정범의 범죄행위를 옆에서 도운 자로서 방조범이라고도 하는데, 방조범은 정범에게 범죄를 시킨 교사범과 함께 공범을 구성한다.

앞에서 말한 것과 유사한 근거들과 논리들에 의거해서, 국가가 물건을 사고파는 일상적인 활동들에 개입해서 규제하려고 하는 것은 더욱 정당화될 수 없다. 사람들은 돈으로 사고파는 거의 모든 물건들을 꼭 필요한 정도만을 사서 소비하는 것이 아니라, 과도하게 사용할 수 있고, 상인들은 그러한 과소비를 부추겨서 금전적인 이득을 얻는다. 하지만 이런 문제가 있다고 해서, 예를 들어 금주법을 제정하는 것과 같은 방식으로 정부가 그런 물건들의 거래를 금지할 수 있는 근거는 없다. 술을 거래하는 사람들은 비록 술의 과소비를 부추겨서 더 큰 이득을 추구하려는 경향이 있다고 할지라도, 술은 합법적이고 정당한 용도로 사용되는 물건이어서, 술의 거래는 반드시 필요한 것이기 때문에, 거래 자체를 금지할 수는 없기 때문이다. 하지만 주류 판매업자들이 자신들의 이득을 증가시키기 위해 과도하고 무절제한 술의 소비를 부추기는 것은 사회에 진정으로 해악이 되는 일이기 때문에, 국가가 나서서 그런 문제를 어느 정도 완화시키기 위해서 일정한 제한을 가하고 어떤 조치들을 요구하는 것은 정당하다. 따라서 정부의 그런 개입으로 인해, 개인의 합법적인 자유가 일정 정도 침해하는 일이 발생하는 것은 불가피하다.

국가의 간접적 규제

또 한 가지 문제는 국가가 개인의 최선의 이익과 반대되는 것으로 여겨지는 행위를 허용하면서도, 다른 한편으로는 간접적인 규제를 통해서 개인이 그 행위를 하는 것을 어렵게 만드는 것이 정당한가 하는 것이다. 예컨대, 술의 판매 가격을 비싸게 만들거나, 술을 파는 곳의 수를 제한함으로써, 실제로 술을 구입해서 마시는 것을 어렵게 하는 규제 조치를 취하는 것이 정당한가 하는 것이다. 다른 대부분의 실제적인 문제들과 마찬가지로, 이 문제와 관련해서도 이런저런 여러 가지 측면들을 구별해서 살펴보지 않으면 안 된다.

한편으로 생각해보면, 오로지 술의 구입을 더 어렵게 만들기 위한 목적으로만 주류에 세금을 부과하는 것은, 단지 정도에 있어서만 다를 뿐이지 주류의 판매를 전면적으로 금지하는 것과 별반 다르지 않다. 그러므로 후자가 정당화될 수 없다면, 전자도 정당화될 수 없을 것이다. 정부가 세금을 부과해서 술의 판매 가격을 올리는 조치를 취할 때마다, 그것은 가격이 올라간 정도만큼 수입이 오르지 않은 사람들에게는 술을 사먹지 말라고 하는 금지조치가 되고, 그렇지 않은 사람들에게는 술을 좋아하는 그들의 특정한 취향을 충족시키고자 하는 것에 대해 부과하는 벌금이 된다. 하지만 개인이 국가와 다른 사람들에 대한 법적이고 도덕적인 의무들을 다 이행한 상태에서는, 자신의 즐거움을 위해서 자기가 좋아하는 것들을 선택해서 거기에 자신의 수입을 사용하는 방식은 개인 자신의 소관이기 때문에, 개인의 판단에 전적으로 맡겨야 하는 것이 아닌가.

이런 주장과 논리에 비추어보면, 정부가 세수를 증대시키기 위한 목적으로 주류를 특별한 과세 대상으로 선택하는 것은 잘못된 것으로 보일 수 있다. 하지만 다른 한편으로 우리가 기억해야 할 것은 국가 재정을 위한 과세는 절대적으로 불가피하고, 대부분의 나라에서는 세수의 상당 부분을 물품에 부과하는 간접세를 통해서 해결할 수밖에 없기 때문에, 국가는 사람들이 소비하는 어떤 물건들에 대해서는 과세를 통해서, 거의 사지 말라고 하는 것이나 다름없을 정도의 벌금을 매길 수밖에 없다는 것이다. 따라서 그런 식의 과세를 위해서는, 그 물건이 소비자가 굳이 구매하지 않아도 별 상관이 없는 물건인지를 고려하고, 무엇보다도 적정량을 넘어 사용하는 경우에는 사람에게 해로운 것이 확실한 물건을 우선적으로 선별하는 것이 국가의 의무다. 그런 측면에서는, 국가가 그런 요건들을 충족시키는 술에 다른 물건들보다 높은 세금을 부과해서 국가에 필요한 세수 중에서 상당 부분을 충당하는 것은 허용될 수 있는 일일 뿐만 아니라, 적극적으로 긍정되어야 할 일이다.

술을 판매하는 것을 일정 정도 독점적인 특권이 되게 하는 문제는, 그런 제한을 통해서 어떤 목적을 달성하고자 하는가에 따라 그 대답이 달라져야 한다. 많은 사람들이 놀러오는 모든 행락지들이나 그런 유사한 장소들은 공공의 질서와 이익을 해치는 일들이 특히 발생하기 쉬운 곳이기 때문에, 경찰의 단속이 요구된다. 따라서 그런 곳에서 소비되는 술에 대해서는 자격요건을 갖추어 허가를 받은 사람들에게만 판매할 권한을 부여하는 것이 적절하다. 영업을 시작하고 마치는 시간을 제한해서, 그러한 제한을 지키는지를 감독하는 것이 요구될 수도 있다. 또한 주류 판매를 허가받은 점포의 운영자의 묵인 또는 무능력으로 인해서 치안을 불안하게 하는 사건들이 반복적으로 일어나거나, 그 점포가 법을 위반하는 범죄들이 모의되고 준비되는 장소가 된 때에는, 허가를 취소하는 것은 정당하다.

노동자들과 술집 규제

하지만 그 이상으로 어떤 규제를 하는 것은 원칙적으로 정당화될 수 없다는 것이 나의 생각이다. 예컨대, 사람들이 술 마시러 가는 것을 어렵게 하고, 술을 마시고자 하는 유혹을 받는 기회를 줄이고자 한다는 분명한 목적을 가지고서 정부가 술집의 수를 제한하는 것이 허용된다면, 그것은 일부 사람들이 술집을 자주 들락거리면서 그들 자신을 해롭게 할 우려가 있다는 이유로, 다른 모든 사람으로 하여금 불편을 감수하게 하는 것이다. 또한 그런 규제는 노동자들을 공개적으로 어린아이나 야만인으로 취급하여, 그들에게 장차 자율적으로 스스로 절제하며 술을 마실 수 있는 자유를 주기 위해서, 그렇게 될 때까지는 절제의 훈련을 시킬 수밖에 없다고 주장하는 것과 같다. 하지만 자유 국가로 자처하는 나라들에서는 그런 원칙과 논리 위에서 공공연하게 노동자들을 다스리는 것은 정당화될 수 없다. 정부가 그들에게 자유를 교육하고 그들을 자유인으로 대우하여 다스리기 위해 온갖 노력을 다 기울였는데도, 결국 그들을 어린아이로 취급하여 다스릴 수밖에 없다는 것이 명확하게 증명된 것이 아니라면, 자유의 가치를 제대로 아는 사람이라면 아무도 정부가 자신들을 그런 식으로 다스리는 것에 동의하지 않을 것이다.

지금까지 내가 말한 것들만을 생각해 보아도, 여기에서 다루어지고 있는 문제들과 관련해서 이 나라의 정부가 최선의 노력을 다해왔다고 생각하는 것은 터무니없는 것임이 드러난다. 왜냐하면, 한편으로는 이 나라의 제도들은 전반적으로 자유를 지향하는 까닭에, 사람들을 도덕적으로 교육시키는 데 반드시 필요하고 실제적으로도 효과가 있는 어느 정도의 규제를 위해서 정부가 공권력을 행사하지는 않으면서, 다른 한편으로는 이 나라의 제도들이 제대로 정비되지 않아 불합리한 일들이 발생할 수밖에 없어서, "어버이 정부"라 불리기도 하는 독재 체제에서나 가능한 일들이 현실에서 실제로 용인되고 있기 때문이다.

자유를 포기할 자유는 없다

이 글의 앞부분에서 나는 오직 개인과만 관련이 있는 일들에서는 개인의 자유가 보장되어야 한다고 이미 지적한 바 있다. 이것은 여러 개인들이 함께 모여서 오직 그들의 집단과만 관련이 있는 일들을 서로 간의 합의에 의해 규율할 수 있는 자유도 마찬가지로 보장되어야 한다는 것을 의미한다. 그 특정한 집단을 구성한 모든 사람들의 의지가 그후에도 계속해서 변함이 없어서 처음과 동일하게 지속되는 경우에는, 이것과 관련해서 그 어떤 어려움이나 문제도 발생하지 않는다. 하지만 그 의지는 변할 수 있기 때문에, 오직 그 집단과만 관련이 있는 일들에서도 그 구성원들은 서로 계약을 맺을 필요가 종종 생긴다. 그리고 그런 계약이 체결된 때에는, 모든 구성원들은 그 계약을 준수하는 것이 일반적인 원칙이다.

하지만 그러한 일반적인 원칙에 대한 몇몇 예외들을 법으로 규정하는 것이 보통이다. 아마도 모든 나라에서 그럴 것이다. 사람들이 제3자의 권리를 침해하는 계약을 맺는 것은 무효이고, 자기 자신을 해롭게 하는 계약은 원천적으로 무효이기 때문에, 그런 계약은 맺었다고 해도 지킬 의무가 면제된다고 하는 규정들이 그런 것들이다. 예컨대, 이 나라를 포함해서 대부분의 문명국가들에서는 어떤 사람이 자신을 노예로 파는 계약을 맺거나, 누가 자기를 노예로 팔아도 된다고 정한 계약을 맺는 것은 무효이기 때문에, 그런 계약을 지킬 것을 법이나 사람들이 강제할 수 없다.

개인이 자신의 삶과 관련된 운명을 자신의 의지에 따라 처분할 권리를 이렇게 제한하는 근거는 노예 계약이라는 이 극단적인 사례를 통해서 아주 극명하게 드러난다. 다른 사람들과 아무 관계가 없는 한 개인의 자발적인 행위에 개입하지 않는 이유는 그 개인의 자유를 보장해주기 위한 것이다. 그리고 거기에는 개인이 어떤 것을 자발적으로 선택했다는 것은 그가 선택한 바로 그것이 그에게 바람직하거나 적어도 감내할 수 있는 것임을 보여주는 증거라는 것이 전제되어 있다. 그렇기 때문에, 개인이 자신의 선택에 의거해서 자신이 선택한 것을 추구하도록 하는 것이 그 개인의 이익을 위해 최선이다.

그런데 한 개인이 자기 자신을 노예로 판다는 것은 자신의 자유를 포기한다는 것을 의미한다. 그 단 한 번의 행위는 그 개인으로 하여금 그 이후로는 자신의 자유를 향유할 수 없게 만든다는 점에서, 그가 자기 자신을 자신의 뜻대로 처분하는 것을 정당화해주는 바로 그 근거를 파괴해버리는 행위다. 그 행위로 인해서 그는 자유롭지 않게 되기 때문에, 비록 그가 그러한 상태를 자발적으로 선택했다고 할지라도, 그에게는 자유는 이제 더 이상 존재하지 않는다. 개인의 자유라는 원칙은 한 개인이 자유롭지 않은 상태를 자유롭게 선택할 수 있는 자유를 보장해주지는 않는다. 자신의 자유를 포기할 수 있는 자유는 개인의 자유에 속하지 않는다.

개인의 자유에 대한 제한

몇몇 근거들 위에서 개인의 자유가 제한될 수밖에 없다는 것은 노예 계약이라는 이 특별하고 극단적인 예에서 아주 극명하게 드러나긴 하지만, 실제로는 그 적용범위가 훨씬 더 광범위하다. 즉, 인간의 삶에서 반드시 필요한 것들을 포기하는 행동들은, 그것이 개인의 자유에 속한 것이라고 할지라도, 언제나 제한이 가해진다. 따라서 개인의 자유는 개인이 자신의 자유를 포기하는 것을 허용되지 않고, 도리어 그러한 제한에 동의하고, 개인의 자유에는 그런 제한이 수반된다는 것에 동의할 것을 언제나 요구한다.

따라서 오직 개인과만 관련이 있는 모든 일들에서 개인에게 완전한 자유가 주어져야 한다는 원칙에 비추어보았을 때, 제3자와는 아무런 관련이 없는 일들에서 서로에 대해 의무를 지는 계약을 맺은 사람들은 자유롭게 그 계약을 해지해서 그 의무로부터 벗어날 수 있어야 한다. 그리고 그런 계약들 중에는, 금전이나 금전적인 가치와 관계된 계약을 제외하고는, 굳이 그런 자발적인 해지가 없더라도, 취소할 수 있는 자유가 주어져서는 안 된다고 말할 수 있는 계약이라는 것은 아마도 없을 것이다.

빌헬름 폰 훔볼트 남작은 이미 앞에서 인용한 그의 저 훌륭한 글에서, 사적인 관계나 봉사를 포함하고 있는 계약인 경우에는 기간을 정해서 그 정해진 기간 동안에만 법적인 효력을 부여하여야 한다는 것이 자신의 소신이라고 밝힌다. 따라서 그러한 계약들 중에서 가장 중요한 혼인 계약은 양 당사자의 생각이 서로 일치하는 경우에만 그 목적을 달성할 수 있고, 그렇지 않은 경우에는 혼인의 목적이 달성될 수 없는 특수성을 지니고 있기 때문에, 어느 한 쪽의 명시적인 의사 표명만으로 계약을 해지할 수 있어야 한다는 것이다.

이 주제는 아주 중요하면서도 너무 복잡해서, 여기에서 곁가지로 간단하게 논의하기에는 적절하지 않기 때문에, 오직 내가 말하고자 하는 것을 예시하는 데 필요한 한도 내에서만 다루고자 한다. 훔볼트 남작은 자신이 쓴 그 글의 성격상 간결하고 일반적으로 표현해야 했기 때문에,

이 주제와 관련해서 그 전제들을 자세하게 다룰 수 없어서, 자신이 내린 결론만을 분명하게 제시하는 것으로 만족해야 했지만, 만일 그런 제약이 없었다면, 자신이 거기에서 제한적으로 제시한 그런 단순한 근거들만을 토대로 해서는 이 문제를 결정할 수 없다는 것을 틀림없이 인정했을 것이다.

어떤 사람이 자신의 명시적인 약속이나 행동을 통해서 다른 사람들에게 자신이 특정한 방식으로 계속해서 행동하게 될 것임을 믿고서 거기에 의거해서 이런저런 예상과 계산을 하여 그들의 삶의 어느 부분을 계획하도록 권장했다면, 그에게는 그들에 대한 일련의 새로운 도덕적 의무들이 발생하고, 그는 그 의무들을 이행하여야 하기 때문에, 마치 아무 일도 없었다는 듯이 무시해버리는 것은 불가능하고, 그 의무들을 이행하지 않았을 때에는 의무 위반이 된다. 게다가, 두 당사자 간의 계약 관계가 다른 사람들에게 어떤 영향을 미치게 되었거나, 어떤 사람들을 어떤 특별한 입장에 놓이게 만들었거나, 혼인의 경우처럼 심지어 여러 사람들과의 부수적인 관계들을 생겨나게 한 경우에는, 계약을 맺은 두 당사자가 그 사람들에게 져야 할 의무들이 발생한다. 그리고 그 의무들의 이행, 또는 적어도 이행의 방식은 두 계약 당사자의 관계가 지속되느냐, 아니면 해소되느냐에 의해 큰 영향을 받을 수밖에 없다.

당사자가 그런 계약을 더 이상 유지하고 싶지 않은데도, 오직 그런 식으로 발생된 의무들을 이행하기 위한 목적으로, 자신의 행복을 희생시키면서까지 그 계약을 계속해서 유지해야 한다고 말하는 것은 옳지 않고, 나도 그것을 인정할 수 없다. 하지만 그런 의무들은 이 문제를 생각할 때에 반드시 고려되어야 하는 요소다. 그리고 훔볼트가 주장한 것처럼, 그러한 의무들은 이런 계약의 당사자들이 그 계약을 해지할 수 있는 법적인 자유에 아무런 영향도 미치지 않아야(내 생각에는, 많은 영향을 미치지 않아야) 하지만, 당사자들의 도덕적 자유에는 필연적으로 큰 영향을 미칠 수밖에 없다. 그러므로 다른 사람들의 그런 중요한 이해관계에 영향을 미칠 수 있는 행동을 실행하고자 할 때에는, 그러한 모든 사정을 사전에 고려하지 않으면 안 된다. 그리고 그러한 이해관계를 신중하게 고려하지 않은 경우에는, 그 잘못에 대해 도덕적으로 책임을 지게 될 것이다.

내가 여기에서 어떻게 보면 너무나 뻔한 것처럼 보이는 이러한 말들을 한 것은, 오늘날 이혼 문제와 관련해서 통상적으로 부부인 당사자들의 이해관계는 전혀 고려하지 않고, 오로지 자녀들의 이해관계만을 고려하는 작금의 현실에서 그런 말들이 꼭 필요했기 때문이 아니라, 자유의 일반 원칙을 좀 더 분명하게 예시하기 위한 것이다.

자유가 잘못 주어지고 있는 사례 – 가족

모든 사람이 인정하는 자유의 일반 원칙이 존재하지 않기 때문에, 자유가 제한되어야 할 곳에서는 허용되고, 허용되어야 할 곳에서는 제한되는 일이 자주 벌어지고 있다는 것에 대해서는 이미 앞에서 지적한 바 있다. 근대 유럽 세계에서 자유의 정서가 가장 강력하게 지배하고 있는 분야들 중에서 한 분야는 내가 보기에는 자유가 완전히 잘못 주어지고 있는 사례 중 하나다.

모든 사람에게는 오직 자신과만 관련된 일들에서는 자기 마음대로 행할 자유가 허용되어야 한다. 하지만 다른 사람의 일이 곧 자기 일이라는 미명 아래 다른 사람을 위해서 행동할 때에 자기 마음대로 행할 자유는 허용되어서는 안 된다. 국가는 오직 한 개인에게만 관련이 있는 일들에서는 개인의 자유를 존중해야 하지만, 어떤 사람들이 다른 사람들에 대해 소유하고 있는 권한을 행사하는 것에 대해서는 철저하게 감시하고 통제하여야 한다. 그런데 인간의 행복에 직접적으로 영향을 미친다는 점에서 사람의 다른 모든 관계들을 다 합한 것보다 더 중요한 가족 관계에서는 국가의 그러한 의무가 거의 완전히 빙기되어 있다.

남편이 가정에서 폭군으로 군림하여 거의 무소불위의 권력을 지니고서 아내를 압제하고 있기 때문에, 그러한 해악을 완전히 제거하기 위해서는, 아내들이 다른 모든 사람들과 동일한 권리를 가지고서 동일한 방식으로 법의 보호를 받아야 한다는 것은 여기에서 굳이 자세하게 얘기할 필요조차 없는 일이다. 이 문제와 관련해서 기존의 불의한 관행을 옹호하는 사람들은 권력의 전횡을 공개적으로 지지하는 것이기 때문에, 자유라는 말을 거론할 자격이 없다.

자녀들에 대한 부모의 관계에서 자유 개념의 잘못된 적용은 국가가 자녀들에 대한 의무들을 수행히는 데 실질적인 장애가 되고 있다. 부모들은 대체로 자신의 자녀들을 비유적인 의미가 아니라 문자 그대로 자기 자신의 분신이라고 생각해서, 자녀들에 대해 절대적이고 독점적인 지배권을 행사하고, 법이 이에 조금이라도 개입하려고 하면 심하게 반발한다. 자녀들과 관련한 그러한 반발은 국가가 그들 자신의 어떤 행동에 개입해서 그들의 자유를 규제하려고 할 때보다도 더 심하다. 일반적으로 사람들은 자유보다는 권력을 더 존중하기 때문이다.

교육의 경우

교육의 경우를 예로 들어보자. 국가가 자신의 영토에서 태어나서 시민이 된 모든 사람들에게 일정 수준에 이르기까지 교육 받을 것을 요구하고 강제해야 한다는 것은 지금은 거의 너무나 자명한 하나의 공리처럼되어 있지 않은가? 하지만 그러한 진리를 기꺼이 인정하고 적극적으로주장하는 사람이 몇이나 되는가?

사실 한 사람의 인간을 이 세상에 태어나게 한 후에는, 그가 인생을살아가면서 다른 사람들과 그 자신에 대해서 자신에게 맡겨진 몫을 잘해내는 데 필요한 교육을 그에게 제공하는 것은 부모(또는, 오늘날의 법과관습에 의하면, 아버지)의 가장 신성한 의무들 중의 하나라는 것을 부정할사람은 아무도 없을 것이다. 그런데 그것이 아버지의 의무라는 것을 누구나 다 일치된 목소리로 분명하게 말하기는 하지만, 이 나라에서는 모든 아버지로 하여금 그 의무를 이행하도록 국가가 강제해야 한다는 목소리를 내는 사람은 거의 아무도 없다. 그래서 국가는 아버지들에게 자녀교육을 위해 힘을 쓰거나 희생하도록 강제하지는 않고, 오직 자녀들을무상으로 교육할 수 있는 기회만을 마련해놓고서는, 그 기회를 받아들일 것인지 말 것인지를 선택하는 권한은 아버지들에게 맡겨두고 있다!

자녀들에게 음식을 주어 먹여 살리기만 하고, 교육과 훈련을 통해서그들의 정신이 성장할 수 있는 기회를 주지 않는 것은 그 불행한 자녀들은 물론이고 사회에 대해서도 도덕적인 범죄를 저지르는 것임을 아직까지도 사람들은 인식하지 못하고 있다. 따라서 부모가 이 의무를 이행하지 않는 경우에는, 국가는 가급적이면 부모의 책임 하에서 그 의무가 이행될 수 있도록 감독하는 것이 마땅하다.

우리가 국가는 모든 아동들을 교육 받게 해야 하는 의무를 진다는 것을 일단 인정하고 난 후에는, 국가가 무엇을 가르쳐야 하고, 어떻게 가르쳐야 하는가 하는 난제들이 남아 있다. 오늘날 이 문제는 종파들과 정파들 간의 싸움터로 변질되어서, 교육에 쏟아야 할 시간과 노력이 교육에 관한 논쟁으로 소모되고 있기 때문에, 이 난제들은 속히 해결을 보아야 한다.

징부가 모든 아동이 좋은 교육을 받을 수 있도록 강제히겠다고 결심을 했다고 해도, 굳이 정부가 직접 나서서 그런 교육을 제공하려고 골머리를 썩힐 필요는 없다. 자녀들을 의무적으로 교육시킬 것을 법으로 강제한 후에는, 그들을 어디에서 어떻게 교육을 시킬지는 부모에게 맡겨두고서, 가난한 계층의 학비를 일부 지원해주고, 학비를 전혀 낼 수 없는 경우에는 그 전액을 국비로 부담하는 조치를 취하기만 하면 된다.

국가의 교육

국가가 직접 아동들에게 무엇을 어떻게 교육시킬지를 결정하는 것에 대해서는 반론들이 있고, 또한 그러한 반론들은 타당하지만, 국가가 아동들의 의무 교육을 강제하는 것은 그런 것과는 완전히 다른 것이기 때문에, 그런 반론들은 적용되지 않는다.

국민에 대한 교육의 전부 또는 상당 부분이 국가의 수중에서 이루어지는 것이라면, 나는 다른 사람들과 마찬가지로 그런 것에는 반대한다. 개개인의 개성, 그리고 의견과 행동방식의 다양성이 얼마나 중요한지에 대해서 내가 지금까지 말해온 모든 것 속에는, 교육의 다양성이 이루 말할 수 없이 중요하다는 의미가 이미 내포되어 있기 때문이다. 전 국민을 대상으로 한 획일적인 국가 교육이라는 것은 국민을 하나의 틀에서 서로 똑같은 사람들로 찍어내고자 하는 술책이다. 그리고 국가를 장악하고 있는 지배 권력이 왕이든, 성직자이든, 귀족 계급이든, 다수의 기성세대이든, 그 틀은 지배 권력이 자신의 뜻대로 결정한다. 따라서 국가 교육이 효과적이고 성공을 거두는 정도에 비례해서, 국민의 정신은 지배 권력에 의해 장악되고, 그 결과 자연스럽게 신체도 장악당하게 된다.

국가에 의해 기획되고 통제되는 교육이 존재한다고 할지라도, 그것을 담당하는 기관은 오직 사람들이 선택할 수 있는 서로 경쟁하는 여러 다양하고 많은 교육 기관들 중 하나로만 존재하여야 하고, 그 목적도 다른 교육 기관들이 일정 수준의 양질의 교육을 제공할 수 있도록 본보기와 자극제로서의 역할을 하기 위한 것이어야 한다.

물론, 사회가 전체적으로 너무 후진적인 상태에 있어서, 아동들이나 사람들에게 적절한 교육을 제공할 수도 없고 제공하려고 하지도 않을 때에는, 두 가지 큰 해악 중에서 그래도 조금 덜한 해악을 선택하기 위해서, 정부가 직접 나서서 학교들과 대학들을 운영하는 것도 가능하다. 이것은 민간기업들이 국가에 꼭 필요한 기간 산업들을 세워서 경영할 수 있는 여력이 되지 않는 경우에, 국가가 직접 투자해서 민간기업들과 함께 그런 산업 시설들을 세울 수 있는 것과 마찬가지다.

하지만 일반적으로는 한 나라에 정부의 후원 아래에서 교육을 담당할 자격을 갖춘 사람들이 충분히 있는 경우에는, 국가가 법으로 모든 아동들이 의무적으로 교육을 받도록 강제함과 동시에, 학비를 낼 수 없는 아동들에게는 국비로 지원을 해줌으로써, 교육 사업이 일정 수준의 수익을 올릴 수 있게 해주기만 한다면, 그 사람들은 자발적으로 나서서 국가가 원하는 수준의 양질의 교육을 제공할 수 있고, 또한 기꺼이 그렇게 하고자 할 것이다.

국가 시험

법으로 의무 교육을 강제하는 한편, 민간에서 제공되는 교육이 정부가 원하는 일정 수준의 교육이 되도록 강제하는 수단은 아동들이 의무적으로 교육을 받는 초기부터 모든 아동들을 대상으로 국가가 주관하는 시험을 보게 하는 것 이외의 다른 것일 수 없을 것이다. 모든 아동들을 대상으로 글을 읽을 수 있는지를 확인할 수 있는 시험을 몇 살에 치러야 하는지를 정할 수 있을 것이다. 어떤 아동이 그 시험을 통과하지 못했을 때에는, 그 아동의 아버지가 그 아동의 교육을 위해 자신의 의무를 다했다는 것이 증명된 경우를 제외하고는, 필요하다면 그 아버지가 자신의 노동으로 납부할 수 있는 정도의 적정한 벌금을 부과하고, 국비로 보조해주던 학비를 중단하고 그 아버지로 하여금 부담하게 할 수도 있을 것이다.

그런 국가 시험을 일 년에 한 번 치르게 하고, 시험 과목들도 점진적으로 늘려가서, 국민으로 살아가는 데 필요한 모든 분야에서 일정 수준의 최소한의 지식을 얻을 수 있도록 실질적으로 강제하여야 한다. 또한 그러한 최소한의 지식을 검증하는 의무적인 시험 외에도, 모든 과목에 대해 자발적으로 시험을 치러서 일정 수준에 도달한 모든 아동들에게 인증서를 교부해주는 제도를 도입하는 것도 좋을 것이다.

국가가 이런 제도들을 통해서 아동들이나 사람들의 의견과 생각에 부적절한 영향력을 행사하는 것을 방지하기 위해서는, 언어들과 그 활용 같은 단지 도구적인 과목들 이외의 시험을 통과하는 데 필요한 지식을, 심지어 고등 과목에 대한 시험들에서조차도 오로지 사실들과 실증 학문으로만 제한하여야 한다. 종교나 정치, 또는 그 밖의 다른 논란이 되는 주제들을 다루는 시험들은 이런저런 의견들이 옳은지 틀린지를 묻는 것이어서는 안 되고, 오직 어떤 사람이나 학파나 종파가 어떤 근거 위에서 어떤 의견을 주장하고 있는지, 그 사실관계만을 묻는 것이어야 한다. 그런 교육 제도 아래에서 자라난 세대라면, 오늘날 논란이 되고 있는 모든 문제들을 적어도 지금보다 더 악화시키지는 않을 것이다. 그들은 지금의 우리처럼 국교도 또는 비국교도로 성장할 것이지만, 국가는 오직 그들이 객관적으로 교육을 받고서 스스로의 판단에 의해 국교도가 되거나 비국교도가 될 수 있게 하는 데에만 주의를 기울이면 된다. 학부모들의 동의가 있는 경우에는, 학교에서 다른 과목들과 마찬가지로 종교 과목을 가르치는 것도 얼마든지 가능하다.

국가가 이런저런 논란이 되는 주제들에 대해서 국민들에게 편향된 시각을 심어주고서 특정한 결론으로 유도하고자 한다면, 국가의 그러한 시도들은 잘못된 것이다. 하지만 국민들이 관심을 가지고 살펴볼 가치가 있는 그런 주제들에 대해 스스로 어떤 결론을 내리는 데 필요한 지식을 습득할 수 있도록 국가가 제도적으로 보장해주는 것은 지극히 정당하다. 어떤 철학도가 로크Locke에 관한 시험을 보든, 칸트Kant에 관한 시험을 보든, 둘 다 통과할 수 있는 실력을 갖추게 한다면, 그가 둘 중의 어느 쪽의 철학에 동의하든, 또는 어느 쪽의 철학에도 동의하지 않든, 그는 더 나은 철학도가 될 것이다.[4] 마찬가지로, 무신론자에게 기독교 신앙을

---

4 존 로크(John Locke, 1632-1704년)는 영국의 철학자이자 정치사상가로서 계몽철학과 경험론 철

받아들이도록 요구하는 것이 아니라면, 기독교가 제시하는 여러 증거들을 묻는 시험을 치르게 하는 것을 반대한 근거는 없다. 하지만 내 생각에는 고등 과목에 관한 지식을 묻는 시험들은 의무화해서는 안 되고, 전적으로 자발적인 것이어야 한다.

자격증이 없다는 이유로 특정한 사람들을 교직을 비롯한 특정 직업들에서 배제할 수 있는 권한을 정부에 부여하는 것은 너무나 위험한 일이 될 것이다. 학문이나 직업과 관련해서 국가에서 시행하는 시험을 보아서 통과한 모든 사람에게 국가가 학위나 인증서를 교부하는 것은 정당하다. 하지만 그런 학위나 인증서에 어떤 가치를 부여하느냐 하는 것은 민간 속에서 자율적으로 이루어지게 하여야 하고, 국가가 나서서 강제적으로 그런 학위나 인증서를 소유한 사람들에게 어떤 혜택을 부여해서 그런 것들을 소유하지 않은 경쟁자들에게 불이익을 주어서는 안 된다. 이 문제와 관련해서 나의 생각은 훔볼트의 생각과 동일하다.

자유에 대한 잘못된 개념으로 인해서 부모들은 자신들의 도덕적인 의무들을 인식하지 못하고, 국가는 그들에게 법적인 의무들을 부과하지 못하는데, 그 악영향은 전자(부모)의 경우에는 언제나 아주 강력하고, 후자(국가)의 경우에도 흔히 만만치 않다. 그런데 이런 일은 오직 자녀들에 대한 교육 문제에서만 벌어지는 것은 아니다.

한 명의 인간을 이 세상에 태어나게 했다는 것은 그 자체만으로 인

학의 시조로 알려져 있다. 대표작은 『인간오성론』*An Essay Concerning Human Understanding*이다. 임마누엘 칸트(Immanuel Kant, 1724-1804년)는 독일의 철학자로서 합리론과 경험론을 거부하고 비판 철학을 창시한 인물이다. 대표작은 『순수이성비판』이다. 이 두 사람은 서로 정반대되는 철학을 제시했고, 두 사람의 저작이 나란히 대학교의 철학 수업의 교재였기 때문에, 밀은 여기에서 이 두 사람을 언급한다.

간의 삶 속에서 가장 큰 책임이 주어지는 행위들 중 하나다. 한 인간을 태어나게 하여 저주일지 축복일지가 정해져 있지 않은 삶을 주어놓고서는, 적어도 그의 삶이 바람직한 삶이 될 수 있는 통상적인 기회를 그에게 조성해주지 않는 것은 그에게 지고 있는 그러한 책임을 저버린 범죄 행위다. 그리고 인구가 너무 많거나 그렇게 될 위험이 있는 나라에서 많은 수의 자녀들을 낳는 것은 결국은 과잉 인구로 인한 과도한 경쟁으로 임금이 내려가는 결과를 초래하게 되기 때문에, 노동 수입으로 살아가는 모든 사람들에게 중대한 범죄가 된다.

혼인 제한

유럽의 많은 나라들은 가족을 부양할 수 있는 자산을 가지고 있음을 증명하지 못하는 사람들의 혼인을 법으로 금지하고 있다. 하지만 이러한 법들은 국가의 정당한 권한 행사를 뛰어넘는 것이 아니다. 그런 법들을 제정해서 시행하는 것이 적절한 것인가 하는 문제는 주로 해당 지역의 상황과 감정에 의해 좌우되기 때문에 여기에서 그런 논의는 할 필요는 없고, 중요한 것은 그런 법들은 개인의 자유를 침해하는 것이 아니기 때문에, 그런 이유로 반대하는 것은 옳지 않다는 것이다. 가족을 부양할 능력도 없으면서 무턱대고 혼인을 하는 것은 다른 사람들의 이익을 해치는 것으로서, 비록 법적인 처벌을 가하는 것은 적절하지 않은 것으로 여겨진다고 할지라도, 사회적인 비난과 원성을 사기에 충분한 행위이기 때문에, 국가가 거기에 개입하여 법으로 그런 행위를 금지하는 것은 정당하기 때문이다.

　오늘날의 자유 개념은 한편으로는 오직 개인 자신에게만 관련이 있는 일들에서 철저하게 보장되어야 할 개인의 자유를 너무나 아무렇지도 않게 침해하는 쪽으로 작용하고 있다. 그리고 다른 한편으로는 어떤 행동들과 관련해서 한 개인이 하고 싶은 대로 하도록 내버려 두면, 그들의 자녀들의 삶은 비참하게 되고 타락하게 될 뿐만 아니라, 그들의 그런 행동들로 인해 어떤 식으로든 상당한 영향을 받는 사람들에게 이런저런 해악들을 끼치는 것을 막기 위해서는, 국가가 거기에 개입하여 규제해야 하는 것이 마땅한데도, 그런 개입을 부정하고 거부하는 쪽으로 작용하고 있다.

이렇게 사람들이 한편으로는 자유를 도가 지나치게 존중하는 모습을 보여주고, 다른 한편으로는 자유를 도가 지나치게 무시하는 모습을 보여주는 것을 한데 놓고 보면, 인간이라는 존재는 다른 사람들에게 해악을 가할 수 있는 절대로 양보할 수 없는 권리를 갖고 있고, 다른 사람에게 고통을 가함이 없이 만족할 권리는 전혀 갖고 있지 않다고 여기는 것이 아닌가 하는 생각이 든다.

정부의 개입의 한계

나는 정부가 개인의 자유에 개입할 수 있는 한계와 관련해서 다루어야 할 한 부류의 중요한 문제들을 마지막까지 유보해왔다. 그 문제들은 이 글의 주제와 밀접하게 관련되어 있긴 하지만, 엄밀하게 말하자면 그 주제에 속해 있는 것은 아니다. 그 한 부류의 중요한 문제들이라는 것은, 정부의 개입에 반대하는 것이긴 하지만, 그 이유와 근거가 개인의 자유라는 원칙에 의거한 것이 아닌 경우들이다. 즉, 그것들은 개인의 행동을 제한하는 것이 아니라, 도리어 개인을 돕는 것과 관련된 문제들이다. 이러한 문제들에서 쟁점은 정부가 개인과만 관련된 일들에서 그 일들을 개인 또는 개인들이 자발적으로 만든 집단이 행하도록 내버려 두는 것이 아니라, 개인 또는 그 집단의 이익을 위해서 개입하는 것이 정당한가 하는 것이다.

이런 문제들에서 개인의 자유를 침해하는 것이 아닌데도, 정부의 개입을 반대하는 근거로 제시되는 것들은 다음 세 가지로 요약해 볼 수 있을 것이다.

정부의 개입을 반대하는 세 가지 근거

첫 번째는, 그런 일들에서는 개인이 정부보다 더 잘할 수 있는 가능성이 높다는 것이다. 일반적으로 말하자면, 그런 일을 하거나, 그 일을 누가 어떻게 하는 것이 좋을지를 결정하는 것은, 그 일에 개인적으로 이해관계가 달려 있는 개개인들이 가장 잘할 수밖에 없다. 이러한 원리에 비추어보면, 정부가 입법이나 관료들을 통해서 민간의 통상적인 산업 활동에 개입하는 것이 일상적이었던 과거의 행태가 부적절한 것이었음이 드러난다. 하지만 이 문제는 정치경제학자들이 이미 충분히 자세하게 다룬 바 있고, 이 글의 주제인 개인의 자유와 관련된 원칙들과도 별 상관이 없다.

두 번째는, 우리의 주제와 좀 더 관련이 있는 것으로서, 많은 경우에 평균적으로 개인들이 특정한 일을 공무원들만큼 잘하지 못한다는 것이 사실일지라도, 개인의 일처리 능력을 향상시키고, 판단력을 훈련시키며, 앞으로도 부딪치게 될 일들을 친숙하게 알 수 있게 하는 등 개인의 정신 교육을 위한 수단으로서, 정부보다는 개인이 그 일을 하는 것이 바람직하다는 것이다. 이것은 개개인이 정치적이지 않은 소송들에서 배심원으로 활동하는 것, 각 지역에서 자유롭고 민주적인 자치단체들에 활발하게 참여하는 것, 자발적으로 사회단체와 자선단체를 결성해서 활동하는 것이 권장되는 유일한 이유는 아니라고 할지라도 주된 이유이기도 하다. 이런 것들은 개인의 자유와는 단지 희미하게만 연결되어 있어서 그 주제에 속한 문제들은 아니고, 인간의 발전과 계발에 속한 문제들이다.

개개인들을 개인과 가족이 중심을 이루는 이기적인 삶이라는 좁은 대두리로부터 끄집어내어서, 공동의 이해관계를 알고 공동의 관심사들을 다루는 데 익숙해지게 하는 것, 즉 개개인들로 하여금 공동체로부터 분리되어서 따로따로 살아가는 대신에, 공동의 목표와 이익이라는 공적인 동기나 어느 정도 공적인 성격을 띠는 동기를 가지고서 행동하게 하는 것은 자유인들에 대한 정치 교육의 실천적인 부분으로서, 시민으로서의 역량을 훈련시키는 것이다. 그런 것들은 국민교육의 일환이고, 이 글에서 우리가 다루는 것과는 다른 주제에 속하기 때문에, 그런 문제들을 여기에서 자세하게 다룰 수는 없다. 하지만 그런 식으로 생각하고 행동하는 것들이 개개인의 몸에 배어 있고, 개개인들이 그렇게 할 수 있는 능력을 갖추고 있지 않다면, 개인의 자유를 기반으로 한 자유 국가는 만들어지거나 유지될 수 없다. 이것은 한 나라에서 정치적 자유가 이루어졌다고 해도, 지역 사회에서 개개인들이 충분한 자유를 향유하지 못할 때에는, 그러한 정치적 자유는 일시적으로만 유지되고 결국에는 무너지고 마는 경우가 비일비재하다는 사실이 그것을 증명해준다.

지금까지 이 글에서는 개개인이 자신의 개성을 따라 발전해 나가고 다양한 행동방식들을 전개해 나갈 때에 개인들과 사회가 얻게 되는 온갖 장점들을 제시해왔는데, 전적으로 한 지역에 속한 일들은 그 지역 주민들로 하여금 해결해 나가게 하고, 큰 기업이나 사업들은 사람들이 함께 자발적으로 자금을 모아 경영해 나가게 해야 하는 이유도 바로 거기에 있다. 그런 일들을 정부가 하게 되면, 정부의 활동은 어디에서나 똑같은 방식으로 이루어지는 경향이 있기 때문에, 획일적이고 발전이 없기 쉽다. 반면에, 개인들이나 자발적인 결사체들에게 맡겨두면, 다양한 실험들을 할 수 있고 무한히 다양한 경험을 할 수 있다. 국가가 할 수 있는 유익한 일은 그런 개인들이나 자발적인 결사체들이 시도한 수많은 실험들로부터 얻어진 경험들을 한데 모아서 축적하여 적극적으로 유통시키고 분배시키는 것이다. 국가가 할 일은, 이런 식으로 개개인들과 결사체들이 오직 자신의 실험만을 고집하고 다른 실험들을 배척하는 것이 아니라, 다른 사람들의 실험들로부터 유익을 얻을 수 있게 해주는 것이다.

이런 일들에서 정부의 개입이 바람직하지 않은 이유들 중에서 세 번째이자 가장 설득력 있는 이유는, 정부의 권력을 불필요하게 키워주는 것은 큰 해악이 된다는 것이다. 정부가 이미 하고 있는 기능들에 또 하나의 기능이 추가될 때마다, 시민들의 희망과 두려움에 대한 정부의 영향력은 점점 더 확대되고, 시민 중에서 적극적이고 야심이 있는 사람들은 점점 더 정부나 집권여당이 되는 것을 목표로 하는 정당에 목을 매는 자들로 변질되어갈 수밖에 없다.

도로와 철도들, 은행과 보험회사들, 대규모 주식회사들, 대학들, 공공 자선단체들이 모두 정부의 산하기관들이 되고, 거기에다 각 지역의 관청과 공공기관과 공기업들이 중앙 정부의 부서들이 되어버려서, 이 모든 곳들에 고용된 사람들이 정부에 의해서 채용되어 급여를 받기 때문에, 자신의 모든 삶 속에서의 일거수일투족을 정부의 눈치를 보며 행동하게 된다면, 언론의 자유가 완벽하게 보장되어 있고, 의회가 철저하게 민주적인 절차에 따라 구성된다고 해도, 그런 나라에서의 자유는 명목상의 것일 수밖에 없을 것이다. 최고의 자질을 갖춘 똑똑한 인재들을 공무원으로 선발할 수 있는 방법이 개발되어서, 행정부가 효율적이고 과학적으로 구성될수록, 그 폐해는 더욱 커지게 된다.

관료제의 폐해

영국에서는 최근에 정부의 모든 공직자들을 가장 많이 배우고 똑똑한 사람들로 채우기 위해서는, 그들을 모두 공개적인 경쟁시험을 통해 채용해야 한다는 제안이 공론화되었고, 그러한 제안에 대해 찬성하는 쪽과 반대하는 쪽으로 나뉘어 치열한 공방이 벌어져왔다.

반대하는 쪽이 가장 많이 주장하는 이유들 중의 하나는, 평생 동안 국가의 공복으로 일해야 하는 공직은 급여와 중요성이라는 측면에서 최고의 자질과 능력을 갖춘 사람들을 끌어들이기에 충분한 장점들을 지니고 있지 않기 때문에, 그런 사람들은 언제나 전문직이니 민간기업이나 그 밖의 다른 공공기관에서 일하는 것에 더 매력을 느낀다는 것이다. 만일 이 제안에 찬성하는 쪽에서 그 제안을 시행할 때에 부딪치게 되는 주된 난점을 지적하면서 그런 말을 한 것이라면, 그런 말은 별로 이상한 말이 되지 않았을 것이다. 하지만 반대하는 쪽에서 그런 말을 한 것은 아주 이상하다.

반대하는 쪽이 제시하는 또 다른 주된 근거는, 그런 제도를 시행할 경우에 발생할 수 있는 위험성을 방지해줄 안전판이 존재하지 않는다는 것이다. 실제로 이 나라의 모든 인재들이 정부에서 일하는 쪽으로 몰릴 가능성이 있다면, 그런 결과를 초래할 수 있는 제안에 대해서 불편한 심기를 내보이는 것은 어쩌면 당연한 일일 수 있다. 만일 사회가 필요로 하는 일들 중에서 하나의 조직으로서 일사불란하게 움직여서 해야 하거나, 거시적이고 종합적인 안목이 요구되는 모든 일들이 정부의 수중에서 이루어지고, 정부의 관리들이 모두 사회에서 최고의 인재들로 채워진다면, 이 나라에서 순전히 사변적인 일들을 제외하고는, 문화 분야는 물론이고 실천적인 지식을 필요로 하는 온갖 대형 사업들은 관료 조직에서 담당하게 될 것이다.

그리고 이 사회의 나머지 모든 사람들은 모든 일에서 오직 관료들만을 바라볼 수밖에 없게 되어서, 대중들은 관료들이 수행하는 굵직굵직한 일들을 보조하기 위해 자신들이 어떤 일들을 어떻게 해야 할지에 대해 지시와 명령을 받기 위해서, 유능하고 야심 있는 사람들은 출세하기 위해서 모든 것을 전적으로 관료들에게 의지하게 될 것이다. 그런 사회에서는 관료 조직의 일원이 되는 것, 그리고 그 조직에 들어가고 나서는 거기에서 승진하는 것이 사람들이 바랄 수 있는 유일한 것이 될 수밖에 없다.

그러한 사회 체제 아래에서는 관료 조직의 외부에 놓여 있는 대중들은 관료들이 독점해버린 그런 일들에 대한 실무 경험의 결여로 인해서, 관료 조직이 운영되는 방식을 제대로 비판하거나 견제할 수 있는 능력을 상실하게 된다. 또한 그런 전제적인 체제에서 우연히, 또는 민주적인 제도들의 정상적인 운영과정 중에서 종종 개혁적인 성향을 지닌 지도자들이 집권한다고 할지라도, 관료 조직의 이익에 반하는 그 어떤 개혁도 성공할 수 없게 된다.

러시아 제국이 그런 암울한 상황에 처해 있다. 그 나라를 충분히 관찰할 수 있는 기회를 가져왔던 사람들이 그 나라에 대해 쓴 글들을 보면, 그러한 상황이 분명하게 드러난다. 러시아의 황제인 차르 자신도 그 나라의 관료 집단에 대항할 힘이 없다. 물론, 차르는 자기 마음대로 관료들 중의 어느 한 사람을 시베리아로 보내버릴 수는 있다. 하지만 관료들 없이는 통치할 수 없고, 관료들이 반대하는 방식으로 통치할 수도 없다. 차르가 어떤 명령을 내리든, 관료들은 그 명령을 집행하지 않으면 그만이다. 따라서 관료들에게는 차르의 모든 명령에 대해 사실상의 거부권이 주어져 있는 셈이다.

좀 더 발달된 문명과 한층 강한 반항적인 기질을 가지고 있는 나라들에서는, 대중은 국가가 그들을 위해 모든 것을 알아서 다 해줄 것이라고 기대하는 것이 몸에 배어 있다. 그렇지 않은 경우에도 적어도, 자기가 어떤 일을 하는 것이 허용되어 있는지, 그리고 그 일을 어떻게 해야 하는지를 국가에 묻지 않고는 스스로는 아무것도 하지 않는 것이 몸에 배어 있다. 또한, 그들은 자신들에게 일어나는 모든 해악들은 국가가 책임져야 한다는 것을 당연시하고, 그 해악이 그들이 인내할 수 있는 정도를 초과하는 경우에는, 정부에 대항하는 봉기를 일으켜서 이른바 혁명이라 불리는 것을 행한다.

하지만 그런 후에 어떤 사람이 국민으로부터 나오는 합법적인 권위를 가지고서, 또는 그런 권위 없이 권력을 장악한다고 해도, 그는 관료 조직에 지시하고 명령할 수밖에 없고, 관료 조직은 전혀 변하지 않고 혁명 이전이나 이후나 똑같이 움직이기 때문에, 모든 것은 이전과 똑같이 돌아가고, 변한 것은 아무것도 없게 된다. 관료 조직을 대신할 수 있는 것이 존재하지 않기 때문이다.

프랑스와 미국의 경우

모든 일을 스스로 처리하고 해결하는 것이 몸에 배어 있는 사람들은 그런 것과는 판이하게 다른 광경을 연출한다. 프랑스에서는 대다수의 사람들이 군복무를 했고, 그 중에서 다수는 적어도 하사관을 해본 사람들이다. 그래서 민중 봉기가 있을 때마다, 선두에 서서 꽤 괜찮은 행동계획을 짜서 제시하고서는 그 봉기를 이끄는 유능한 사람들이 나타났다. 프랑스인들에게 군대 경험이 있다고 한다면, 미국인들에게는 시민 사회가 필요로 하는 온갖 종류의 일들을 서로 힘을 합쳐 해낸 경험이 풍부하다. 그래서 모든 미국인들은 정부가 없는 상황에 처하더라도 얼마든지 그들끼리 그런 조직을 현장에서 만들어내서, 정부 못지않은 지적 역량과 질서와 의사결정을 통해서 그 어떤 공적인 일들도 해낼 수 있다.

이것은 자유로운 국민이 어떤 모습이어야 하는지를 보여준다. 그런 국민은 자유를 누릴 수밖에 없다. 그런 국민은 어떤 지배자 또는 지배집단이 중앙 정부를 장악하여 모든 권력을 쥐고서 그들에게서 자유를 박탈하고 그들을 예속시키는 것을 결코 용납하지 않을 것이 분명하기 때문이다. 그런 국민이 있는 한, 그 어떤 관료 조직도 국민이 원하지 않는 일은 단 하나라도 자신의 뜻대로 밀어붙일 수 없다.

관료제 국가의 경우

반면에, 모든 일이 관료 조직을 통해서 이루어지는 나라에서는, 관료 조직이 진정으로 반대하는 일들은 결코 이루어질 수 없다. 그런 국가 체제는 나라를 다스리는 것과 관련된 경험과 실천적인 능력을 지닌 소수의 훈련된 집단이 나머지 국민을 지배하기 위한 조직일 뿐이다. 그 조직이 그 자체로 완벽할수록, 그 나라의 모든 계층으로부터 가장 유능한 인재들을 끌어모으고 교육시켜서 그 조직 속으로 편입시키는 일을 더 성공적으로 해낼 수 있게 되고, 모든 국민은 더욱더 완벽하게 예속되며, 그 관료 조직의 구성원들도 마찬가지로 예속된다. 피지배자들이 지배자들의 노예들이 되는 것과 마찬가지로, 지배자들도 자신들의 조직과 규율의 노예들이 되기 때문이다.

중국의 관리들은 그런 조직의 가장 밑바닥에 있으면서 전제정치를 실행하고 떠받치는 자들로서, 전제정치의 도구임과 동시에 전제정치에 의해 만들어진 자들이라는 것이 그 예다. 마찬가지로, 예수회라는 수도회 자체는 그 구성원들인 수도사들의 집단적인 권력과 중요성을 유지하기 위해 존재하지만, 개별 수도사들은 그 조직의 가장 밑바닥에 위치해서 그 조직에 봉사하는 노예들인 것도 그런 예를 보여준다.

또한 우리가 잊지 말아야 할 것이 또 한 가지 있는데, 그것은 어느 나라가 지니고 있는 온갖 주요한 역량을 정부가 모두 흡수해버리면, 정부의 정신적인 활동과 발전은 조만간에 치명적인 손상을 입게 된다는 것이다. 정부에 속한 모든 관료 조직들이 일사불란하게 움직이려면, 다른 모든 조직들과 마찬가지로 필연적으로 사전에 미리 정해놓은 규칙들에 따라 움직일 수밖에 없기 때문에, 타성에 젖어서 아무 생각 없이 정해진 일들만을 정해진 방식대로 수행하고자 하는 유혹을 끊임없이 받게 된다. 그러다가 가끔씩 다람쥐가 쳇바퀴를 도는 것 같은 업무 수행 방식을 벗어나는 경우에도, 그 조직을 이끄는 사람이 생각해낸 어떤 조잡하고 설익은 시도를 무턱대고 감행해버리곤 한다.

　정부의 관료 조직이 보여주는 겉보기에 상반되어 보이지만 서로 밀접하게 연결되어 있는 이 두 가지 경향성을 억제하고, 그 조직의 역량이 높은 수준에서 유지되도록 자극할 수 있는 유일한 방법은, 그 조직 외부에 그 조직과 대등한 역량을 갖춘 집단을 두고서 정부 조직을 감시하고 비판할 수 있게 하는 것뿐이다. 따라서 한편으로는 사람들이 이런저런 경험들을 통해서 한 나라의 중요한 현실적인 문제들을 정확하게 판단할 수 있는 역량을 쌓을 수 있는 기회를 정부와는 독립적으로 정부 밖에 마련해주고, 다른 한편으로는 그런 사람들이 그러한 역량을 사용해서 한 나라의 중요한 문제들을 판단할 수 있는 기회를 제공해주는 것이 반드시 필요하다.

　이 나라의 공직자 집단이 언제까지나 숙련되고 효율적인 집단, 그리고 무엇보다도 언제나 창의적으로 개선책들을 마련하고 기꺼이 실행해 나가는 그런 집단이 되게 하고, 이 나라의 관료 조직이 현학자들의 집단으로 변질되는 것을 막고자 한다면, 정부 조직이 한 나라를 통치하는 데 필요한 능력들을 만들어내고 계발할 수 있는 모든 일들을 독점해서는 안 된다.

　한 나라는 전 국민의 복리를 가로막는 장애물들을 제거하고, 결집된 힘과 지적 역량이 주는 이점들을 활용하기 위해서, 한 나라의 전반적인 활동 중에서 너무 많은 부분을 정부에 집중시키지 않는 가운데, 공식적으로 세운 지도자의 영도 아래에서 한 나라의 힘을 결집시킨다. 그런데 그런 정부에 의해서 인간의 자유와 발전에 아주 치명적인 손상을 입히는 해악이 그런 정부에 의해 생겨나는 이득을 압도하게 되는 시점을 결정하는 것은 나라를 통치할 때 가장 어렵고 복잡한 문제들 중 하나다. 그것은 많은 다양한 요인들을 고려해서 세밀하게 살펴보아야 하는 문제이고, 그 어떤 절대적인 규칙을 제시할 수도 없다.

하지만 나는 안전함이 보장되는 실천적인 원칙, 항상 염두에 두어야 할 이상, 난제를 극복하기 위한 온갖 조치들을 검증하는 데 필요한 기준을 다음과 같은 말로 표현할 수 있다고 믿는다: "효율성이 유지되는 한도 내에서는 권력을 최대한으로 분산시켜라. 하지만 정보는 가급적 최대한 한 곳으로 집중시키고, 그 곳에서 정보를 분배하라."

자치 행정

따라서 자치 행정과 관련해서는 미국의 뉴잉글랜드 지역에 있는 여러 주들에서처럼, 직접적인 이해관계가 있는 당사자들에게 맡기는 것이 적절치 않은 모든 일들은 세세하게 구분해서, 지역 주민들에 의해 선출된 관리들에게 각각 담당시켜서 처리하는 것이 좋을 것이지만, 지방 행정을 담당하는 각각의 부서에는 중앙 정부에서 파견된 감독관이 있어야 할 것이다. 이 감독관들이 속해 있는 중앙 관청은 모든 지역에서 공공 업무를 맡고 있는 감독관들이 보내온 내용들, 외국의 여러 나라들에서 행해진 온갖 비슷한 사례들, 정치학의 일반 원리들로부터 얻어진 다양한 정보와 경험을 마치 렌즈의 초점처럼 한 곳에 집중시켜 축적하는 역할을 하게 될 것이다. 이 중앙 관청은 자신이 관장하는 모든 분야의 업무와 관련해서 행해지고 있는 모든 것을 알 권한을 가져야 한다. 이 중앙 관청의 특별한 책무는 한 지역에서 획득된 지식을 다른 지역들에서도 활용할 수 있게 해주는 것이 되어야 한다. 이 중앙 관청은 각 지역의 편협하고 치우친 시각에서 벗어나서, 모든 지역을 전체적으로 바라볼 수 있는 위치에서 종합적으로 고찰하고 판단할 수 있기 때문에, 그 조언은 당연히 권위를 지닐 수밖에 없다.

하지만 항구적인 기관인 이 중앙 관청이 실제로 행사할 수 있는 권한은 지역 관리들에게 그들을 지도하기 위해 제정된 법령들을 지키도록 강제하는 것으로 제한되어야 한다. 법령들에 규정되어 있지 않은 모든 일들에서는 지역 관리들이 자신들을 선출한 지역 주민들의 감시 아래 스스로 판단해서 처리하도록 맡겨두어야 한다. 법령들을 위반할 때, 지역 관리들은 법에 의한 처벌을 받아야 하고, 법령들은 의회가 제정하여야 한다. 중앙 정부는 단지 법령들이 제대로 시행되는지를 감시하다가, 적절하게 시행되지 않을 때에는 사안의 성격에 따라 그 법령을 강제적으로 시행되게 하기 위해 법원에 소송을 제기할 수도 있고, 법령을 적절하게 시행하지 않은 관리들을 해임하도록 지역 주민들에게 요구할 수도 있을 것이다.

영국에서 구빈청Poor Law Board이라는 중앙 관청을 세워서, 전국에 흩어져 있는 구빈세救貧稅 관리들을 중앙에서 감독하고자 한 것은, 넓게 보았을 때에 그런 사례라고 할 수 있다.[5] 이 사례에서 구빈청이 앞에서 말한 그러한 한계를 넘어서서 자신의 권한을 행사했다고 해도, 그것은 단지

---

5 영국의 구빈법은 16세기에 시작되어서, 엘리자베스 여왕 시기에 만들어진 엘리자베스 구빈법 (Elizabethan Act for the Relief of the Poor, 1601년)으로 통합되어 시행되다가, 1834년에 수정 구빈법(Poor Law Amendment Act)에 이르러서 중대한 변화를 겪었다. 이 법은 영국의 전 지역을 세분해서 많은 지구들로 나누어 각각의 지구에서 선출된 빈민구제위원회를 통해 운영되었지만, 그 위원회들은 "구빈청"이라는 중앙 관청에서 수립한 원칙과 규제의 틀 속에서 활동하였다. 밀은 이것이 자신의 제안을 구현한 대표적인 사례로 보고 있다.

지역 주민들만이 아니라 이 나라 전체에 지대한 영향을 미치는 문제들에서 잘못된 행정의 뿌리 깊은 관행들을 고치고자 한 특수한 경우에 해당되기 때문에 정당하고 필요한 것이었다.

왜냐하면, 어느 지역의 주민들이든 자기 지역의 문제들을 잘못 처리함으로써 그 지역을 빈곤의 온상으로 만들어버린 경우에는, 그로 인한 악영향은 다른 지역들에까지 미치지 않을 수 없게 되어, 결국에는 노동으로 살아가는 사람들 전체의 도덕적이고 육체적인 상태를 손상시키게 되는데, 어느 지역의 주민들에게든 그렇게 할 도덕적 권리가 주어져 있지 않기 때문이다.

구빈청에 주어진 행정적인 강제력과 구빈법에 부속된 법령들에 대한 입법권(좋지 않은 여론으로 인해서 거의 행사되지는 못했지만)은 최고의 국가 이익을 지켜내기 위한 것이라는 점에서는 지극히 정당할 수 있지만, 전적으로 지역적인 이익을 살피고 감독하는 데는 완전히 부적절할 수밖에 없다. 하지만 모든 지역에 대한 정보를 모으고 지도할 수 있는 중앙 관청의 존재는 행정의 모든 부서에서 똑같이 가치가 있을 것이다.

결론

정부가 개인의 노력과 발전을 방해하는 것이 아니라 지원하고 촉진시키는 활동이라고 해도, 그 정도가 지나쳐서는 안 된다. 정부가 개개인과 집단들의 활동과 역량을 이끌어내는 대신에, 그들이 해야 할 활동들을 정부 자신이 하고, 정보를 제공하고 조언해주며 때로는 경고를 하면서 그들이 스스로 잘해 나갈 수 있도록 해주는 대신에, 그들에게 족쇄를 채워서 그런 상태에서 일하게 하거나, 그들을 옆에 세워두고서 그들의 일을 직접 나서서 할 때, 폐해가 시작되기 때문이다.

국가의 가치는 결국 그 국가를 구성하는 개개인들의 가치다. 따라서 국가가 여러 가지 일들에서 좀 더 효율적인 행정 처리나 많은 경험을 통해 실무 능력이 뛰어난 관료들을 선호해서, 국민 개개인들을 정신적으로 발전시켜서 그들의 정신적인 능력이 폭넓어지고 수준이 높아졌을 때에 그것이 가져다줄 이익을 소홀히 한다면, 어떻게 될까? 국가가 비록 좋은 목적이라고 할지라도 국민 개개인들을 더욱 유순하게 만들어서 국가의 말을 더 잘 듣는 사람들이 되게 함으로써 그 국민을 왜소하게 만든다면, 어떻게 될까? 그런 국가는 머지않아 그런 왜소한 국민으로는 진정으로 위대한 일을 이루어낼 수 없다는 것을 알게 될 것이다. 그런 국가는 모든 것을 희생해서 국민을 국가가 시키는 대로 하는 완벽한 기계로 만들어놓았지만, 그렇게 부드럽게 잘 돌아가는 기계로 만들기 위해서 국민에게서 활력을 없애버렸기 때문에, 결국에는 그런 국민이 전혀 쓸모가 없게 되어버린 것을 알게 될 것이다.

현대지성 클래식 20

자유론

1판 1쇄 발행 2018년 6월 1일
1판 13쇄 발행 2024년 12월 31일

지은이 존 스튜어트 밀
옮긴이 박문재
발행인 박명곤 **CEO** 박지성 **CFO** 김영은
기획편집1팀 채대광, 이승미, 김윤아, 백환희, 이상지
기획편집2팀 박일귀, 이은빈, 강민형, 이지은, 박고은
디자인팀 구경표, 유채민, 윤신혜, 임지선
마케팅팀 임우열, 김은지, 전상미, 이호, 최고은

펴낸곳 (주)현대지성
출판등록 제406-2014-000124호
전화 070-7791-2136 **팩스** 0303-3444-2136
주소 서울시 강서구 마곡중앙6로 40, 장흥빌딩 10층
홈페이지 www.hdjisung.com **이메일** support@hdjisung.com
제작처 영신사

"Curious and Creative people make Inspiring Contents"
현대지성은 여러분의 의견 하나하나를 소중히 받고 있습니다.
원고 투고, 오탈자 제보, 제휴 제안은 support@hdjisung.com으로 보내 주세요.

현대지성 홈페이지

현대지성 클래식 살펴보기